Visible History of the World

看得见的
世界史

下卷

郭方 ⊙ 编著

图书在版编目（CIP）数据

看得见的世界史. 下卷 / 郭方编著. —北京：北京大学出版社，2014.10
ISBN 978-7-301-24720-4

Ⅰ. ①看… Ⅱ. ①郭… Ⅲ. ①世界史－普及读物 Ⅳ. ①K109

中国版本图书馆CIP数据核字（2014）第198765号

书　　　名：	看得见的世界史（下卷）
著作责任者：	郭　方　编著
责 任 编 辑：	刘　维　薛金博
标 准 书 号：	ISBN 978-7-301-24720-4/K·1057
出 版 发 行：	北京大学出版社
地　　　址：	北京市海淀区成府路205号 100871
网　　　址：	http://www.pup.cn　新浪官方微博：@北京大学出版社
电 子 信 箱：	rz82632355@163.com
电　　　话：	邮购部62752015　发行部62750672 编辑部82651026　出版部62754962
印　刷　者：	北京艺堂印刷有限公司
经　销　者：	新华书店 787毫米×1092毫米　16开本　20印张　420千字 2014年10月第1版　2017年4月第4次印刷
定　　　价：	49.00元

未经许可，不得以任何方式复制或抄袭本书之部分或全部内容。

版权所有，侵权必究

举报电话：010-62752024　电子信箱：fd@pup.pku.edu.cn

第五章
诸强雄起

- "童贞女王"伊丽莎白 …………………… 328
- 英国内战第一枪 …………………………… 334
- 查理一世走上"断头台" …………………… 338
- "弑君者"克伦威尔 ………………………… 342
- 斯图亚特王朝复辟 ………………………… 348

专题：奴隶贸易的血与腥 …………………… **352**

- 亨利四世的治国之道 ……………………… 356
- 红衣主教黎塞留 …………………………… 361
- 叱咤风云太阳王 …………………………… 368
- 新沙皇打造罗曼诺夫王朝 ………………… 372

中俄《尼布楚条约》 ……………………………… 376

- 彼得大帝的伟业 …………………………… 380
- 荷兰风车响起 ……………………………… 386
- 三次英荷战争 ……………………………… 390
- "三十年战争"定欧洲 ……………………… 396

专题：欧洲启蒙运动 ………………………… **402**

- 德川幕府的"锁国令" ……………………… 406

第六章
殖民争霸

- 美国独立战争 ……………………………… 412
- 美国国父华盛顿 …………………………… 418
- 法国大革命 ………………………………… 425
- 路易十六的断头宣言 ……………………… 430
- 拿破仑加冕称帝 …………………………… 434

- ◆ 特拉法尔加海战 …… 442
- ◆ 碎梦莫斯科 …… 446
- ◆ 兵败滑铁卢 …… 450
- ◆ 法国七月革命 …… 454
- ◆ 美国内战的白与黑 …… 458
- ◆ 铁血宰相俾斯麦 …… 464
- ◆ 普法战争 …… 468
- ◆ 巴黎公社运动 …… 472
- **专题：第二次工业革命** …… **476**
- ◆ 日本明治维新 …… 480
- ◆ 贪婪争食的日俄战争 …… 484

第七章
两战风云

- ◆ 萨拉热窝的枪声 …… 490
- ◆ 马恩河翻盘奇迹 …… 494
- ◆ 决战索姆河 …… 498
- ◆ 日德兰海战 …… 502
- ◆ 一战谢幕演出 …… 506
- **专题：诡异的堑壕战** …… **510**
- ◆ 祸起凡尔赛 …… 514
- ◆ 慕尼黑阴谋 …… 518
- ◆ 鏖战不列颠 …… 522
- ◆ 莫斯科保卫战 …… 526
- ◆ 偷袭珍珠港 …… 530
- ◆ 斯大林格勒战役 …… 534
- ◆ 中途岛海战 …… 538

- ◆ 阿拉曼反攻 ……………………………………… 542
- ◆ 库尔斯克大会战 ………………………………… 546
- ◆ 诺曼底登陆 ……………………………………… 550
- ◆ 雅尔塔会议 ……………………………………… 554
- ◆ 日耳曼战车投降 ………………………………… 558
- ◆ 日本上空升起蘑菇云 …………………………… 562

第八章
世界新格局

- ◆ 杜鲁门主义 ……………………………………… 568
- ◆ 马歇尔计划 ……………………………………… 572
- ◆ 朝鲜半岛的恩怨 ………………………………… 576
- ◆ 北约、华约的针尖与麦芒 ……………………… 580
- ◆ 哭泣的柏林 ……………………………………… 584
- ◆ 古巴导弹危机 …………………………………… 588
- **专题："铁娘子"撒切尔夫人** ………………… **592**
- ◆ 星球大战计划 …………………………………… 596
- ◆ 越南丛林决战 …………………………………… 600
- ◆ 尼克松访华 ……………………………………… 604
- ◆ 推倒柏林墙 ……………………………………… 608
- ◆ 苏联解体 ………………………………………… 612
- ◆ 海湾战争 ………………………………………… 616
- **专题：曼德拉的光辉岁月** …………………… **620**
- ◆ 欧盟联体新时光 ………………………………… 624
- ◆ 惊世撞击"9·11" ……………………………… 628
- ◆ 新世纪新革命 …………………………………… 632
- **大事年表** ……………………………………… **636**

看得见的世界史

第五章 诸强雄起

16世纪到18世纪,是欧洲出现转折、君主树立权威、变革多发的时代。

英国内战爆发、查理一世走上断头台、克伦威尔独裁统治、斯图亚特王朝复辟……血雨腥风;法国亨利四世宣扬治国之道、黎塞留纵横捭阖、路易十四叱咤风云……惊心动魄;俄国沙皇混乱争夺,彼得大帝建立旷世伟业……风云江湖;荷兰"风车"掀起三次英荷战争……

诸强雄起,刀光剑影、多姿多彩。

公元1533年—公元1603年

人物： 伊丽莎白一世　　**地点：** 英格兰　　**关键词：** 童贞女王

"童贞女王"伊丽莎白

谁说女子无才便是德？伊丽莎白一世的睿智和果敢恰到好处地颠覆了这句话。为了国家利益，她放弃了私人婚姻，将自己嫁给了英格兰国家和人民。这位"童贞女王"把英国逐渐领进了"光荣时代"，即伊丽莎白的辉煌时代。

英格兰的晴日

1558年的一天，25岁的伊丽莎白正坐在哈特福德庄园的一棵橡树下看书。一群王公贵族策马而来，纷纷在她身边下跪，称呼她为女王。那一刻，她双手合十向上天感激道："这是神的奇迹啊！"她一直期待的那一天终于来临了。

与姐姐玛丽相比，伊丽莎白的早年命运也并未好到哪里去。她的性格并不像玛丽那样古怪，而是出人意料的早熟和敏感。她非常懂得如何保护自己，小小年纪便能说一口流利的希腊语、法语、意大利语及西班牙语等。面对父亲的薄情寡义，伊丽莎白在青春期时便冷淡了一个女孩的生活重心——婚姻。

在挨过了姐姐玛丽一世的腥风血雨之后，新教徒伊丽莎白一世的登基宛如英伦头顶的一轮晴日，成为英国民心所向。从被贵族们称为"女王"的那天起，伊丽莎白就开始了任命新内阁的工作。王公贵族们惊讶地看着这位新女王的王者风范，纷纷倾倒。1559年1月15日，人们欢呼着、簇拥着伊

◆ 伊丽莎白赐予德雷克爵士的宝石

海盗头子德雷克因在打击西班牙海盗事业中的杰出表现，成为伊丽莎白女王的宠臣。德雷克于1581年环球航行归来后，被授予骑士称号。

第五章·诸强雄起

◆ 玛丽一世和伊丽莎白回到伦敦

丽莎白一世在西敏寺进行了加冕典礼。在去往加冕的途中,女王收下了路边一个乞丐为她献上的鲜花,并将这束鲜花一直带进了西敏寺教堂。人们为这一举动热泪盈眶,他们感知到了新女王的诚恳与善良。在加冕典礼上,人们高呼"上帝佑护我王",伊丽莎白一世则睿智地回应道"天佑我民"。在她加冕的那个下午,英国变成欢乐的海洋。

伊丽莎白一世开始执政时,英国正处于内忧外患之际。在外,英国在欧洲大陆的最后一块陆地加莱被法国人夺去,从此英国真正成为一个大西洋上的岛国;在内,天主教与新教之间的宗教矛盾从未止息过。在当时

玛丽一世是英国历史上第一位女王。她性格古怪,勇敢而倔强,被人称为"血腥玛丽"。她死后,伊丽莎白继位。但她的宗教政策在很大程度上被伊丽莎白颠倒。

负债累累的情形下,伊丽莎白一世确立了自力更生的岛国民族信念,英格兰民族的自我意识从这一刻开始觉醒。另一方面,伊丽莎白在即位之初,罗马教廷就拒绝承认她王位的合法性。她顺势带领英国脱离与罗马教皇的关系,宣布英国为新教国家,并发布至尊法令,将政教大权一齐抓在自己手中。她以左右逢源又坚持原则的政治手腕,选择了一

329

◆ 被软禁的玛丽·斯图亚特

1568年5月19日，逃到英格兰的玛丽·斯图亚特被伊丽莎白的军官囚禁在卡莱尔城堡。在囚禁期间，她说了那句名言："In my end is my beginning"（我死即我生），并将这句话镶嵌在她衣服的花边上。

条折中的宗教路线，使新教与天主教至少在外表上取得平衡，重新确定了圣公会外圆内方、兼收并蓄的特质，使其成为英国人区别于欧洲其他国家的特有标志之一。1571年，伊丽莎白一世主持定稿《三十九信条》，编入《公祷书》，沿用至今。《三十九信条》采取中间立场，宽容而中庸：既与天主教一刀两断，又保留其基本形式；既坚守新教要义的"因信称义"，又与加尔文的严酷无情保持距离；既对马丁·路德的一些看法保持沉默，又对激进的再浸礼派进行批评。无论如何，伊丽莎白一世的宗教方针使得英格兰至少与信仰新教的苏格兰能达到"貌合"，为后来的统一打下了基础。

追求独立自主的女王

自从伊丽莎白一世登上王位，求婚者就络绎不绝。因为女王在即位时就已经25岁了，以当时的婚龄来说，已经是很大的年龄了。女王的婚姻成为英国内外所有人关注的最大焦点，大臣们轮着班儿向她进言，请求她尽快选择一位合适的丈夫，尽早为王国诞育接班人。而各国的求婚大使也络绎不绝——包括她的姐夫、西班牙国王腓力二世以及瑞典国王、奥地利大公、法国国王、萨伏依公爵、安茹公爵等王公贵胄。然而，伊丽莎白知道与这些宗教信仰水火不容、家族利益争斗你死我活的外国求婚者中的任何一个结合，都可能使英国卷入欧洲大陆无穷无尽的冲突中。而如果与国内的任何一个大贵族单身汉结婚则会引起激烈的宫廷宗派斗争，甚至引发内战，这两样结果都是伊丽莎白所不想看到的。实际上，透过父母的婚姻、姐姐玛丽的不幸婚姻，她早已将婚事看淡。所以，她的婚事一拖再拖。

伊丽莎白在29岁那年竟然患上了天花，这在当时被认为是不治之症。在重病之余，伊丽莎白和议会大臣们开始考虑继承人的问题。那时，她的表侄女苏格兰女王玛丽·斯图亚特、凯瑟琳·格雷都是有继承权的人，可她二人一个是热诚的天主教教徒，一个后来在婚姻问题上违背并触怒了伊丽莎白。因此，两个人选她认为都不可能继承英国王位。幸运的是伊丽莎白竟然从死神手中溜了出来——经过一段时间的养护，她重获了健康。她终于可以腾出手来重建英格兰的经济以及应对那些觊觎她王冠的人。

1563年，伊丽莎白试图让寡居的玛丽·斯图亚特嫁给新教徒莱切斯特伯爵一世

◆ 伊丽莎白画像

伊丽莎白一世是都铎王朝的第五位也是最后一位君主。她终身未嫁，因此被称为"童贞女王"。

罗伯特·达德利，以获得宗教上的统一，可是，这个计划遭到了玛丽的拒绝。1565年7月底，玛丽出人意料地嫁给了汤恩利勋爵亨利·斯图亚特——此人具有英格兰和苏格兰王室的血统，二人的孩子极有可能继承苏格兰和英格兰的王位（事实上也的确如此，他们的后代为英王詹姆士一世）。这次联姻令伊丽莎白恼怒并感到了王位面临威胁。不久，1566年，玛丽女王生下了继承人，即后来的英格兰詹姆士一世、苏格兰詹姆士六世。随后，汤恩利在一次事件中身亡，人们纷纷揣测是玛丽女王杀了亲夫，因为她在12周之后就嫁给了新教徒伯斯维尔伯爵。这一次，苏格兰的贵族们趁机起兵反叛玛丽，玛丽被迫退位，将王位传给了只有1岁的詹姆士。随后，她从苏格兰逃到了英格兰。1568年5月19日，玛丽被伊丽莎白软禁起来，在长达18年的软禁生涯中，玛丽并不消停，参与了数起阴谋夺取英格兰王位的事件。最终，伊丽莎白再也不能容忍玛丽，以企图刺杀伊丽莎白的罪名，于1587年2月8日在北安普敦郡佛斯里亨城堡将她处以极刑。

女王的生意经

1573年，伊丽莎白已经40岁，如再不结婚将无法诞育子嗣。面对大臣们提出的结婚请求，伊丽莎白将戒指戴在无名指上说："我只可能有一个丈夫，那就是英格兰。"这句话，在英国人心中造成了空前的震撼，人们也将她奉若神明——从此她便以"童贞女王"著称。

伊丽莎白接手英国时，英国是个负债累累的国家。至16世纪80年代，英国不仅偿还了外债，国库也有了相当的积累。这与

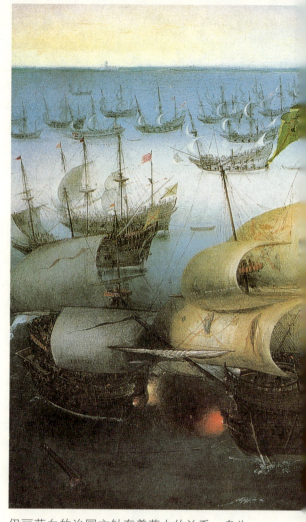

伊丽莎白的治国方针有着莫大的关系。身为新教徒的女王厉行节俭，同样也追求金钱。她的宫廷开支不到玛丽时期的1/3，即使说她吝啬也并不过分。她总是精打细算，省之又省。如她喜欢跳舞，但盛大的舞会通常不是在宫廷，而是在大臣的庄园和官邸举行。当然，这笔巨额开销令许多大臣叫苦不迭。此外，伊丽莎白具有商人的经济头脑，聘请被称为"商人之王"的格勒善为财政顾问。1560年，在她的支持下，一座巨大的王家交易所在伦敦建立起来，成为英国和欧洲各地商人云集之地，红火兴隆的生意使女王的钱

◆ 西班牙"无敌舰队"

1588年夏,西班牙的"无敌舰队"在英国舰队炮火的袭击下,慌乱撤退。

袋很快鼓了起来。

在经商的同时,女王也投资冒险生意——海盗抢掠。在她的带动下,许多大臣们也纷纷投资海盗事业,获利丰厚。当西班牙大使一次次地上门提出缉捕凶手时,伊丽莎白也发布缉捕海盗命令,但那不过是做做样子。而霍金斯、雷利、德雷克等海盗巨头都是女王的座上宾,受到女王的呵护和褒奖。当西班牙要求英国处死德雷克时,女王却把他封为骑士。1588年,西班牙与英国矛盾激化,西班牙组织了一支庞大的"无敌舰队",向英国扑来。面对来敌,不甘示弱的

伊丽莎白迅速组织起由140艘船只组成的舰队。此时昔日的海盗霍金斯、德雷克、雷利成为皇家海军——或许他们的船炮不如西班牙,但他们具有丰富的海战经验,加之海盗的亡命精神,都使英军战斗力强于对手。果然,在一场大风的帮助下,西班牙的"无敌舰队"败得一塌糊涂,从此日渐衰落。而在伊丽莎白的领导下,英国却逐渐踏上了通往海上霸主的台阶。

公元1642年—公元1651年

人物：詹姆士一世 查理一世　　**地点**：英格兰　　**关键词**：英国内战

英国内战第一枪

尽管这是一场内战，却被看成一个时代的开端，被定性为一场资产阶级性质的革命。内战的挑起者是国王查理一世，内战的另一方是希望限制王权的议会。而对王权的约束是一个具有划时代意义的事件。

◆ 詹姆士一世画像

苏格兰女王玛丽·斯图亚特与第二任丈夫所生的唯一儿子。伊丽莎白去世后，由于没有子嗣，将王位交由詹姆士一世继任。

国王与议会的矛盾

1603年，英国历史上叱咤风云的国王伊丽莎白一世去世后，因为没有子嗣，由苏格兰的詹姆士继位英国国王，是为詹姆士一世。詹姆士一世是一位权力欲极强的封建君主，对议会的权威不屑一顾，喜欢奢侈的生活和无拘束的行使权力。

1625年，詹姆士一世去世后，他的儿子查理继承了王位，他就是查理一世。查理一世继承了王权至高无上的想法——这种想法必然会与要限制王权的议会产生矛盾。查理一世的性格古怪，为人刻板，平时沉默寡言，在生活上严格按照自己拟定的时间表进行，日复一日按部就班。

在查理一世刚刚即位的几年中，英国不断地同西班牙和法国爆发战争。战争需要大量的费用，而当时英国国库已经入不敷出。在英国，国王要征税必须征得议会的同意，而查理一世在即位的第一年，就已经与议会闹僵了。1625年6月至8月，查理一世即位后的第一届议会召开了。在这届议会上，查理一世要加大赋税的征收额度，但是议会不仅没同意，反倒只允许他征收一年的吨税和磅税——吨税和磅税都是关税的一种，在查理一世之前，每个国王都可以终身征收。现在查理一世额外征收赋税的要求不仅没能得到满足，权力反倒受到了削弱，他甚为不满。

无法通过正常渠道征税，查理一世就运用国王的权力，不经过议会直接强制征收各种苛捐杂税。1627年，有5个爵士因为认为国王的征收不合法，拒绝缴纳强制性赋税而被关进了监狱，这一事件更加剧了议会的愤慨。1628年，为了表示抗议，议会通过了"权利请愿书"，主要内容是国王不经议会同意不能随意征收捐税，不能以国王的权力非法逮捕任何人。

查理一世为了获得议会对他的好感，获得金钱的援助，先是假惺惺地在"权利请愿书"上签了字，接着又开始强制征收赋税。当议会起来反对的时候，1629年3月，查理一世将议会强行解散，此后11年再没有召开过议会。

再次召开议会

没有了议会的限制，查理一世更加独断专行，也激起了民众越来越多的不满。从1636年开始，英国各地开始出现了各种内容的小册子，有的是直接批评查理一世的独断

◆ 英王查理一世和妻子玛丽亚皇后

在查理一世身边的是未来的詹姆士二世，在玛丽皇后身边的是未来的查理二世。

专行政策，有的是揭露宫廷里的腐败生活，有的是攻击查理一世跟前的红人劳德大主教，有的则是发泄群众心头的愤懑。这些小册子从各个大城市，一直到偏远的山村都在广泛传播着。

就在群众的不满之声此起彼伏的时候，由于查理一世对苏格兰的倒行逆施政策，引爆了苏格兰起义。苏格兰从1603年詹姆士一世即位为英国国王时起就与英格兰由同一个国王治理，但是苏格兰与英格兰的差异依然很明显，并仍有着独立王国的性质。苏格

兰和英格兰的信仰分属于基督教的不同教派。在信仰上，教派的不同是一件大事。但是，查理一世即位后，按照劳德大主教的意见，一定要让苏格兰同英格兰信仰的教派统一。1633年，查理一世到苏格兰视察后，决定把英格兰使用的祈祷书，推行到苏格兰，这是统一教派之举。但此举引起了苏格兰上至王公贵族、下到平民百姓的普遍不满。1634年，有人举报苏格兰的巴尔马力诺勋爵有一份反对使用英格兰祈祷书的请愿书，查理一世马上下令以叛国罪将巴尔马力诺勋爵逮捕。这一事件无异于火上浇油，使苏格兰人民的不满情绪进一步升级。

1637年，苏格兰人自行选举出了一个代表团，这个代表团于1638年2月起草了一份《民族公约》，公约中宣称他们将不接受新的祈祷书和新的宗教法规。这份公约本身的措辞还是温和的，显然不想与国王闹得太僵，但是查理一世得知这一消息后却火冒三丈，扬言要进行镇压，使和平解决问题的希望彻底破灭。1639年，苏格兰人组织起军队，开始攻入英格兰境内。

查理一世也想组织大规模的军队进行镇压，但是再一次苦于军费无处筹措，一些大商人也拒绝给国王捐献费用帮助他去打一场战争。无奈之下，1639年6月，查理一世同苏格兰人签订了停战协定。查理一世此举只是缓兵之计。为了征收赋税同苏格兰作战，1640年4月，查理一世召开了已经停开11年的议会，要求议会通过他的征税条款。但是，议会召开后不仅没同意国王的征税请求，还重申议会应该具有的权力，查理一世一怒之下，又将议会解散了。

苏格兰人见国王并无诚意停战，就再次攻入了英格兰境内，一路上势如破竹。查理一世的军队根本无法抵御苏格兰人的进攻，1640年9月，又被迫同苏格兰人签订了停战协定，这一次苏格兰人索要了高额的赔偿费。英国的国库里已无法满足赔偿数额，查理一世只好决定再次召开议会筹措费用。

◆查理一世画像

英格兰、苏格兰和爱尔兰国王，也是英国历史唯一一位被公开处死的国王。在荷兰画家凡·戴克创作的《穿猎装的查理一世》中——查理一世侧身站立，一手拄着拐杖，一手叉腰，显得傲慢自大、目空一切。

内战的爆发

1640年11月，查理一世下令召开议会。此次议会是在全国群情激愤的情况下召开的，议会中议员的大部分是反对查理一世的。在议会召开不久，一些议员就提出要审判查理一世的宠臣、最受人们痛恨的斯特拉福德伯爵。民众对于这一提议积极响应，举行了大规模的游行示威，敦促议会尽早通过处决斯特拉福德伯爵的法案。1641年5月8日，议会终于通过了处决斯特拉福德伯爵的法案。但是根据当时的制度，议会通过的法案需要经过国王的同意后才能生效。查理一世本想通过召开议会来筹措费用，没有想到议会的法案竟然首先指向了他的宠臣，查理一世拒绝批准这个法案，并向斯特拉福德伯爵保证，一定要保住他的性命和财产。

民众们得知查理一世还在包庇自己的宠臣的时候，变得异常愤怒，成千上万的人开始聚集到国王居住的王宫前。查理一世面对着这样的局势吓得胆战心惊，只好在议会提交的处决斯特拉福德伯爵的法案上签了字。5月12日，当斯特拉福德伯爵被推上断头台的时候，围观的群众人山人海——这是民众的胜利，也是议会的胜利。

此后，同斯特拉福德伯爵同样恶名远播、同样是查理一世宠臣的劳德大主教也被以叛国罪逮捕，囚禁在伦敦塔里。查理一世还被迫通过了议会提交的"三年法案"。根据这个法案，议会要定期召开，并且间隔年限不能超过3年，如果国王不下令召开议会，议会可以自行召开，国王也不能随意解散议会；查理一世在议会闭会期间征收的一些捐税被宣布为非法。

查理一世召开议会的初衷不仅一点没有得到满足，相反自己的权势却受到了越来越多的限制，这使他心中对议会充满了抱怨。为了再度显示一下自己的权威，查理一世下令逮捕议会中要求限制王权的5个激进议员。但是这5个议员提前得知消息，躲避了逮捕，并于一周后在民众的簇拥下堂而皇之地再度走进了议院。

在伦敦无计可施的查理一世，于1642年1月率领着亲信们前往英国北部的约克郡——聚集那里的王党成员准备对议会进行反扑。8月22日，王党成员在诺丁汉的一座山顶上升起了王党的军旗，宣布讨伐议会里的"叛乱分子"，打响了内战的第一枪。

◆ **斯特拉福德伯爵画像**

17世纪英国资产阶级革命时期，君主派的代表人物。他本是英王查理一世的宠臣，但后来以叛国罪被判处死刑。

公元1600年—公元1649年

人物：克伦威尔 查理一世　地点：英格兰　关键词：断头台

查理一世走上"断头台"

查理一世倒行逆施，引发了纳西比之战——克伦威尔让他一蹶不振。此战之后，他由君主沦为了阶下囚。但是囚禁中的他依然策划着叛乱，希望恢复自己昔日的权威。但最终的结果是，在忍无可忍的英国民众的呼声中，他被推上了断头台。

◆ 查理一世画像

由丹尼尔所画的查理一世像，充分展现了其帝王的气派——查理一世腰佩长剑，手拄拐杖，旁边则是王冠和手托的十字架王球。

第二次内战

1646年6月，议会军攻克了王党军的大本营牛津，国王查理一世化装逃跑，跑到了苏格兰。不久之后，英国议会与苏格兰议会经过讨价还价后达成协议——英格兰人以40万英镑从苏格兰人手里买回查理一世。查理一世成了英国议会的阶下囚，被监管在汉普顿宫，但拥有一定程度的人身自由。

查理一世被软禁之后，议会中产生了分歧，大多数人包括克伦威尔都不想惩治国王，甚至只是想逼迫国王做出某些让步。但是被软禁的查理一世不甘心失败。11月11日夜，查理一世趁着汉普顿宫的防守松懈，逃到了南部的怀特岛，在那里得到了苏格兰使者的迎接。

查理一世逃跑的消息传出后，在国内引起了巨大的震动，民众和下层士兵们纷纷要求追捕国王。克伦威尔最初还因为国王逃脱而暗自庆幸，因为他并不希望与国王闹得太僵，甚至对查理一世抱有很大的幻想，希望查理一世能够满足他们所提出的条件。但是到了11月21日，克伦威尔的态度却突然变了，因为这天他截获了国王给王后的一封密信。从信件的内容来看，查理一世宁愿和苏格兰人合作，也不愿意和克伦威尔合作，并承诺成功之后给苏格兰

◆ 查理一世来到卡里斯布鲁克城堡

查理一世来到城堡后，收到一位小姑娘送来的玫瑰花。但不久之后，他的行径就遭到了众人的谴责。此画现存于罗浮宫博物馆。

人各种各样的好处。面对残酷的现实，克伦威尔只好打消了和国王合作的念头。

1647年12月26日，查理一世与苏格兰人签订了秘密协议，协议中约定苏格兰人派军队帮助查理一世恢复王位，解散英国的议会军和议会，查理一世将答应在全国推行苏格兰人信仰的教派。一场新的内战正在酝酿。

1648年2月，南威尔士的王党酿造了暴乱，苏格兰人应时而动，由原来与英国议会合作，转而支持查理一世，第二次内战爆发。此时从伦敦到其他城市的一些王党成员也纷纷行动起来，就连海军舰队也有一部分投到了王党方面，形势危急。

面对危急局势，议会内部消除了分歧，议会军再次开赴前线，迎战王党军队。议会军作战英勇，加上得到了民众的大力支持，战局很快就有利于议会军。1648年7月上旬，议会军成功平息了南威尔士王党的叛乱。8月，王党的军队被彻底击溃，第二次内战结束。

围绕国王的斗争

1648年12月，查理一世再次沦为阶下囚，被囚禁在温莎城堡。这样议会军再次取得了胜利。但是以克伦威尔为首的一些人仍然无法下定决心惩治国王，也不愿废除君主制度。可在民众与士兵的呼声中，议会也只好组织人讨论审判国王的问题。然而讨论持续了近半个月。直到12月28日，议会下议院才通过决议，把查理一世作为背叛国家、挑起内战、破坏法律和人民自由的罪犯加以审

看得见的世界史

◆查理一世走向断头台的前夜

此画描写了查理一世走向断头台的前一天晚上，与两个孩子依依分别的场面。通过画面，我们看到两个孩子表情痛苦，无法接受父亲即将离去的现实。

判。但是克伦威尔却将对国王的审判看成无奈之举。12月底，他在议会讨论审判国王的问题时说："任何人，无论是谁，如果打算废黜国王或者剥夺国王子孙的王位继承权，他就将是这个世界上最大的叛徒和犯上作乱的人。但是，如今上帝已经把这样的角色加在我们身上，我们别无他法。"

英国的议会分为上议院和下议院，根据当时的法律规定，审判国王的决议由下议院先通过，下议院通过后要经过上议院的同意才能生效。但是当决议递交到上议院时，上议院的16位议员一致投了反对票。民众和士兵对这样的结果十分不满。既然上议院不同意，那么就让下议院享受最高权力。

1649年1月4日，在民众和士兵的推动下，通过了下议院享有最高权力的决议。决议规定：国家的法律来源于人民，代表人民的下议院是最高的权力机关，下议院的决议可以不经过上议院和国王的同意直接生效。

这样，1月6日，下议院通过了审判国王查理一世的最终决议——成立了由135人组成的特别法庭。

查理走上断头台

对查理一世的审判从1649年的1月20日开始。对查理一世的指控是：国王本来应该为谋求国家的和平和人民的利益而努力，但是查理一世却一心贪图权力，横征暴敛，当议会不满足他的无理要求时，他便挑起了内战，使无数人丧生，他对人民犯下了深重的罪行。

对于惩治国王的事情，高等法院中达成一致，但是在如何惩治上，高等法院又产生了很大分歧——高等法院中的一部分人提出判处查理一世死刑，但很多人表示反对——曾经能征善战的议会军总司令费尔法克斯甚至宣布拒绝出席对国王的判决。但民众和士兵却支持处死咎由自取的查理一世。

1月20日，查理一世被带到了伦敦的威斯敏斯特大厅，在这里他将接受审判。但在一个王权专制的国家中，法律上没有规定如何审问国王——尽管没有明确的法律条款可以宣判查理一世，但法官们还是援引了罗马法对查理一世进行了判决。

1月27日，在签署最后判决书时，135位特别法庭成员只有67人出席，而最后在判决书上签字的仅有52人——这说明很多人还是支持王权的。判决书上对查理的判决是：他是暴君、叛徒、杀人犯和善良人民的公敌，判处查理一世死刑，判决将在1月30日执行。

1月30日，天气晴朗却寒风刺骨，上千名市民围在白厅广场周围，等待着国王查理一世被推上断头台。这样的事情在英国史上没有发生过，更是震惊了整个欧洲。

查理一世被带到了距离白厅广场不远的一个房间里，他正在做着人生落幕前的最后准备。他已经与两个孩子做了最后的道别，也向上帝做了最后的祷告。他看见了广场周围有无数的人在等待着他被推上断头台的那一刻。但他心里好像并未生出太多的恐惧，因为他知道自己应该为倒行逆施付出代价。

之后，他被推上了断头台，但他还在努力表现出国王的气度和威严，甚至对围观的人说："我将宽恕将我送上断头台的人，因为宽恕是国王的权力。"查理一世进行了默祷，默祷之后，他的生命便走向了终结。

◆ 查理一世之死

1649年1月30日，查理一世在白厅广场前被送上断头台。

公元1599年—公元1658年

人物：奥利弗·克伦威尔　　地点：英国　　关键词：弑君 独裁

"弑君者"克伦威尔

1644年7月2日，在英格兰北部的马斯顿荒原上，国王军与议会军展开了一场血战。大炮的轰鸣声此起彼伏，火绳枪发射后的白色烟雾笼罩着整个荒原。突然，一队身披重甲的骑兵如同尖刀一般切入了国王军的肋部。仅仅一个晚上，这支骑兵就消灭了国王军4000人。而指挥这支铁骑的军官就是被尊为"护国公"的克伦威尔。

新模范军

1642年，查理一世的国王军在诺丁汉点燃了英国内战的烽火。战斗一开始，议会军队连战连败，被国王军一路追杀。为了扭转战局，议会决定重新建立一支强大的新军队。正是在这个背景下，克伦威尔登上了历史的舞台。

克伦威尔于1599年4月25日，出生于英格兰亨廷顿郡的一个清教家庭。他早年在剑桥大学学习历史与法律，上学时就接受了清教的信仰，成为了一个虔诚的清教徒。1628年和1640年，克伦威尔两次被选为议员，由于他思想激进而且能言善辩，很快成为了议会中引人注目的人物。英国内战爆发后，克伦威尔从家乡的农民和手工业者中挑选青年，组建了一支军队。由于这支新军纪律严明，作战勇敢，主力部队是身披重甲的骑兵，所以被人们称为"新模范军"和"铁军"。

◆ 身穿戎装的奥利弗·克伦威尔

奥利弗·克伦威尔是英国内战中的军事将领，是议会军战胜国王军的关键人物。

内战终结

1645年6月14日,国王军与议会军在英格兰中部的纳西比荒原展开了最后的决战。战斗一开始,查理一世就命令国王军的骑兵猛击议会军的侧翼,想要来个侧翼包抄。没等查理一世的骑兵达成突破,克伦威尔的骑兵就已经击溃了国王军的右翼,直接攻入了查理一世所在的主阵。惊慌失措的查理一世在卫兵的掩护下化装成仆人,逃往了苏格兰。1647年2月,英格兰议会以40万英镑的高价将查理一世从苏格兰人手中赎回,持续了5年的内战暂时告一段落。

保王党刚被打败,革命阵营的内讧又开始了。当时议会中分为长老派和独立派。

◆ 新模范军

这支新军纪律严明、作战勇敢,主力部队是身披重甲的骑兵,人们称为"新模范军"和"铁军"。

长老派代表大资产阶级和上层新贵族,政治上较为保守,老想和国王妥协;独立派代表着中小贵族的利益,主张建立共和国。双方不断争吵,以至于对监狱的看管也大大放松了,查理一世趁机逃跑。1648年,查理一世在英格兰西南部挑起了暴乱,结果再次被新模范军镇压,查理一世又被抓回了监狱。

此时,长老派议员对查理一世还抱有幻想,仍然主张让查理一世复位。军人们流了多少鲜血才打倒了国王,现在议员们居然要让国王复位,军人们的愤怒终于被点燃了。

1648年12月6日，新模范军的普莱德上校率领一支军队进入议会，驱逐了大约140名长老派议员，这就是英国历史上著名的"普莱德清洗"。经过清洗，议会中只剩下了60名左右的独立派议员，因为议会达不到法定的人数，所以这个时期的议会被称为"残缺议会"。

当时"残缺议会"要主持的第一项工作就是审判查理一世。1649年1月27日，议会组织的最高法庭对查理一世进行了审判，法官以"叛国罪、挑起内战罪、破坏法律和英国人民自由罪"判处查理一世死刑。第二天，克伦威尔平静地在判决书上签了字。1649年1月30日下午1时，憔悴的查理一世被押上了断头台。

查理一世之死激起了欧洲所有封建王朝的愤怒，他们把恶毒的诅咒全部"送给"了敢于处死国王的克伦威尔。同年5月19日，在全欧洲的谴责声中，"残缺议会"宣布英国为共和国。

护国公征战

共和国成立之后，克伦威尔掌握了英格兰的军政大权。为了巩固自己的统治，他发动了对爱尔兰和苏格兰的战争。1652年5月，经过血腥镇压，克伦威尔终于征服了爱尔兰。克伦威尔的地位在战争中得到巩固。军队也在战争中得到了巨大的利益，很快成为克伦威尔建立独裁统治的支柱。1652年9月3日，英格兰、苏格兰两军在伍斯特展开决战。克伦威尔再次力挽狂澜，荡平了苏格兰。1654年，英格兰正式合并了苏格兰，英伦三岛正式宣告统一。

率军队从苏格兰班师回国后，克伦威尔与"残缺议会"的矛盾开始公

◆ 奥利弗·克伦威尔画像

英国政治家、军事家、宗教领袖等。1653年，克伦威尔称"护国公"，从此开始了他的独裁统治生涯。

开化。1653年4月19日，克伦威尔在伦敦召开军官会议，要求议会自动解散。第二天，议会也针锋相对地推出了新的选举法，准备与克伦威尔抗争到底。得到这个消息后，克伦威尔马上带着自己的卫队进入了议会。"议员先生们，你们的罪行已经太多了，人民要选择更好的人来执掌政权！"克伦威尔以响亮的嗓音高喊着。"你怎么敢污辱议会！"议员们愤怒地指责克伦威尔。此时，克伦威尔大手一挥，两队身高马大的士兵立即冲了进来，把议员们全部驱逐出去。克伦威尔走到了议长的位置旁，拿起议长的权杖，笑着说："这个玩具有什么用呢？"权杖原是国家权力的象征，现在却成了克伦威尔手中的玩具。

1653年12月16日，克伦威尔正式成为"英格兰、苏格兰和爱尔兰终身护国公"。在盛大的就职仪式上，克伦威尔身披黑色长袍，脚穿便鞋，表示不以军人身份出场。他接过象征权力的玉玺和宝剑，一个军事独裁政权就这样建立起来了。从此，克伦威尔将内政、外交、军事、立法种种大权牢牢控制在自己手中，成为英国的最高统治者。

护国公之死

成为护国公之后，克伦威尔在英国实行了赤裸裸的军事统治。他把全国分成11个区，每个区派一名将军做行政长官，实行军管。行政长官直接向护国公负责，他的意志在区域内不可违背。军政府还制定了严格的清教戒律，要求英国人必须按照清教规定行

◆ 图中上图的旗帜为纳西比战役中国王军的旗帜，下图是克伦威尔的议会军旗帜。

事，人们不仅不能喝酒，不能赌博，在安息日还不能出门，店铺也不能营业，谁要在这个日子在街上闲逛就会受到严厉的惩罚。

相对于对内的高压统治，克伦威尔还把海外扩张的"事业"做得风生水起。他通过议会颁布《航海条例》，规定外国商人不得与英属殖民地通商，进入英国的商品必须由英国船只或者生产国的船只运入英国港口，否则就会被没收全部货物。这个规定让热衷海上中转贸易的荷兰收入锐减，而英国商人则赚得盆满钵满。为了这个规定，英国和荷兰还爆发了一次大规模的海战。最终，荷兰因为实力不济，被迫同意了这个《航海条

例》。接着，英国又凭借着自己无坚不摧的新式炮舰挨家挨户地找人"做生意"，先后取得了与西班牙殖民地通商的特权和自由进出波罗的海的权力。在法国的支持下，英国还通过对西班牙的战争，夺取了加勒比海上奴隶贸易的中心——牙买加和有"欧洲大陆金钥匙"之称的敦刻尔克。英国的商人在这波扩张浪潮之中尝尽了甜头，滚滚的金银不断从美洲、欧洲和亚洲向英国流去。

晚年的克伦威尔失去了昔日的骁勇和威风，他精神极度紧张，常常疑心别人要暗杀自己。1658年，重病缠身的克伦威尔在病榻上辗转反侧，仿佛看到了那些铺垫在自己成功之路上的鲜血和尸骨，害怕自己的所作所为得不到上帝的宽恕。当听到牧师说"上帝会宽恕所有人"之后，克伦威尔松了一口气，颤抖着说出"我得救了！"9月3日，克伦威尔指定儿子理查·克伦威尔为护国公的继承人。下午3时，克伦威尔与世长辞，他的部下将他安葬在了威斯敏斯特大教堂。

给克伦威尔一个绝对公正的评价是件困难的事情，英国的历史学家一般认为克伦威尔是一位独裁者，但他在特定历史时期巩固了清教的地位，并最终实现了英伦三岛的统一，开始了英国海外扩张之路，算得上一位有贡献的无冕之王。

◆ **军事独裁政权的建立**

克伦威尔带着自己的卫队进入了议会。要求议会自动解散。

第五章 · 诸强雄起

公元1660年—公元1714年

◎ 人物：查理二世 詹姆士二世　◎ 地点：英国　◎ 关键词：复辟

斯图亚特王朝复辟

克伦威尔的独裁统治结束之后，查理·斯图亚特登上了王位，即查理二世。之后，他便开始了斯图亚特王朝的复辟活动。然而这一时期，似乎一切都出现了逆转——英伦大地上空的愁云惨淡，预示着一缕清风将吹尽它的阴霾。

"小丑"退出舞台

1658年克伦威尔死后，克伦威尔的儿子理查德·克伦威尔即位护国公。理查德为人懦弱，以致王党分子给他起了一个绰号——"小丑"。一些曾臣服于克伦威尔的高级军官，现在也不服从他的管制，都希望能将权力掌握在自己的手里，成为第二个克伦威尔。至此，英国又陷入了政治纷争之中。

1658年12月，理查德召开了新的议会，希望依靠文职人员来治理国家，但遭到军官们的反对。同时议员们也对军队比较敌视，认为国家不能处在军人的控制之下，那是不能令人容忍的。随后，以弗利伍德为代表的军官迅速采取行动，迫使理查德解散了议会。但紧接着，下层士兵也暴露出对高级军官们的不满，要求重新召开议会。

1659年7月，第二次议会召开，但弗利伍德再次领导军人们强行解散了议会，并组建了以他为首的、主要由高级军官组成的"安全委员会"作为临时政府，管理国家大事，理查德则被迫放弃护国公的职位，退出政治舞台。

◆ 查理二世时期的艺术品

◆ 查理一世的孩子们（安东尼，比利时）

这是查理一世与玛利亚皇后所生的 5 个孩子。从左向右依次是：玛丽公主、詹姆士二世、查理二世、伊丽莎白公主和安妮公主。

查理二世重返伦敦

弗利伍德的"安全委员会"组建后，没能赢得人心——伦敦的一些贵族拒绝服从弗利伍德的统治。同时军官之间的争权夺势也愈演愈烈。此时，驻扎在苏格兰的乔治·蒙克将军看到了伦敦的混乱局势，准备进军伦敦。

蒙克将军是坚定的王党成员，在王党军队战败的时候，蒙克宣布服从议会，但是很快便带领自己的军队开赴苏格兰，避开了伦敦的政治旋涡。在苏格兰，蒙克一直同查理一世的儿子查理·斯图亚特积极接触。当弗利伍德解散议会之后，蒙克高调宣布自己要保卫议会，维护人民的权利，便率军向伦敦进发，并很快得到了费尔法克斯军队的支持。

1660年2月，蒙克进入伦敦。此前弗利伍德的"安全委员会"因不能解决英国面临的日益严重的经济困难，被民众赶下了台。蒙克进入伦敦后，虽然极力稳定政局，但仍缺乏一股力量能够建立稳固的统治。于是人们开始怀念王权专制的时期，把目光投向了斯图亚特王朝的复辟。

1660年4月，伦敦召开了一届特别议会，这届特别议会决定派人到荷兰去商谈查理·斯图亚特回国的事宜。随后，查理·斯图亚特在蒙克的授意下，高调宣布：如果自己回国继任国王，将对内战期间的一些制度和财产不予变更，并允许信仰自由；除了直接参与处死我父亲的人外，其他反对过国王的人将一概不予追究。

◆庆祝查理二世复辟

这幅荷兰油画创作于1660年,描绘了英国王室为了庆祝查理二世复辟,在海牙举办的盛大宴会。画中查理二世正和他的姐姐玛丽跳舞。

查理·斯图亚特的这番言论赢得了英国人的支持。1660年5月,查理·斯图亚特在长期逃亡之后,重返伦敦,登上了王位。

查理二世的统治

查理二世当上国王之后,原本希望恢复以往的君主专制制度,但情况已经发生了改变——以大商人为代表的资产阶级的力量已经壮大。因此,在查理二世的政府内,既有以前的王党成员,也有以前的议会成员,两派之间的分歧十分明显,以致后来形成了两个党派——辉格党和托利党,但这两派又都在政府中拥有一定的权势。

查理二世在当上国王初期,他的一些所作所为的确让人们看到了希望。在"弑君犯"这一问题上,他表现出了一定程度的宽容。反对过查理一世的人大部分被赦免,除了已经去世的,最终只将9个人定为死刑。面对查理二世的宽容,王党的其他分子则表现出了不宽容。他们甚至将克伦威尔等人的尸体挖掘出来进行鞭尸。

后期,因议会中的一些议员仍在积极限制国王的权力,查理二世表现出了不满。查理二世在外交中,一直与法国较为友好。而查理二世的行为使英国人认为他们的国王要效仿法国的太阳王,加强国王的权威,压制人民的自由。查理二世为了免受苛责,开始在外交上采取两面派的做法——一方面表面上同荷兰、瑞典结成反法同盟,另一方面暗地里与法国签订秘密协议,允诺在未来的法荷战争中帮助法国。而作为回报,法国将给查理二世提供财政援助——在与议会的斗争中，查理二世的软肋就是拨款权力受议会限制。这样在得到法国的财政援助后，查理二世便变得底气十足，甚至几次将议会解散。

詹姆士二世的倒行逆施

1685年，查理二世的弟弟詹姆士继承王位，即詹姆士二世。即位之初，詹姆士二世并未表现出独裁专制的意向，但没过多久，形势就发生了转变。詹姆士二世要重建强大的君主权威，要建立完全听命于自己的常备军。然而当时的英国，国王不能够掌握常备的武装力量，这就是王权不能过于强大的直接原因。

詹姆士二世即位之初，英国境内曾经发生了一起规模不大的叛乱。在镇压这次叛乱中，詹姆士二世召集了一支大约3万人的军队。在顺利镇压起义后，詹姆士二世便要将这支军队建成隶属于国王的常备军，这引起了人们对国王的不信任。

此外，詹姆士二世还极力推崇天主教——自伊丽莎白女王以来，英国信奉国教、排斥天主教一直是国家的基本国策之一，现在国王竟然成了天主教的信徒。不仅如此，詹姆士二世还任命了大量的天主教徒担任文武官员，并赐给天主教徒大量的田产，甚至一些军队的指挥权也落在了天主教徒的手中。

在詹姆士二世的支持下，天主教徒的活动越来越频繁，这引起了国教徒极大的不满。正是在宗教的问题上，詹姆士二世使得曾经一直支持他的托利党，也开始出现大量反对的声音——他们开始与国王疏远，而与辉格党人走得越来越近。

此时，詹姆士二世预感到了政治危机，1687年便颁布了《宗教自由宣言》，表示一切非国教徒都可以公开进行各种形式的宗教活动。从字面上看，这一宣言虽然有着宗教自由的影子，但对于当时的英国国教徒来说，这无异于挑衅。

1688年4月末，詹姆士二世再次发布了一则《宗教自由宣言》，并要求在以后的每个星期日都要在教堂宣读这一文件。这一消息传出后，大约有90%的教士拒绝服从。以坎特伯雷大主教为首的7名主教向国王递交了一份"请愿书"，指责国王此举非法。詹姆士二世恼羞成怒，命人将7位主教交付法庭审讯。但是，法庭最终判决7位主教无罪释放。而詹姆士二世的威信却遭到了严重的质疑。此时，斯图亚特王朝的末日临近了。

◆詹姆士二世画像

詹姆士二世是英国历史上最后一个天主教国王。

奴隶贸易的血与腥

○黑奴"受宠" ○争相贩奴 ○猎捕黑奴

关于人类的起源,历史学家和人类学家有很多不同的见解,很多人认为,人类源于非洲。对于这个问题,也许人们会一直争论下去。但关于黑人的故乡,人们没有争论,那就是非洲。虽然今天黑人遍布全世界,但他们的祖辈却是以一种悲惨的方式离开非洲大陆,四海为家的。

初次来到美洲

奴隶贸易由来已久,但是以前的奴隶贸易并没有像18世纪大西洋两岸的奴隶贸易那么"繁荣"。大西洋两岸的奴隶贸易使得非洲黑人远涉重洋、远离故土来到遥远的美洲大地,并且成为改变美洲历史的主要劳动力。没有非洲黑人的劳动,美洲的开发是不可想象的。非洲黑人并非通过移民迁徙到美洲,而是西方殖民者通过血与火的劫掠、毫无人道地将他们贩运至人烟稀少的美洲大陆。

◆北美殖民地的奴隶正在种植园中劳作。

早在15世纪，欧洲人就开始了大航海时代。1492年，哥伦布发现了新大陆，从此掀开了世界历史的新一页。美洲逐渐沦为欧洲人的殖民地，面对广袤无垠的美洲大陆，欧洲人似乎不知道怎么从这块新大陆上获取财富，因为这片富饶的土地上，缺乏一种经济发展的要素——劳动力。

欧洲人的海上冒险使得大西洋成为沟通欧洲、非洲和美洲的通衢大道。在欧洲人眼中，美洲和非洲都是新大陆，都是财富的处女地，如何将这些财富开掘出来就成为萦绕在欧洲人脑海中的问题。美洲土著在欧洲人到来之后，便被瘟疫困扰，欧洲人携带去的天花和殖民者对当地土著的杀戮使印第安人几乎遭到灭顶之灾，剩下的土著印第安人也不愿意为欧洲人所役使。于是，欧洲人便到别的地方寻找劳动力——他们发现非洲的黑人不但强壮，而且可以很好地适应美洲的热带气候。

黑人奴隶"受宠"

非洲，尤其是西非，在欧洲殖民者到来之前便盛行奴隶买卖。为了掠夺奴隶，君王们频繁地发动战争。当欧洲殖民者到来之际，原先的奴隶贩子便与欧洲人合作，因为欧洲人可以向他们提供枪炮、朗姆酒等稀罕的商品。这些奴隶贩子使用从欧洲人那里换来的枪炮去掠夺更多的奴隶。

欧洲人比较喜欢男性黑人奴隶，尤其是10岁至24岁的青壮年劳动力，因此被运抵美洲的奴隶基本都是男性。这也与非洲的社会形态有关系，当时非洲多数国家还停留在母系社会阶段。在这种社会中，女性不仅是社会的领导者，也是主要的劳动力，因此非洲

◆奴隶贩子在非洲从事罪恶的奴隶贸易。

人也愿意把不起多大作用的男人们交给奴隶贩子。

到了18世纪，甘蔗种植园在美洲热带雨林地区迅速发展起来，种植园主们对黑人奴隶的需求如饥似渴，因为蔗糖种植是个劳动力密集型的产业，需要强壮且有韧性的劳动力，非洲黑人是最佳人选。大西洋两岸的奴隶贸易开始繁荣起来，每年有几十万枪支流落到非洲。这些枪支弹药不但使非洲各地为争夺奴隶而引发的战争不断，而且还使绑架事件频频发生。大量的黑人被运往美洲的甘蔗种植园。当欧洲人在品尝蔗糖的甘甜的时候，是否想过，千里之外的黑人正在甘蔗种植园里尝尽人间的苦涩。

各国争相贩奴

随着美洲甘蔗种植的兴盛，非洲黑人奴隶便成为种植园主的抢手货，他们愿意出高价购买奴隶。为利润所驱动的欧洲奴隶贩子，便开始在非洲海岸大肆搜捕黑人奴隶。猎奴成为一项高风险、高利润的冒险活动。

非洲海岸线比较平直，但地形比较复杂，而且到处是瘟疫，没有有效的药物，欧洲人是不敢深入非洲大陆内部的，他们只能在沿海一带徘徊，猎捕奴隶的重任便交给了那些当地的经纪人。这些人驾驶独木舟，带着欧洲人的枪支弹药，深入非洲内陆猎捕奴隶。在沿海一带，有专门场所来看押抓来的奴隶，等凑够了数目，便一起卖给欧洲的奴隶贩子。

欧洲各国政府对奴隶贸易非常重视，他们将奴隶贸易当作本国经济的一部分，认为奴隶就应该提供给本国的种植园，而不能卖给竞争对手。因此，各国在奴隶贸易方面存在竞争，他们支持本国的商人，扶植本国的贸易公司，支持他们在非洲海岸建立商栈。

葡萄牙捷足先登，在奴隶贸易中拔得头筹，因为葡萄牙比其他欧洲国家更具有优势。葡萄牙人是大航海的先行者，当欧洲各国忙于内乱的时候，葡萄牙人已经在南美大陆建立起一个辽阔无边的殖民地——巴西。巴西资源丰富，葡萄牙人不仅发展了甘蔗种

◆ 一个非洲的女孩被贩卖黑奴的人吊在空中鞭打。而其他几个女孩坐在旁边，瑟瑟发抖。这就是当时黑奴的处境——不被当人看，随意买卖，不分男女。

植，而且还发现了金矿和银矿。种植园和矿山都需要大量的劳动力，因此葡萄牙的奴隶贩子根本不担心没有市场。葡萄牙人也是最先在非洲沿海探险的欧洲国家，对非洲人的风俗、地理都比较熟悉，因此在非洲沿海建立起了比较好的贸易网络，与当地的奴隶贸易经纪人关系比较融洽。

紧随葡萄牙人其后的是荷兰人。荷兰人是有名的海上马车夫，他们资金雄厚，经验老到，怎么会错过奴隶贸易呢？荷兰人与葡萄牙人一样，在非洲沿海有很好的猎奴网络。他们比葡萄牙人技高一筹的是，在仔细研究市场供求之后，才出手购买奴隶，因此他们不会做那种贵买贱卖的傻事。很快，荷兰人大有垄断奴隶贸易之势，以至于1729年有些英国商人惊恐万分道："多数奴隶贸易都落到荷兰人手中了！"不过，英国人很快后来居上。他们在强大的海军力量的支持下，建立起了海上霸权，可以将奴隶随意输入美洲大陆。

奴隶贸易前后长达几百年。正是欧洲的殖民者与当地的经纪人联手才将非洲的黑人装进了地狱一般的贩奴船，在美洲的种植园、矿山中忍受炼狱般的生活。

血腥的猎捕黑奴

黑人奴隶从被猎捕开始，便踏上了一条不归之路。他们首先搭乘猎奴队的独木舟来到非洲海岸的"货栈"，他们要接受医生的检查，就像兽医要检查牲口的体格是否强壮一样，然后被烧红了的烙铁在身上烙上一块

◆ 19世纪奴隶贸易的一个场面：巴西的奴隶贩子正在检查一群即将运往本国的黑人奴隶。

印记，以标明由哪个公司来采购。在此过程中，奴隶们没有停止过反抗，有的甚至准备自杀。如果经过这一连串的折腾能够幸存下来的话，那么他将登上漂洋过海的运奴船。

运奴船的条件非常恶劣，里面臭气熏天，毫无卫生设备，粗制滥造的食品更是难以下咽。有些奴隶无法忍受这种非人的待遇，便试图跳海。为了防止他们跳海，进行奴隶贸易的人把他们用锁链锁在船舱里面。在这样的环境中，他们要在海上颠簸4至8个星期，许多人都会病死。病死的奴隶便被扔到海里面喂鲨鱼，据说，几乎每个运奴船后面都会有鲨鱼尾随。据学者估计，每1个到达美洲的黑人背后是5个惨死于途中的同胞。在长达上百年的贩奴贸易中，非洲至少损失1亿青壮年劳动力。由此可以想象，贩奴贸易对非洲生产力发展是一个多么大的灾难。

被运送到美洲的黑人将在一个完全陌生的环境中生存下来，语言不通、宗教不同，更难以忍受的是，他们将像牲口一样被自己的主子驱赶、辱骂甚至杀害。

看得见的世界史·

公元1553年—公元1610年

○人物：亨利四世 ○地点：法国 ○关键词：治国 南特敕令

亨利四世的治国之道

我们将目光转向法国——他在三亨利的角逐中脱颖而出，宗教信仰在他那里成为治国的权宜之计。他面对的是一个破败的法国，但在乱世中却凭借着自己的聪明才智寻找到一条治国之道，于1598年颁布了著名的"南特敕令"。虽然天不假年，但他用双手创造了无限的荣耀。

三亨利之争

1572年，纳瓦拉国王安托万战死沙场后，他19岁的儿子亨利继任为国王。此时的纳瓦拉王国虽然实质上是一个独立的王国，但在名义上属于法国。亨利从即位开始，就不可避免地卷入了当时的宗教冲突中，成为胡格诺教派名义上的领袖，与天主教处于敌对状态。而法国的国王和大部分公爵信仰的正是天主教。

由于新旧教派冲突引发的宗教战争，已经在法国持续了很长时间，整个社会民生凋敝，百姓苦不堪言。为了缓解教派之间的冲突，当时法国国王查理九世的母亲卡特琳，决定将女儿玛尔戈嫁给纳瓦拉国王亨利，婚礼定于1572年8月18日举行。这一举措对于当时的天主教徒和胡格诺教徒来说，都

◆ 亨利三世的舞会

亨利三世的时代，像是一幕充满斗争的悲喜剧，宫廷的歌舞升平只是一种表现而已，更深的危机还藏在后面。

◆ 战斗中的亨利四世

是一个盛大的庆典。当时有大量的胡格诺教徒前往巴黎参加亨利的婚礼,其中包括胡格诺派中最为重要的人物——海军上将克利尼。8月22日,天主教派吉斯公爵亨利雇用杀手趁着克利尼缺少防范时前去刺杀他,但所幸克利尼只是身负重伤,并未丧命。这件事让胡格诺派教徒群情激奋。

这时,卡特琳害怕胡格诺派在巴黎闹事,会威胁到王室的安全,于是强迫查理九世下令屠杀在巴黎的胡格诺教徒。从8月23日到8月24日,2000多名胡格诺派教徒在毫无防备的情况下被屠杀,横尸街头,这就是历史上著名的"圣巴托罗缪之夜"。在这场惨烈的屠杀中,刚刚度过新婚之喜的纳瓦拉国王亨利因发誓放弃新教信仰,才免遭屠戮。

1574年5月,查理九世病逝。查理九世的弟弟昂儒公爵亨利即位,即亨利三世。亨利三世一方面与重新恢复新教信仰的纳瓦拉国王亨利有矛盾,另一方面又与权势日盛的吉斯公爵亨利有矛盾,在相当长的时间里,这三个亨利之间展开了没有硝烟的战争。

1588年,吉斯公爵联合巴黎的一些势力,迫使亨利三世逃离首都巴黎。愤怒的亨利三世出逃后,派人将吉斯公爵暗杀了。吉斯公爵死后，他的弟弟马延公爵为了替哥哥报仇，在巴黎扶植了一位红衣主教担任国王，他自己则掌控大权，与亨利三世为敌。

亨利三世为了夺回王位，决定与纳瓦拉国王亨利联合。1589年，两位亨利的联盟军开始围攻巴黎。可就在大功告成之前，亨利三世被人刺杀了。但亨利三世没有子嗣，所以按照规定最有资格继承王位的纳瓦拉国王亨利，登上了法国国王的宝座，即亨利四世。这样就拉开了法国波旁王朝统治的序幕。

亨利四世赢得人心

亨利四世支持新教中的胡格诺派，对广泛信仰天主教的法国人来说，他即位之初没有多少人承认他的权威。亨利四世清晰地认识到了这一点，也不愿让宗教问题成为自己治国的障碍。1593年7月，亨利四世在一座大教堂中正式宣布自己放弃新教，皈依正统的天主教。亨利此举收到了很好的效果。几天之后，亨利和巴黎方面实现了停战。1594年3月，亨利四世在巴黎群众的欢呼声中，踏进了首都，住进了王宫，成了全国承认的新国王。

在亨利四世宣布皈依正统天主教后，另一个问题又出现了——信仰新教的民众对亨利四世产生了不满情绪。亨利四世知道，只赢得天主教徒的心还不够，如果不能同时赢得新教徒的心，那么两派之间的战争可能还将持续下去，这对于法国的建设将是百弊而无一利。

为了获得新教徒的拥护，亨利四世不顾一些天主教公爵的反对，于1598年颁布了著

名的"南特赦令"。该赦令一方面规定法国的国教为天主教，另一方面规定法国全境公民有信仰新教的自由，承认公民的平等地位并给予保障。法令颁布后，的确得到了新教徒的拥护，但当时的巴黎高等法院却拒绝登记该法令，也就是不承认该法令合法。

面对这一状况，亨利四世充分显示了他恩威并施的手段——他先是召集法官并告诫他们："我是法国的国王，名副其实的法国国王，你们要顺从。你们这些法官就好像我的右臂，但是如果我的右臂生了病，不听使

◆ 亨利四世进入巴黎（彼得·保罗，德国）

唤，我就会毫不犹豫地用左臂砍掉右臂。"

在威胁过后，亨利四世又表现出对天主教的虔诚，宣布要资助天主教会主办各项慈善事业，并定期前往教堂参加礼拜。

在亨利四世的恩威并施之下，"南特赦令"最终获得了巴黎高等法院的认可并开始在全国实施。而这为亨利进一步整饬法国的内政外交，提供了很好的基础。

整饬内政外交

为了更好地治理法国，亨利四世要树立自己作为国王的权威。亨利四世为了控制巴黎高等法院这个至关重要的权力部门，将自己的心腹阿尔莱任命为巴黎高等法院院长。这样就避免了巴黎高等法院总是与国王的政策唱反调或试图限制国王的权力。

为了进一步强化中央权力，亨利四世还大力控制官员的任免，并限制地方王公贵族的权力。但地方王公贵族们不甘心自己的权力被一点点剥夺，因此一些人联合起来，准

看得见的世界史

◆ 亨利四世画像

法国国王，也被人称为"亨利大帝"，法国波旁王朝的建立者。

备夺取王权——其中的核心人物是比龙元帅和布永公爵等。

这些人趁法国西部各省对盐税不满的机会，准备发动一场暴乱。但他们没有料到亨利四世的反应异常迅速。比龙很快就被逮捕受审，以叛国罪被判处死刑，并于1602年斩首。紧接着，亨利四世又以强大的军队，袭击同样握有一部分兵权的布永公爵。1606年布永公爵宣布投降。而此时，已经没有人能够质疑国王的权威了。

在树立威望的同时，亨利四世没有忘记恢复被长期宗教战争毁坏的法国经济。于是，他任用了自己昔日的伙伴——精明能干的苏利公爵担任财政总监。苏利的确没有辜负亨利四世的期望，在担任财政总监后，采取了一系列措施来整顿经济。

为了更好地征税，苏利免除了1596年税款——这样才能使民众有积极性去交1597年之后的税款。亨利也没有给民众增加太多的苛捐杂税，只是征收他之前就确定的税目。但要求在征这些税的时候严格执行，不能有遗漏。

当时的法国是一个农业大国，苏利为了提高农民的积极性，又减免了农民的人头税，并招抚流散农民，将一些士兵遣返回乡务农。为改善农业的生产条件，政府还组织疏通河道、修建堤坝、开垦荒地。为了发展农业生产，亨利四世和苏利专门请来荷兰专家传授排涝技术，大量印制一些使土地丰产的书籍。在苏利的积极努力下，法国的国库迅速充盈起来，社会又恢复了生机。

内政上成功的法国，在外交上也同样取得了不小的成绩，1600年之后，法国相继收回了一些被其他国家占有的土地，并在意大利地区进行了长期的斡旋外交，使法国的国际地位得到了很大的提升。

亨利四世曾经满怀豪情地说："如果上帝能够给他足够的时间，我将让欧洲见证一个强大法国的崛起。"只是上帝并没有给他足够的时间。

1610年5月的一天，亨利四世在马车里被一名狂热的天主教徒刺死。他的治国之道，也终被历史铭记。

公元1585年—公元1642年

人物：路易十三 黎塞留　地点：法国　关键词：红衣主教

红衣主教黎塞留

他是一位主教，也是一位纵横捭阖的首相。他将国家的利益看得比个人的生命还重，他用自己的行动实践着自己的名言："人或不朽，救赎可待来日；国无永生，救赎唯有当下。"他就是红衣主教黎塞留。

初次亮相

1610年5月，备受法国人民拥戴的国王亨利四世死于刺客的刀下。人们怀着无比悲痛的心情，迎来了年岁尚幼的新国王路易十三。由于路易十三年仅9岁，所以只能由其母亲美第奇家族的玛丽王后代为摄政。

玛丽没有什么政治抱负，而且目光短浅。面对那些在亨利四世死后，希望重新获得更多权力并不断挑起事端的王公贵族，她只能采取金钱收买的策略，笼络一些能够为她所用的人——其中最受玛丽宠信的是意大利人孔奇尼。但这种笼络手段对贵族阶层并不起到充分的作用，他们力图恢复昔日的封建特权。于是，有些贵族起兵作乱，还要求召开三级会议来商讨权力的分配问题。

要求召开会议的王公贵族们的初衷是要与王室作对，但结果却出乎他们的意料——三级会议的多数代表站在了王室一边，要求加强王权，并要求取消能够使王公贵族牟取暴利的俸禄制度。三级会议的召开使贵族们自食恶果，也使王权趋于稳定。也正是在这次三级会议上，一直被后人称作"法国历史上最伟大、最具谋略、最无情的

◆ 亨利四世和玛丽·美第奇的婚礼

政治家"的黎塞留出场了。

作为教士阶层的代表，时任吕松主教的黎塞留在这次会议上语出惊人，积极支持王室，在会议中发挥了不小的作用。他引起了孔奇尼的注意，并得到了孔奇尼的赏识，很快就被孔奇尼推荐给摄政玛丽，并委以国防和外交国务秘书的要职。至此，黎塞留的政治生涯成功打开。

登上巅峰

1617年，路易十三开始亲政。在吕伊纳的帮助下，路易十三迅速剪除了孔奇尼任命的一些大臣。与此同时，路易十三又将孔奇尼的妻子——也是玛丽的同胞姐妹，当作女巫治罪。玛丽害怕遭到毒手，仓皇逃往布卢瓦。在这种纷乱的情况下，曾经深得玛丽和孔奇尼器重的黎塞留也被迫来到教皇的领地阿维尼翁避难。黎塞留才华出众，在避难期间写了《保卫天主教信仰的主要原理》一书，并把它献给教皇。教皇看后非常满意，没过多久就将黎塞留擢升为红衣主教。

已经在政治旋涡里浸染过几年的黎塞留，不甘心只是作为一个红衣主教，了此一生。于是，他开始积极活动，努力促成路易十三与其母亲玛丽的和解。在黎塞留的积极努力下，1619年，路易十三与母亲实现了和解。黎塞留也因在此过程中的表现，得到了路易十三的初步赏识。

1621年，大权在握4年的吕伊纳去世。吕伊纳去世后，路易十三更加倚重黎塞留——黎塞留逐渐进入权力中心。1624年8月，黎塞留在排挤掉几位竞争对手之后，终于成了首相。从此，他开始了自己长达18年、纵横捭阖的政治生涯。

粉碎阴谋

黎塞留性格刚烈、意志坚定，而且有着很宏伟的治国抱负。而路易十三则相对软弱，从最初的母后摄政，到倚重吕伊纳，再到倚重黎塞留，个人积极决策的影子几乎看不到。黎塞留尽管大权在握，却没有对路易十三有丝毫的不敬，在任首相的18年里，对路易十三始终忠心耿耿。他曾明确宣称自己的毕生目标只有两个：第一个是使国王崇高，第二个是使国王荣耀。而路易十三对这位铁腕人物的自始至终的信任，也为黎塞留施展才华提供了广阔的空间，使其能够为法国的发展做出巨大的贡献。

为了使国王受人尊敬，就要先整治国内的问题。黎塞留担任首相之初，面对的是王公贵族与王

◆路易十三塑像

室之间的尖锐矛盾——如何巩固和发展法国的专制君主制,成为他要办的头等大事。随后,黎塞留与那些飞扬跋扈、不服从国王领导的王公贵族们,展开了长期不懈的斗争。

斗争伊始,黎塞留认为要想打倒王公贵族们,首先要做的是从经济上限制他们。他认为应该取消或削弱王公贵族们的俸禄,用节省下来的钱建立现代化的行政机构,建立强大的舰队和商船,这样才是对国家有利的。同时,王公贵族的收入减少,也将使他们难以组建起属于自己的军队来和王权抗衡,可谓一举两得。为了实践自己的想法,1626年,黎塞留召集王公贵族们召开了大型会议,倡导进行国务改革。但王公贵族们知道自己的特权和利益将受到侵犯时,不甘心默默接受——一场政治阴谋正开始酝酿。

此时,朝廷中的众多王公贵族在一起密谋对付黎塞留的办法,这其中有王后安娜、孔代亲王、埃帕尔农公爵等人。他们为了永绝后患,计划用谋杀的方式将黎塞留除去。这样路易十三也将受制于他们——他们的特权不仅能够继续维持甚至还会扩大。他们的如意算盘打得不错,可正当他们准备采取行动的时候,他们的阴谋败露了。

黎塞留无法容忍这些王公贵族们如此藐视自己和国王的权威,为了给这些用心险恶的人一点颜色看看,黎塞留毅然将多名公爵送进了监狱,并将一位公爵斩首示众,以表示自己改革的决心和勇气。

这次失败并没有改变贵族们要除掉黎塞

◆ 黎塞留的三面画

尚帕涅在描写黎塞留这位伟大人物时,着重于人物性格的刻画,设法充分揭示黎塞留的外貌和心理特征。因此他运用了罕见的绘画方式,在一个画面上同时出现一个模特的三种不同角度的肖像。

留的想法。1630年,新一轮的阴谋开始上演。这一次太后玛丽是主谋,参与者有王后安娜、国王的亲弟弟加斯东、掌玺大臣马里亚克等人。他们判断此时路易十三对黎塞留的信任度已经降低,因此可以离间路易十三与黎塞留之间的关系——先削弱黎塞留的权势,以后就可以轻松地制服他。

11月11日,太后玛丽来到了美第奇宫,向国王路易十三哭诉黎塞留的无情无义,要路易十三将黎塞留革职。面对母亲的哭诉,路易十三只好表示顺从。太后玛丽等人心花怒放,以为这次胜利的天平会倾向于自己这一边。

这一次,所有人都明确地看出了首相黎塞留在劫难逃。就连黎塞留本人也感到了一丝

◆黎塞留画像（菲利普·德·尚帕涅，法国）

绝望。毕竟所有权力的基础都来自于国王本人。正因为路易十三本人长期和王公贵族们斗争，也正因为路易十三的信任，他才能够大权在握，毫无顾忌地显示自己的权威。可现在路易十三的意志如果发生了动摇，那将意味着他多年来的努力毁于一旦，自己的命运也将发生重大改变。阴霾袭上了黎塞留的心头。

然而，这些人都错误地估计了形势。路易十三虽然算不上一位强大的君主，却能够看清究竟谁站在自己这一边。就在所有人都认定路易十三将会把黎塞留革职的时候，路易十三召见了黎塞留。见面之后，路易十三带给黎塞留的不是斥责，而是一颗定心丸。路易十三对黎塞留说："我需要对我的国家负责，而不是对我的母亲负责。"这带给黎塞留莫大的惊喜和感动，他知道自己所做的一切国王是理解和支持的。

消除了顾虑的黎塞留，自然不会让太后玛丽等人安安稳稳地去策划他们下一步的计划，开始反戈一击。很快，太后玛丽被流放到距离巴黎80千米的贡比涅；路易十三的弟弟加斯东被处以大不敬的罪名，责令他以后要谨言慎行；掌玺大臣马里亚克则被直接投入监狱。此后，又出现了几次针对黎塞留的阴谋甚至叛乱，但都被黎塞留一次次轻松地化解了。在粉碎王公贵族阴谋的同时，黎塞留也在有条不紊地进行着强化中央集权的改革，从制度上限制王公贵族的权力。

强化集权

要使国王受到敬畏，就要使王室具有权力，这是黎塞留执政过程中的一个重要思想。为了强化中央集权，黎塞留在中央设立了各部大臣，这些大臣直接受首相领导。他们个人的利益也与国王、首相对他们的政绩如何评定休戚相关。这样，原来由贵族们控制的"国务会议"基本上就被架空了。

在地方上，虽然各地的行政长官总督还是由一些贵族们担任，但黎塞留又将以往设置的临时官职主计官变成常设官职，这一官职负责监督地方上的行政、司法、税收等诸多方面。一旦主计官认为地方上有某些问题处理不当，就可以直接向国王和首相禀报，国王和首相将及时就反映的情况做出处理。这就使得主计官的地位实际上比总督还要高，地方的权力被中央控制。

同时，主计官这一官职还不得转让或世袭，直接由中央任免，这样使中央的权力更容易长久维持。

要加强中央集权，除了政治上的举措，还要有经济上的根基。为了使中央政府能够掌控尽可能多的资金，黎塞留还大力扶植工商业的发展，积极拓展海外贸易和殖民地。

在黎塞留任首相期间，法国拓展了在加拿大的殖民地，也拓展了在土耳其、伊朗、俄国等国的市场。此外，黎塞留的敛财之道就是靠对百姓的横征暴敛。黎塞留曾经说过这样的话："如果人民太舒适了就不大可能安分守己，应该把他们当作骡子，让他们疲于奔命，否则安逸会把他们宠坏的。"据说在黎塞留去世的时候，税收已经征到了他死后的3年。

外交手腕

为了提高法国在欧洲各国中的地位，身为红衣主教的黎塞留并未被欧洲那种宗教

◆红衣教主黎塞留

热情及思想狂热重于一切的观念束缚，而是秉持国家至上的原则，斡旋于欧洲各个国家之间，向哈布斯堡王朝在欧洲的霸权掀起了不屈的挑战。曾有人问黎塞留为什么要这样做，黎塞留说出了他那句掷地有声的名言："人或不朽，救赎可待来日；国无永生，救赎唯有当下。"

1618年，欧洲爆发的"三十年战争"是人类历史上最惨烈的战争之一。黎塞留上任之后发现，当时的法国实际上已经处在哈布斯堡王朝通过"联姻外交"对法国形成的包围圈当中。法国面临的局势相当紧迫，一旦战争按照预期的形势发展下去，法国将彻底无力对抗哈布斯堡王朝的霸权。黎塞留审时度势，制定了新的目标和策略。

黎塞留上任之初，因为忙于平定内部的乱局，无力直接参与大战，因此通过外交手段极力促使英国、丹麦、荷兰等国结成反哈布斯堡同盟。1625年，在黎塞留的不断斡旋下，英国、丹麦、荷兰结成了同盟。就在这一年，丹麦出兵援助德意志的新教诸侯，使"三十年战争"由最初的德意志内部战争，演变成了一场国际大战。当1629年丹麦战败的时候，黎塞留又怂恿并资助瑞典到德意志境内作战——此时的瑞典国王正是古斯塔夫二世。

为了使德意志继续保持分裂割据状态，黎塞留还促使巴伐利亚选侯脱离德皇，保持中立。到了1635年，随着国内局势的平定，黎塞留终于得以公开地加入"三十年战争"的争夺战中。法国的参战，迅速改变了战场上的对峙状况，也严重挫败了哈布斯堡王朝的锐气。

1642年，当"三十年战争"的双方已经显示出胜败迹象的时候，黎塞留走完了他的人生旅途。

在去世之前，神父问黎塞留要不要宽恕他的敌人，黎塞留坦然答道："除了公敌之外，我没有敌人。"这样一个铁腕人物，在一生中实现了自己的诺言，他已经使国王崇高和荣耀，也使自己成为法国历史上的传奇。

◆《玛丽·德·美第奇在马赛港登陆》

画家鲁本斯采取了虚实结合的手法。玛丽的豪华宫船抵达了马赛港，一位头戴军盔的姑娘伸开双臂欢迎皇后来到法兰西。三个仙女正在海水中挽着缆绳让宫船尽快靠岸。这体现了作为路易十三母亲的玛丽的皇威。但在与黎塞留的政治斗争中，她最终以失败而告终。

公元1638年—公元1715年

人物：路易十四　地点：法国　关键词：集权 重商

叱咤风云太阳王

太阳王路易十四是法国历史上一位声名显赫的君主，伏尔泰将他看作一个时代的标志。曾几何时，路易十四的光辉笼罩了整个欧洲。路易十四笃信，构成君主的伟大和尊严，不是他们手中的权杖，而是他们使用权杖的方法。路易十四正是凭借自己运用权力的独特方法，才在世界历史上留下了深刻的烙印。

颠沛少年时

1638年9月5日，路易在王室城堡中诞生了。他的诞生本身就被看作奇迹，因为路易十三夫妇结婚20多年一直没有生育，人到中年才喜得贵子。这似乎在冥冥之中就预示着小路易将有着非同凡响的一生。

路易十四继位时才5岁，由于年幼，一直由母亲安娜摄政，而真正手操权柄的却是红衣主教马扎然——马扎然深得上一任主教黎塞留的信任，在安娜太后摄政后被任命为首相。

马扎然精明能干，继续推行黎塞留时期的内外政策。但他的横征暴敛，不断提高税收，激起了贵族和平民的不满。

随着民怨的加深，"投石党"运动爆发——投石原本是儿童玩的一种游戏，在此却有破坏和反对当局的意思。1648年5月，巴黎高等法院为抵制政府的横征暴敛，联合各地法院，以整顿政府弊端为名，向国王提出了诸种改革要求。对此，马扎然和安娜太后不仅断然拒绝，还逮捕了数名法官，以求杀一儆百。然而，此举不仅没有扼制住人民的反抗，反而抗拒

◆ 路易十四纪念金币

的烈火越燃越旺。

第二年，法国贵族孔代亲王率兵出征，攻打巴黎的反叛贵族。巴黎的反叛贵族转向西班牙求救，巴黎市民不愿看到外国势力的侵入，所以向国王和太后放下武器，路易十四回到了巴黎。没过不久，孔代亲王又煽动贵族发动叛乱，路易十四再次与母亲仓皇出逃。1652年末，战乱终于得到彻底平息，路易十四得以第二次重返巴黎。

大权集于一身

1661年，老谋深算的首相马扎然辞世，这给了路易十四充分展现才能的机会。

马扎然去世之后，人们都等待着路易十四任命新的首相，但是国王没有丝毫举动，反倒亲自处理各项政务。路易十四还下令将马扎然的财产全部没收，一方面使自己成了最有钱的君主，另一方面收买了人心。当路易十四迟迟不宣布新首相的人选，并叫各主管部门都向自己汇报大小事宜的时候，法国人民高兴地发现，一个掌握实权的君主终于出现了。

为了将君主专制推向极致，为了实践自己的那句名言"我即国家"，路易十四开始采取多方面的集权措施。1665年，巴黎高等法院召集会议，准备讨论国王的一项敕令。按照传统，高等法院有权通过这种方式制约国王的权力。就在法官们集会讨论时，身着戎装、手执马鞭的路易十四突然进入巴黎议会厅，对议员们说："你们的集会所带来的不幸结果是众所周知的，我命令你们解散这次集合讨论敕令的会议。主席先生，我禁止你召集此种会议，并禁止你们任何一人提出此项要求。"

◆路易十四画像（亚森特·里戈，法国）

贵族的叛乱一直使路易十四心有余悸，但是他在处理贵族问题上，一反强硬打压的方式，使用了怀柔政策，充分显示出他使用权杖的多种方法。路易十四在巴黎郊外建造了一座奢华的凡尔赛宫，以国王恩宠的名义，邀请大批贵族离开他们的领地移居凡尔赛宫，并许以丰厚的赏赐和俸禄。当贵族们日益迷醉于凡尔赛宫的声色犬马、疏远自己的人民的时候，他们也就丧失了实权，丧失了同国王对抗的资本。

要想确立王权至高无上的地位，与教权的冲突将不可避免。身为天主教徒的路易十四，在极力镇压新教的同时，也反对天主教会干涉自己的事务。路易十四对新教采取了彻底清洗的政策，迫使大量新教徒逃离法国。为了与天主教会争权，1673年，路易十四宣布法国所有主教只能由国王任命，此后又一再重申王权高于教权。

路易十四将大权集于一身，使其在法国的地位再也无人能够抗衡。

重商强国本

路易十四在商业问题上，并未像在政治问题上一样，保持一种唯我独尊的姿态，而是积极支持财政大臣柯尔伯的各项措施，使柯尔伯有足够的空间发挥自己的才能。

柯尔伯重商主义政策主要分为三个方面：一是保护和扶植国内的手工业生产。通过贷款解决工场主的资金不足问题，由国家出资兴建大量的王室和私人手工工场，扩大生产规模，完善生产部门。二是实施关税同盟和保护关税政策。虽然在政治上路易十四已集诸种大权于一身，但在商业上仍旧存在着各贵族领地各自为政的现象。为此，柯尔伯在法国内部通过实施关税同盟政

策，实现了内部商品的自由流通。为了抵制其他国家商品的大量流入，保护国内企业，柯尔伯还提高了从其他国家进口商品的关税，甚至直接禁止一些商品的进口。三是发展工商业，保护法国的对外贸易。在路易十四时期，法国先后建立了西印度公司、东印度公司、北非公司等，发展殖民贸易。同时，与英国、土耳其等国签订协议，联合保护商人利益。

随着重商主义政策的执行，法国的经济出现了空前的繁荣，人们都开始称颂路易十四。但是在法国富强的过程中，路易十四的野心也一步一步膨胀了。

不堪征战苦

路易十四亲政后，发动的第一场大规模战争是针对西班牙的。1665年，路易十四的岳父、西班牙国王腓力四世去世。新即位的国王年仅4岁，路易十四趁机对西班牙提出领土要求，理由是西班牙公主嫁过来时，应有一笔可观的嫁妆，但西班牙一直没有兑现，现在要以西班牙的领土作为补偿。西班牙自然不愿意，路易十四开始御驾亲征。最后，法国占领了西属尼德兰的12处要塞。此后，法国又向荷兰、瑞典、丹麦等多国开战，太阳王的威名传遍了欧洲的大小国家。

路易十四经历的最后一场战争，仍是面向西班牙的。1700年，西班牙国王查理二世逝世。由于他死后没有继承人，欧洲各国纷纷卷入了那场为争夺西班牙王位继承权而展开的战争。在长达十几年的战争中，法国、葡萄牙和西班牙是一方，英国、荷兰和奥地利是另一方。尽管法国最终还是如愿以偿，使路易十四的孙子当上了西班牙国王，但法国的国力得到巨大消耗——法国巨额债务缠身，已经濒于崩溃的边缘。

路易十四一生中取得的伟大、辉煌的业绩，随着一次次令法国人民精疲力竭的战争而消耗殆尽。战争虽然能够成就个人的荣耀，但也能让他走向灭亡。

◆扮成太阳神阿波罗的路易十四

在这幅油画中，路易十四被绘成太阳神阿波罗，他的家庭成员也被绘成陪伴其左右的众神。

公元1613年—公元1917年

人物：西吉蒙特三世 米宁 帕扎尔斯基　　**地点**：俄国　　**关键词**：新沙皇

新沙皇打造罗曼诺夫王朝

接着转向俄国——在经历了伊凡四世去世、伪沙皇引爆的波俄战争后，俄国人已经苦不堪言。但是他们还要面对外国人的侵袭。在民众的不懈斗争下，俄国最终又重新走上了正轨。一个崭新的王朝——罗曼诺夫王朝，来临了。

◆ 米哈伊尔·罗曼诺夫画像

罗曼诺夫王朝的第一位沙皇，算是开国之君。但他的登基不是因为他的文治武功，而是全俄缙绅大会选举的结果。换句话说，他做沙皇并非出于本意，而是被逼而为。

国内危机重重

虽然俄罗斯当政的7位贵族，击溃了沙皇伪季米特里二世，但是在波兰人面前却弯下腰来，甘心俯首称臣。7位贵族原本想推举波兰王子瓦迪斯瓦夫为俄罗斯沙皇，但是波兰国王并不同意——波兰国王西吉蒙特三世想要自己一身兼任两国国王，建立一个庞大的波兰-俄罗斯帝国。

此时，莫斯科已经处在波兰军队的占领之下，波兰军队对莫斯科实行了恐怖统治。1611年3月19日是俄罗斯的复活节，莫斯科市民们手持圣像和十字架，准备在克里姆林宫和红场之间游行，举行传统的宗教仪式。但是波兰驻军长官却害怕大规模的宗教仪式会演变成集体造反，于是命令波兰军队大开杀戒，7000多名手无寸铁的俄罗斯民众惨遭杀害，莫斯科愁云压城。

虽然莫斯科已经落入了波兰人手里，但是俄罗斯其他地区还在抵抗波兰人的进攻。为了实现自己的大帝国之梦，1611年6月，西吉蒙特三世举兵强攻俄罗斯的西部重镇斯摩棱斯克。斯摩棱斯克的军民奋起反抗，最终全城8万人中7万人英勇战死。

就在西吉蒙特三世大举动兵的时候，瑞典也看到了俄罗斯的虚弱，立即出兵东进，希望能够分得一杯羹。瑞典的军队很快占领了涅瓦河流域，随后瑞典大军又进抵诺夫哥罗德城下，逼迫诺夫哥罗德民众选举瑞典国王查理九世的儿子菲利普王子为俄罗斯沙皇。1611年7月中旬的一个夜里，诺夫哥罗德城内一个贵族的家仆偷偷打开了城门，将瑞典人引进了城——瑞典军队占领了诺夫哥罗德。接着，瑞典军队又接连占领了诺夫哥罗德地区的伊凡、雅姆、科里波耶等城，刀锋直指尼日涅－诺夫哥罗德。

在外国军队步步紧逼、7位大贵族奴颜婢膝地面对波兰人的时候，俄罗斯广大人民开始反抗起来，反抗的烈火开始熊熊燃烧。

◆波兰国王西吉蒙特三世塑像

民众的反抗

早在1611年初，俄罗斯梁赞地区的领导人普罗科比和弟弟扎哈里，就已经将梁赞地区的贵族、农民和哥萨克等组建成一支全民性的武装队伍。3月初，这支在历史上被称为"第一民军"的队伍从科罗姆纳出发，迅速兵临莫斯科城下，开始向莫斯科的波兰驻军发动进攻。但是没过多久，民军中的哥萨克贵族发动了武装叛乱，普罗科比兄弟被杀，"第一民军"瓦解了。

1611年7月，当瑞典的军队觊觎尼日涅－诺夫哥罗德的时候，尼日涅－诺夫哥罗德的民众们开始自发组织起来。1611年秋，尼日涅－诺夫哥罗德组建起了地方自治会，商人出身的库兹马·米宁当选为地方自治会的会长。米宁在一座大教堂内举行了盛大的集会。在会上，他慷慨陈词，号召大家拿起武器，一同消灭侵略者。根据米宁的建议，尼日涅－诺夫哥罗德很快又组建起了一支民军，由季米特里·帕扎尔斯基公爵担任民军指挥官。

1612年3月，这第二支民军经过充分的准备后，从尼日涅－诺夫哥罗德出发。为避免与波兰和瑞典军队正面作战，造成不必要的消耗，民军先溯伏尔加河北上，4月到达了雅罗斯拉夫尔。在这里，民军受到了当地民众的热烈欢迎。米宁和帕扎尔斯基率领的军队，在这里驻扎了大约4个月，组建起了临时政府全国委员会，宣布不接受莫

◆ 米宁向尼日涅－诺夫哥罗德人民发出呼吁

斯科的叛国政府，由临时政府全国委员会统管全国的事务。

1618年8月末，民军再次进军，这次直接前往首都莫斯科。波兰的守军见民军气势汹汹而来，火速请求波兰国王给予支援。波兰国王派遣霍德凯维奇率波军前来援助克里姆林宫中的波军，希望能够与守城内波军对民军形成内外夹攻之势，使民军腹背受敌。

米宁和帕扎尔斯基知道情况不妙，但只有率民军应战。他们准备先攻击长途跋涉而来的霍德凯维奇部队，以收以逸待劳之效。霍德凯维奇则在暗自高兴，尽管民军要先对付自己，但守城波军绝不会袖手旁观。在战争打响后，当莫斯科城内的波军出来助阵的时候，民军就将大势已去了。可霍德凯维奇的如意算盘并未得逞，在大战即将展开之际，已经投靠波兰军队的哥萨克骑兵却突然转到了民军一边，倒戈相向。民军迅速抓住了有利时机，米宁立即率领五六百人的突击队猛攻霍德凯维奇军队的侧翼，帕扎尔斯基乘胜发起全面攻势。波兰的前锋招架不住，向自己的兵营逃窜。民军紧追不舍，波兰军队只好放弃全部辎重，四处逃散。击败了波兰援军，米宁和帕扎尔斯基决定采取围城的战略对付波兰守军，因为此时波兰的守军已经陷入了无援的境地。

民军围在莫斯科城四周，整日摇旗呐喊，大大挫伤了守城波军的锐气。守城波军在苦守4周之后，再也无法支撑下去，在克里姆林宫的城墙上升起了白旗。1612年10月，民军接管了莫斯科，首都再度回到俄罗斯人民的怀抱。

新沙皇登基

米宁和帕扎尔斯基率领民军将波兰人从莫斯科赶走之后，马上商量选出新沙皇，以稳定政局。最终，他们决定以临时政府全国委员会的名义邀请一些大贵族、上层人士、官员、主教等一起召开缙绅会议，商议选举新沙皇事宜。

1613年1月，50个城市的700多名代表齐集莫斯科，会议在莫斯科克里姆林宫的乌斯宾大教堂召开。

因为前来的代表涵盖的阶层十分广泛，他们提出了许多新沙皇的人选。有的人提出让波兰国王瓦迪斯瓦夫担任沙皇，有的人提出让瑞典国王古斯塔夫二世担任沙皇。但这两个人选引起了大多数人的反对。因为如此一来民军的一切努力等于化为泡影，战死沙场的将士也就白白付出了生命。接着一些俄罗斯的王公也被列为候选人，但都被一一否决了。

在几轮争论过后，米哈伊尔·罗曼诺夫成了一个众望所归的人选。他是伊凡四世皇后的亲侄孙，有一定的皇族血统。不过更重要的他是费多尔·罗曼诺夫的儿子。当年费多尔·罗曼诺夫曾和大贵族们痛恨的戈都诺夫争夺沙皇之位，后来遭到戈都诺夫的迫害，于1601年被流放到北方，被判当40年的苦行修士。费多尔·罗曼诺夫命运多舛，在被流放4年后，于1605年被伪季米特里一世召回。1608年，伪季米特里二世又宣布他为总主教。1610年，他奉命前往波兰谈判，结果被扣在波兰当人质。他在俄罗斯威望极高，被人们亲切地称为"费拉叶特长老"。

为了表示对费拉叶特长老的感恩，同时也因为米哈伊尔·罗曼诺夫有着部分皇族血统，与会代表最后一致认为米哈伊尔·罗曼诺夫是最合适的沙皇人选。

1613年2月21日，米哈伊尔·罗曼诺夫正式即位为沙皇，俄国从此开始了罗曼诺夫王朝。而那位曾经带兵冲锋陷阵，解放了莫斯科的帕扎尔斯基却没有得到一官半职，也没有得到赏赐，反而被认为是一个"危险人物"，被排挤到远离莫斯科的地方——1642年，这位曾经的统帅孤寂地死去。

1619年，费拉叶特长老被波兰释放回国，米哈伊尔对其父是言听计从。这时的费拉叶特长老虽已66岁高龄，却掌握了僧俗大权，使中央政权达到前所未有的巩固，也使罗曼诺夫王朝能够稳定地传承下去。

◆ 米哈伊尔的父亲费拉叶特长老

米哈伊尔下诏规定，大牧首费拉叶特享有与沙皇同等的待遇，大牧首成为实际上的太上皇。此后，费拉叶特大牧首逐渐掌握了实权，以铁腕手段开始对俄罗斯实行统治。

公元1643年—公元1689年

人物：波雅科夫 哈巴罗夫　　地点：中国　　关键词：尼布楚条约

中俄《尼布楚条约》

17世纪的俄罗斯，向东扩张的步伐异常迅速。然而在哥萨克铁骑的不断扩张中，俄罗斯遭遇了一个强大的国家，那就是它的邻居中国。俄罗斯侵略者依然想凭借暴力手段，征服中国的大清王朝，但是清军却给了俄罗斯军队重重的一击，最终两国签订了《尼布楚条约》，使中国东北边疆获得了比较长久的安宁。

扩张仍在继续

在不断的领土扩张过程中，俄罗斯凭借哥萨克骑兵的骁勇善战，很快完成了对西伯利亚的占领。但他们很快发现现实远没有想象中美好。随着从西向东的推进，他们越来越发现所征服的地方盛产皮毛却缺少粮食。当把目光投向南部的黑龙江流域甚至更南的地方时，他们发现那里土地肥沃，不仅可以提供他们需要的粮食，而且还有着其他丰富的物产。但他们遇到一个问题——这里属于中国的大清帝国。

此时的俄罗斯人，尤其是那些哥萨克骑兵，已经习惯了凭借刀剑来获取他们想要的东西。因此在最初窥见大清帝国的小股士兵时，他们并未将这些士兵放在心上。而当时的黑龙江地区，在清政府看来也是一片苦寒的边塞。1632年，俄罗斯在扩张至勒拿河流域后，在此建筑了雅库次克城，并以此为据点，作为进一步侵略中国的堡垒。

1643年夏，雅库次克的长官戈洛文命波雅科夫率领130多人的武装队伍，沿勒拿河向南侵略，并于冬天的时候跨越了外

◆ 俄罗斯民族服饰

俄罗斯民族众多，各民族在服饰上各有特点。俄罗斯男子多穿西服，戴礼帽。女子多穿连衣裙、高跟鞋，冬季戴呢帽或皮帽，穿高筒靴。

◆ 画面描述了当时的哥萨克骑兵,给土耳其苏丹写信的场景。此画由俄罗斯画家伊利亚·列宾所画,现藏于俄罗斯国家博物馆。

兴安岭,进入中国境内。这些侵略者进入黑龙江地区后,四处烧杀抢掠,无恶不作。这伙匪徒的暴行激起了中国各族人民的愤怒,大家奋起反抗,杀死了部分侵略者。

1646年,波雅科夫率领残兵败将退回了雅库次克。而波雅科夫带回的资料和进一步武力征服黑龙江的想法,引起了沙俄政府的重视。

1649年,一股由70人组成的侵略军再度从雅库次克出发,于年末侵入黑龙江,骚扰达斡尔族人生活的地区,但遭到当地百姓的强烈反抗。侵略军头目哈巴罗夫让自己的助手斯捷潘诺夫率领部分残兵,自己则回到雅库次克求援。1650年夏,哈巴罗夫又纠集130多名侵略军,并带了大炮和枪支弹药再次侵入黑龙江,强占雅克萨城。9月,哈巴罗夫又率领侵略军侵入赫哲族人生活的乌扎拉村,强行占据城寨,欺压当地居民。

两强交锋

1652年2月,清政府命令黑龙江宁古塔将军率领军队驱逐侵略者。将军率领的清军打死了十余名俄军,打伤七八十人,大大削弱了俄军的锐气。1657年,俄罗斯骑兵再度强行在额尔古纳河及石勒喀河流域,建立了尼布楚城和雅克萨城,妄图进一步扩大侵略范围。1658年6月,清政府派沙尔瑚达率战舰与侵略军在松花江下游展开激战。1660年,清政府又派宁古塔将军率水军与侵略者交手。即便如此,侵略者的基地尚在,元气尚存,仍旧不断伺机出兵劫掠。

面对这种情况,大清帝国的康熙帝决定先对侵略者提出严重警告,然后加强边防建设,准备剿灭沙俄侵略军。清军先侦察地形和敌情,并割掉俄军在雅克萨城附近种植的庄稼,同时令附近地区断绝与俄人的贸易,以使俄军陷入困境。

1682年末,康熙皇帝调遣了1500人的清军前往黑龙江——最初驻扎在瑷珲等地附近，后来又继续进兵屯驻在雅克萨城附近。1683年夏，清军进一步向瑷珲、雅克萨等地派兵，并修葺各地的城墙，增强防守力量，以防俄军前来袭城，并设置多处驿站，以便能够更好地供应军需。黑龙江至外兴安岭地区距离中国腹地遥远，此前清政府对这一地区重视不够，甚至黑龙江还长期是流放犯人的地方。俄国侵略者的到来，使清政府不得不重视起北部边防的防守——单靠黑龙江地区的各族人民，难以有效地抵抗侵略者的进攻，因此康熙帝采取了屯兵防守的办法，这样也有利于日后进一步加强对这些地区的管理。

最后通牒

1683年秋，清政府正式向盘踞在雅克萨城等地的俄国侵略军发出最后通牒，勒令他们撤出清朝的领土。但是俄侵略军根本不予理会，甚至还派小股部队到瑷珲城等地继续烧杀抢掠。随后，清军守将将前去进犯瑷珲的俄军击溃，并一路追击，摧毁了俄侵略军建立的几个据点。这样一来，雅克萨城失去了四周据点的援助，成了孤城。

1685年初，为了彻底驱逐俄侵略军，康熙帝决定命令都统彭春率领3000名清军奔赴雅克萨，以武力方式击败俄军，收回雅克萨城。1685年夏初，彭春的清军到达了瑷珲，然后从瑷珲兵分两路，水陆并进向雅克萨开进。几天之后，清军兵临雅克萨城下。彭春再度采取先礼后兵的方式，通令城内的俄军，希望他们能够撤出雅克萨城，归还清朝

◆ 哈巴罗夫塑像

17世纪中叶，哈巴罗夫是继波雅科夫之后，第二个入侵中国黑龙江流域的俄国殖民军头目。

的领土，但是俄军守将认为雅克萨城防坚固，根本没把清军当回事，拒绝撤离雅克萨城。

签订《尼布楚条约》

清军摆开阵势，从雅克萨城的东南角和西北角同时发起炮攻。原本自视甚高的俄侵略军在清军的强大攻势下伤亡惨重，渐渐无法支撑。俄军守将这时请求清军停止攻击，他们主动撤离雅克萨。清军统帅彭春答应了俄军的请求。雅克萨的俄军撤出了雅克萨城，退到了尼布楚附近。清军赶走了俄军后，留下部分兵力断后，其余的胜利班师。

退走的俄军依然不甘心失败，继续寻找机会，再度进犯。1685年秋，莫斯科派出600名俄军增援败退至尼布楚的俄军。俄军一方面有了增援，另一方面得知清军已经撤走，再次出击雅克萨城。俄军的行动使清政府十分愤慨，1686年初，康熙帝再次下令攻打俄军。

1686年夏，清军2000多人再度兵临雅克萨城下，勒令俄军投降。俄军不理，清军发起攻城战。俄军头目托尔布津被炮弹击中身亡，但是俄军很快又选出头目，继续抵抗。清军考虑到雅克萨的俄军死守不出，可能在等待援军，于是在雅克萨城四周挖出很深的战壕，并派军舰在雅克萨附近的河面上巡逻，切断了雅克萨俄军的一切外援。雅克萨的俄军失去了外援，战死、病死的情况非常严重。就在雅克萨城即将被清军攻下的时候，俄罗斯摄政索菲娅公主派人前去和清政府议和。

1689年8月27日，中俄两国签订了《尼布楚条约》，明确规定了中俄两国的东段边界，从法律上肯定了黑龙江、乌苏里江流域的广大地区是中国的领土。与此同时，俄国通过条约将中国让予的贝加尔湖以东尼布楚一举纳入它的版图，将乌第河与外兴安岭之间的地方划为待议地区，并获得重大的通商利益。条约的订立，为中俄两国关系的正常化奠定了基础。

◆ 雅克萨之战

雅克萨之战的结果是中俄两国于清康熙二十八年（1689）缔结了《尼布楚条约》，双方划定了两国东段边界。

公元1672年—公元1725年

人物：彼得大帝　地点：俄国　关键词：西学 剪须 建都

彼得大帝的伟业

当17世纪启蒙运动的理性之光开始普照欧洲大地时，欧洲各国为权势展开了激烈的角逐。不过这一时期的俄国似乎还处于冰封状态，依然那么的贫穷、落后。彼得一世的横空出世，打破了种种枷锁，将西方的理性之光引进了俄国境内。

◆彼得大帝返回莫斯科

西去取经

1672年6月9日，莫斯科的教堂钟鼓齐鸣，沙皇阿列克谢·米哈伊洛维奇的儿子彼得诞生了。但不幸的是，彼得4岁的时候，沙皇就去世了。从此，宫中上演了一幕幕争权夺利的斗争。而彼得就是在这种尔虞我诈的环境中长大的。1696年，彼得成为俄国的君主，即彼得一世。

17世纪的俄国濒临太平洋和北冰洋，坐拥西伯利亚这片辽阔的领土，拥有肥沃的土地和丰富的自然资源。然而，这样一个国家，却落后封闭、偏安一隅。它没有通向外界的出海口，没有一支正规军，没有一所像样的学校，甚至许多达官显贵都目不识丁。当理性的曙光照耀西欧大地的时候，当欧洲国家开始迈进现代社会的时候，拥有广阔土地和众多人口的俄国却仍然生活在中世纪。登上王位的彼得决定改变这种困境，让俄国

◆彼得大帝铜像

搭上欧洲现代化的快车。

1697年3月，彼得决定去欧洲作一次长途旅行——这次旅行对俄国的未来影响巨大。西方的技术，尤其是军事技术让彼得眼前一亮，他的脑海中逐渐浮现出一幅改革的蓝图。

彼得化名"炮手彼得·米哈伊洛夫"，出访欧洲。他先后到过瑞典的里加、东普鲁士、荷兰的阿姆斯特丹和海牙、英国的伦敦、奥地利和波兰等地。彼得身体力行，用心感受欧洲的点点滴滴。访问期间，他在东普鲁士学习制炮，在荷兰的萨尔单造船厂做木工，在阿姆斯特丹了解军舰制造，在英国参观海军，甚至还在荷兰的东印度公司当过船长。

经过一番实地考察，彼得不仅了解了西方，同时也在反省俄国的落后与衰败，一种强烈的反差刺激着这位野心勃勃的君王。他决定向西方学习，因为只有这样俄国才能跟上时代的潮流，否则只能在与世隔绝中走向衰亡。

彼得剪须

当时的俄国男子有崇尚大胡子的习俗，他们认为胡子是上帝赐予他们的礼物，所以俄国男子一成年就开始蓄胡子，没留胡须的男人会被人笑话，剪掉胡子还会被认为是大逆不道。可是，从欧洲回来的彼得，已经看不惯男人们留着长长的胡须——在他看来，这正是俄国保守落后的象征。

看得见的世界史·

◆彼得大帝为大臣剪去胡须

1698年，当几位大臣问候远途归来的彼得大帝时，彼得大帝突然拿起剪子朝他们的胡子剪去。这些大臣们来不及躲闪，马上失去了威风八面的胡须。这还不算完，没过多久，彼得大帝将全民剪须作为命令颁布全国。《剪须令》明确规定剪胡须是所有俄国人的义务，若不履行该义务，则必须缴纳保须税。胡须没有了，人们以为彼得可以放下剪刀了。可他们万万没想到，彼得又把剪刀伸向了他们的宽袍长袖。

在一次有许多贵族参加的宴会上，彼得手拿剪刀挨个儿给来宾剪掉袍袖。彼得还命人把更改服装的敕令贴满全国的各个角落，规定俄国男子统一穿着短上衣、长腿裤、戴法国式礼帽，穿长靴或皮鞋；女子则穿裙子、戴高庄帽，穿欧洲样式的皮鞋。

在剪胡须换服装之后，俄国人在精神面貌上与西欧人日益接近，也开始了向西方学习的漫长过程——他们不再故步自封，而是将目光转向了西欧的舰船、枪炮还有隆隆作响的机器。

军事革新

彼得进行了一系列的军事革新。为了获得更多的兵员，1700年，彼得在全国实行征兵制，规定不分贫富贵贱，各个阶层都有义务服兵役。经过53次征兵之后，几十万俄国热血青年应征入伍。除此之外，彼得还着手培养自己的军官团，将贵族青年派到西欧各国学习军事技术、军事理论，同时聘请西欧的军事人才到俄国做军事顾问，使西方的军事理念能够在俄国传播。彼得还在国内建立了各种军事院校，培养中下级军官和各种专业人才。经过几年的培训和历练，彼得军队的战斗力得到了很大的提高。

彼得还发现，要想取得战争的胜利，除了要有先进的武器外，还要有各种制度和产业相配套。俄国军队的纪律性要比瑞典和普鲁士军队差很多，于是彼得便起草军事纪律，以铁的纪律去规范官兵——《军事法规》在1716年，应运而生。除此之外，彼得开办了各种军火工厂，生产枪炮、舰船，提高军队的装备水平。当时英国驻俄国的外交官惊恐地发现俄国建造的军舰，其技术水平不亚于欧洲任何国家。

经过彼得的一系列改革，俄国军队旧貌换新颜。在彼得之前，几代沙皇都曾希望寻找一个通往外部世界的暖水港口，但是几乎每次都是失望而归。虽然彼得一世当政之初，俄国还是个闭塞的内陆国家，贸易几乎都掌握在别国手中，但是彼得决心为俄国找

◆彼得大帝创建圣彼得堡

到一扇通往西方的窗户。他与南方的邻居土耳其修好，集中全力对付瑞典。在长达21年的北方大战结束后，彼得终于实现了几代沙皇的夙愿，如愿得到了波罗的海沿岸的出海口。而经过北方大战的洗礼，俄国成功地取代了瑞典，成为北方的军事大国。

修建新都

彼得的改革虽然取得了很大的成效，但是招来了一片反对之声。因为彼得在进行改革的同时，还削弱了贵族的权力，这引起了他们的不满。面对改革过程中的反对声音，彼得不为所动，反而决心铲除这股势力。

莫斯科是保守势力的巢穴，为了推进改革，彼得决意迁都。其实，早在北方战争初期，俄军攻陷了瑞典诺特堡要塞时，彼得一世便为芬兰湾边这片海水环绕的土地所迷醉。也许在那个时候，彼得内心就已经有了迁都的念想。在镇压了几次贵族叛乱之后，彼得便延请设计师为俄国设计新都。

在一片低洼泥泞的土地上，修建一座全新的都城谈何容易。不过，彼得丝毫不畏困难，他的主意已定。1703年5月16日，城市的修建工作正式开始，城市也被定名为圣彼得堡。此后，数十万人在建筑工地上劳作，全国各地的石料也都被搬运到此，彼得也亲自参与到这座城市的建设中。

经过数年的努力和劳作，一座新城出

◆ **18世纪中叶的俄国圣彼得堡**

涅瓦河左岸为冬宫，右岸为科学院。彼得大帝于1703年开始修建圣彼得堡，征召了无数劳工，几万人在修建中死去。为了充实新首都的人口，彼得大帝还把原本不愿意来的贵族和其家庭成员全都迁来，使其定居圣彼得堡。

现在人们的眼前,宽阔的涅瓦河从城市穿行而过,新城就好像建在水上一样,高耸的教堂、富丽的宫殿,雄伟壮观。除此之外,它本身就是一个天然的军港,是俄国海军的落脚点。之后从1711年到1714年,彼得大帝亲自制定搬迁名单,派人按名单催促莫斯科的部分贵族、商户等按期限迁移至圣彼得堡,不得有误。

圣彼得堡的名字很值得人们玩味,它有多重含义,从它的名字便可以看出它的文化意蕴和历史使命。"圣"是神圣的意思;"彼得"是《圣经》所记载的使徒的名字;"堡"是城市的意思。圣彼得堡不仅是俄国向西方开放的窗口,也代表着俄国要恢复古罗马帝国声威的雄心壮志。

"向西看"是彼得改革的指导思想,他愿意用西方的思维方式修建新都,也愿意用西方的文明与理性改造俄国。他改革了文字,以简洁明快的世俗字体代替了烦琐的斯拉夫字体;建立了第一批世俗学校、第一个博物馆、第一座公园、第一批剧院……在彼得的时代,俄国第一份报纸《新闻报》出炉,他甚至还亲自担任编辑。

彼得创造了无数个第一,因为他想让俄国崛起为世界第一。俄国在彼得的手中找到了崛起的支点,还有大国的梦想。以后的数个世纪,俄国人都在为了大国的梦想不倦地征伐着、扩张着。

◆ **俄罗斯彼得保罗大教堂**

俄罗斯古教堂,坐落于圣彼得堡市涅瓦河畔,最初因彼得大帝而建,现在已经改为博物馆。此教堂内保存了从彼得大帝到尼古拉二世,几乎所有俄罗斯沙皇和皇后的遗骸。

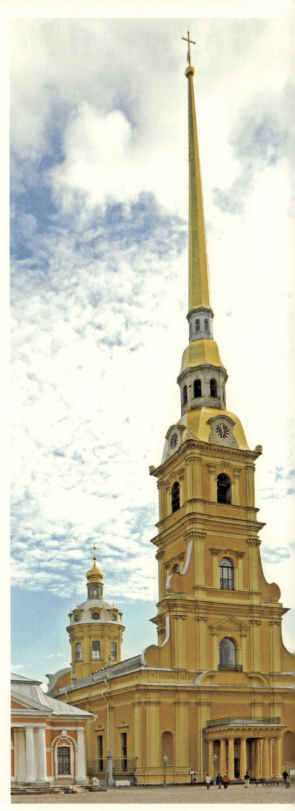

看得见的世界史●

16世纪末—17世纪末

🔾 人物：科恩　🔾 地点：荷兰　🔾 关键词：荷兰东印度公司 扩张

荷兰风车响起

　　17世纪的荷兰将自己的商业触角伸展到了亚洲的大小角落，并将欧洲的竞争对手西班牙和葡萄牙甚至英国都抛在后面，发展成为当时的航海和贸易强国。这一时期，在荷兰历史上被称为"黄金年代"。

东印度公司的筹建

　　1599年，荷兰阿姆斯特丹的9位大商人，为了更好地筹集资金以开展在亚洲的香料贸易，开始频繁磋商——组建大型募股公司的想法，在他们的头脑中渐渐形成。1600年，英国率先迈出了组建大公司的步伐——东印度公司成立。英国人开始在亚洲扩大自己的贸易规模，这更加刺激了在海洋事业上雄心勃勃的荷兰人。

　　1602年3月，在荷兰议长的支持下，荷兰也建立了属于自己的东印度公司——目的在于减少荷兰商人与探险家之间的竞争，增强荷兰与其他国家的竞争力。刚刚组建的荷兰东印度公司拥有650万荷兰盾的资本——相当于英国东印度公司的10倍多。荷兰东印度公司之所以能够募集到如此巨额的资本，主要在于荷兰东印

◆ 位于阿姆斯特丹的荷兰东印度公司码头

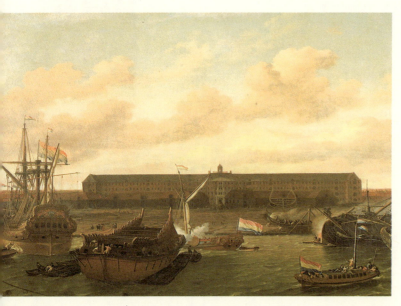

度公司将自己的股本进行了细分，使普通的荷兰民众也能够入股。荷兰的政界人物对投资公司表现出了很高的热情——在政界人物的带动下，普通民众也怀着淘金的心情，将自己的积蓄交给了东印度公司。

荷兰东印度公司在阿姆斯特丹、鹿特丹等6个城市设立了办事处，董事会有70多人。但真正掌握管理实权的只有17人，被称为17绅士。为了使东印度公司能够全方位地应对将在亚洲出现的各种状况，荷兰政府允许东印度公司拥有自己的武装，并能够同其他国家签订正式的条约。

在东印度公司开始运作之后，关于究竟是采用武力征服还是采用正常贸易的方式建立商业据点，公司内部曾产生了激烈的争执。东印度公司的首任主管人科恩得出的结论是，不可能在没有战争的情况下就能顺利从事贸易，但是也不能在没有贸易追求的时候发动无谓的战争。

因为东印度公司初创，首先要稳定地拓展自己的贸易事业，因此基本上处于平稳的商业贸易阶段，造船、建贸易站成了头等大事。在这一点上，荷兰东印度公司要比英国东印度公司幸运得多——英国东印度公司虽然早成立两年，但是一直被资金短缺的问题困扰。而荷兰东印度公司在10年之内，没有付给股东们任何利息，将财富都用于扩大自己的规模。荷兰东印度公司之所以有这样的气魄，在于荷兰在阿姆斯特丹创建了世界上第一个股票交易所。东印度公司的股东们可以将手中的股票拿到股票交易所出卖，换回真金白银，而不必直接要求东印度公司支付红利。荷兰这种领先的商业意识为其商业的发展奠定了坚实的基础。

◆东印度公司首任主管人科恩画像

1619年，科恩被指定为东印度公司总督。他是一个极有远见、极有野心的人，试图通过残暴的武力，让东印度公司一统亚洲。

扩张之路

在经过了最初的准备阶段之后，荷兰在亚洲走上了武力征服与商业贸易并进之路。1619年，荷兰在巴达维亚建立了自己的第一个稳固据点，使荷兰能够在亚洲的香料贸易中，拥有了军事与商业活动中心。而巴达维亚的地理位置优越，处在中国、印度、日本之间，是进行贸易往来的绝佳中转站。从这个据点开始，荷兰迅速编织起庞大的贸易据点网络。

◆阿姆斯特丹港

画面描绘了17世纪荷兰东印度公司船队满载香料和其他商品,从东方返回阿姆斯特丹港的情景。

荷兰东印度公司在亚洲贸易中,辐射的范围要比葡萄牙广,采取的手段也多样化。荷兰东印度公司为了获取在东方的贸易霸权,与英国东印度公司展开竞争,并努力排挤葡萄牙人和英国人。甚至为了排挤其他国家的商人,荷兰人不惜屡次动用武力。

1616年,荷兰同日本正式接触。为了打击竞争对手葡萄牙和西班牙,荷兰还宣扬葡萄牙、西班牙的天主教传教活动,有企图控制日本的野心,使德川幕府对天主教的猜忌更深,禁止天主教传播的决心也更坚决。当日本的德川幕府一步步走上闭关锁国之路时,荷兰不仅没有受到多大的打击,相反获得了越来越多的利益。到最后西班牙、葡萄牙、英国都因日本的锁国政策被拒之门外的时候,荷兰却成了日本唯一与之通商的欧洲国家。

1622年,荷兰进攻被葡萄牙人控制的中国澳门。最初,荷兰舰队占据了上风,葡萄牙守军初战失利。后来,葡萄牙积极调配援军,扼守炮台——发炮击中了荷兰舰队的指挥舰,引起了舰只的大爆炸,荷兰士兵伤亡惨重。接着,葡萄牙守军乘胜追击,使荷兰人占据澳门的梦想化为泡影。

1623年,东印度公司的第一任总督科恩为了抢夺贸易,在印度尼西亚的安汶岛杀害了十几名英国商人和葡萄牙商人。1624年10月,荷兰人又来到了中国台湾的西南海岸,骗取了当地民众的信任,得以登陆。登陆之后,荷兰人暴露出了侵略者的嘴脸,占据了台湾南部地区,并修筑了城堡,直到1661年郑成功收复台湾时,才相继撤离。

1641年，荷兰攻克了太平洋与印度洋的交通咽喉马六甲。1667年，又迫使苏门答腊岛的亚齐王国投降。1669年，望加锡被征服。1682年，香料群岛中的重要港口万丹也归附于荷兰。

在东亚、东南亚地区获得了大量商业利益后，荷兰人将目光瞄准了正在衰落中的印度。在亚洲的贸易中，印度的地位至关重要，它不仅是重要的中转站，本身也生产西方人需要的多种物品。自大航海时代以来，葡萄牙人、英国人一直都将印度看成是自己亚洲贸易中最为关键的一环。荷兰人最初在印度的一些沿海地区建立了货站，贩卖印度的布匹、茶叶，后来在孟加拉地区建立起了稳定的商业据点。临近印度的锡兰盛产桂皮，荷兰人先是以商业进入，随后展开武力征服，1661年，占领了这个岛国。

自私的贸易方式

荷兰人在亚洲通过征服建立诸多商业据点之后，将贸易系统发展得更为完善——从收购到装运、出售，贸易链条清晰、分工明确，这一切使荷兰的商业运转远比葡萄牙和英国的商业运转更为流畅。

在具体的贸易过程中，荷兰人充分分析了市场——在欧洲，荷兰的贸易不可避免地与葡萄牙人、英国人展开竞争，还要面对日益强大的威尼斯。为了使自己的竞争更有力度，荷兰人贩卖的商品没有采取大而全的方式，而是重点垄断了几种贵重的香料，如桂皮、八角、肉豆蔻和茴香等。为了使香料的品质能够超过其他国家，荷兰人不顾被征服地区的人民的生活状况，强行要求不同地区种植不同的香料——在锡兰种植桂皮，在班达岛种植肉豆蔻，在安汶岛种植八角和茴香等。这样既使荷兰东印度公司的货源和货物品质得到了保证，又加深了被征服地区对荷兰的贸易依赖。再者，欧洲列强的船队纷纷装载着香料返回欧洲本土，从而使欧洲的香料价格因为供过于求而下降。这时，荷兰东印度公司为了维持市场上的垄断价格，毁掉了一批香料和香料作物，造成欧洲香料市场大大萎缩，从而使自己的品质较高的香料供不应求，价格飙升。

荷兰人除了将亚洲生产的大量货物运回欧洲贩卖之外，还从事往来于亚洲各国间的贸易活动——向印度出售东南亚地区的香料，用安汶岛生产的檀香木和中国交易，换回瓷器和丝绸，又将瓷器和丝绸的一部分销往日本。通过这种方式，荷兰迅速积累起巨额财富，也使17世纪成为荷兰商业崛起的世纪。

> **延伸阅读**
>
> **郑成功收复台湾**
>
> 1661年，郑成功率领两万多名士兵，乘坐大小战船数百艘，从福建金门出发，前往台湾。到达台湾后，郑成功发现这里的很多地区有荷兰人盘踞，于是给荷兰总督写了义正词严的招降书，希望荷兰人退出台湾。但是荷兰人毫不理会郑成功的要求，并拉开架势要与郑成功决一死战。郑成功得到了台湾人民的帮助，一次次击败荷兰人，最终攻下了荷兰人的据点赤嵌城等地，将荷兰人彻底赶出了台湾岛，使被荷兰人占据了38年之久的台湾重新回到了祖国的怀抱。

公元1652年—公元1674年

○ **人物**：克伦威尔　　○ **地点**：英吉利海峡　地中海　北海　　○ **关键词**：海外扩张

三次英荷战争

17世纪，英国和荷兰都积极从事海外贸易与扩张，利益冲突与竞争使两个国家之间三次开战。在这些战争中，英荷双方互有胜负，几次签订条约。但利益的驱使让条约只能成为暂时性和平的保证。一旦一方有意打破势力均衡，战争的硝烟就会再度弥漫。

◆ 17世纪荷兰使用的船舶模型

战争一触即发

1649年，英国国王查理一世被推上了断头台。英国的资产阶级、新贵族利用他们控制的议会，大力扩展他们的政治、经济实力。为了获得更多的财富，他们积极拓展海外市场，以获得更多的殖民地。而此时的荷兰正在崛起，并且在欧洲的海外贸易中取得了一定程度的优势，于是它希望遏制英国这个竞争对手。

英国护国公克伦威尔深知军队的重要性，认为要想更好地发展英国的海外事业，就要使自己的海军力量强大起来。于是，克伦威尔扩大了英国的海军规模，使英国的军舰数量由1649年的39艘上升到1651年的80艘，并且改进了军舰的型号和装备，使这种新型军舰更加灵活，更具有攻击性。在完成海军实力的提升后，克伦威尔开始了他打击劲敌荷兰的计划。

1651年，英国颁布了针对荷兰的《航海条例》，条例规定凡是从欧洲其他地区运往英国的货

◆ 1653年3月14日，第一次英荷战争中的里窝那战役场景。

物，都要由英国船只或商品生产国的船只运送；凡是从亚洲、非洲、美洲等地运往英国、爱尔兰或者英国殖民地的货物，都要由英国船只或英属殖民地的船只运送。英国各港口的进出口货物以及在英国沿海从事贸易的货物，都要由英国船只运送。这些规定对于从事大量中介运输服务的荷兰来说，是一种公开的挑衅。荷兰对《航海条例》提出了强烈抗议，要求英国将其废除。英国毫不犹豫地回绝了荷兰的要求，两国之间的战争一触即发。

第一次英荷战争

1652年5月的一天，英国海军上将布莱克正率领20多艘军舰在多佛尔海峡巡逻，正巧碰上了荷兰海军上将特洛普率领的舰队——当时这支舰队正在执行为荷兰商船护航的任务。长期以来，英国海军总是要求其他国家船只在驶经多佛尔海峡时，向英国舰队致敬，这次布莱克上将对荷兰舰队提出了同样的要求。两国正因《航海条例》问题闹得十分不快，尤其是两国的海军将领们更想教训一下对手。在这种情况下，特洛普的舰队拒绝向英国舰队致敬。双方积蓄的恩怨一下子爆发出来，两支舰队展开了长达4个多小时的炮战。第一次英荷战争的大幕就此拉开。

1652年7月，英荷两国正式宣战，英国制定的作战战略是扼守住多佛尔海峡和北海，这是荷兰从事海外贸易的主要通道。英国要采取切断荷兰对外联系的办法，逼迫荷兰人投降。荷兰的舰队多次向英国舰队发起冲锋，但自始至终荷兰人也没能突破英国人的封锁。荷兰过度依赖对外贸易的弱点使它尝到了苦头，荷兰的财政收入迅速下滑，内部问题——显现。荷兰无力再和英国僵持下去，开始与英国进行谈判。

1654年4月，英荷两国签订了《威斯敏斯特和约》，荷兰被迫接受了《航海条例》中的大部分内容：同意支付给英国东印度公司造成的财产损失，大约27万英镑；将大西洋上的圣赫勒拿岛的控制权交付给英国；同意在英国水域遇见英国舰队时致敬。

第一次英荷战争以荷兰的失败告终，但这只是双方矛盾的暂时缓和。

第二次英荷战争

1660年，英国的斯图亚特王朝复辟，查理二世登上了英国王位。查理二世也十分重视海军的发展，赐予了英国海军"皇家舰队"的称号，并任命自己的弟弟詹姆士公爵为"皇家舰队"的最高指挥官。

为了进一步打压荷兰的海上霸业，查理二世推出了更为苛刻的《航海条例》。英国向荷兰的海外殖民地发起了新的攻势，但在克伦威尔去世后，因为高级军官们忙于争夺权势，英国海军的发展有所退步，战斗力也有所下降。与英国相比，荷兰的海军则有了很大的进步。第一次英荷战争之后，《航海

◆ 第二次英荷战争

在第二次英荷战争中，荷兰大获全胜。这是荷兰海军押着被俘的英国战舰归来。

条例》的阴影在荷兰海军心头挥之不去。他们一直期待着有一天能够一雪耻辱，因此海军的训练从未懈怠。此时荷兰海军的统帅是德奈特上将——这位将军励精图治，不仅严明军纪，还改变了作战思维。以往，荷兰海军的主要任务是为商船护航，德奈特将军认为荷兰海军要想摆脱被动作战局面，就要抛开为商船护航的模式，由海军独立作战，这样才能减少后顾之忧。

当查理二世颁布了更为苛刻的《航海条例》时，正准备复仇的荷兰海军开始采取战略行动。1664年8月，德奈特率领8艘战舰前往西非，从英国人手中收回了原属荷兰的据点，小试牛刀。1665年2月，荷兰向英国宣战，第二次英荷战争爆发了。

在战争开始的时候，原本磨刀霍霍的荷兰海军却并没能如愿地给英国海军沉重的一击，反倒处于劣势。在英国海军的凌厉攻势之下，荷兰海军在长达几个月的时间内，只能保证维护好自己的交通线不被英国人切断。

从1666年年初开始，英荷双方进入了战争僵持阶段，主要是由于荷兰同法国、丹麦结成盟友，共同反对英国。两国不仅向荷兰提供了大量的物资援助，法国还牵制住了英国的20支战舰，这使英国的实力受到削弱——双方基本上处于实力均衡的状态。

在僵持阶段，双方频繁开战，几个月内就发生了5次交火。1666年9月之后，胜利的天平开始逐渐向荷兰一方倾斜——从某种程度上说，这是德奈特将军的一场华丽表演。

1667年6月19日，德奈特将军率领由59艘舰船组成的荷兰舰队，趁着夜色航行到了英国的泰晤士河口。这时正值涨潮，德奈特命令舰队先溯流而上进入泰晤士河，然

◆ 英荷战争的爆发，是海上争权的表现，更是争夺海上利益的表现。画面为两次英荷战争后，渔业蓬勃发展，渔民们捕鱼的场景。

后用炮弹袭击两岸。很快，荷兰海军摧毁了几处英国炮台，并夺走了大量的黄金、木材等。当荷兰舰队驶到一个船坞时，发现这里停泊着英国的18艘大型战舰。荷兰舰队以猝不及防的速度将防守战舰的岸上炮台击溃，然后向着英国战舰开火，最后英国有6艘大型战舰被荷兰舰队的炮弹击毁。德奈特还将"皇家查理"号战舰俘获，作为战利品带回了荷兰。

荷兰舰队在泰晤士河里横冲直撞了3天，并给英国造成重大打击之后才安全返航。之后，德奈特又对泰晤士河口进行了长达数月的封锁。

德奈特的奇袭给英国造成了高达20万英镑的损失，并严重地挫伤了英国海军的锐气，使这堂堂的皇家舰队还没来得及组织大规模反攻的时候，就让德奈特全身而退了。

英国遭受了这次惨败，加上伦敦暴发了瘟疫和大火，因此难以再和荷兰抗衡下去，

于是提出了和谈。1667年7月，英荷两国签订了《布雷达和约》。根据和约，英国将新的《航海条例》中的一些苛刻的条款取消，归还了在第二次英荷战争期间，占领南美洲的荷兰殖民地，并放弃了在荷属东印度群岛方面的利益。荷兰将自己的北美殖民地新阿姆斯特丹等地，割让给了英国，并承认西印度群岛为英国的势力范围。这个条约双方互相出让了部分利益，是一次就瓜分殖民地而达成的妥协。但总体来看，英国在这次战争中属于失败的一方。

第三次英荷战争

1672年，法国正式对荷兰宣战。英国马上站在法国一边，并在没有正式对荷兰宣战的情况下，于1672年3月袭击了荷兰的一

◆第三次英荷战争

第三次英荷战争实际上也是荷法战争的一个组成部分,是英荷海上争夺的最后阶段。

支商船队,第三次英荷战争爆发。参加这场战争的国家,除了英国、法国和荷兰外,瑞典、西班牙和丹麦等国也参与了进来。

第三次英荷战争同时在陆地和海洋上展开。陆地上的进攻主要由法国来承担,法国的陆军很快就彰显出了欧洲第一陆军的实力,将荷兰陆军打得节节败退。荷兰的格尔德兰、乌得勒支等省相继落入法军手中。

随后,法国骑兵一路高歌猛进,甚至直逼荷兰的首都阿姆斯特丹。荷兰是一个低地国家,在万般无奈之下,刚刚出任荷兰执政的威廉只好下令掘开堤防,让海水倒灌,才阻挡了法国陆军的凌厉势头。陆上进攻因此告一段落——荷兰的所有希望都寄托在了海军身上。

德奈特将军此时已年过花甲,但是丰富的作战经验仍使他成了荷兰海军总司令的不二人选。德奈特对英法两国的海军情况进行了认真细致的分析,认为英国的海军是主力,法国海军不仅力量薄弱而且缺乏海战经验,因此不必过多注意。在分析了敌我形势之后,德奈特做出部署,由一小股舰队去牵制法国舰队,将海军的主力用来对付英国海军。在具体的战术上,德奈特将舰队主力放在了靠近荷兰领海的浅海中,这样更容易做好防守——因为陆军的失利已经不能让他再有疏忽与冒进。同时,德奈特也不断巧妙地运用它的奇袭战术。

海战最初,双方各有胜负。德奈特也

再次凭借偷袭的技巧取得了一些小的胜利,当时对整体战局并没能产生决定性的影响。1673年的特塞尔海战,是双方正面交锋最为激烈的一场大战,也影响了未来的战争局势。1673年8月,英法两国舰队进行大规模集结,企图登陆荷兰的特塞尔岛,然后再水陆并进发动攻势。

荷兰舰队事先探听到了消息,德奈特将麾下舰队编为先遣队、主力队、预备队三个分队,准备与英法联合舰队一较高下。但从实力对比上看,荷兰舰队明显弱于英法联合舰队。8月21日夜,德奈特指挥舰队成功利用风向,穿插到了英法联军的缝隙之中。

天刚刚放亮,德奈特命令舰队主动发起进攻,特塞尔海战上演。尽管英法联合舰队在兵力上占了优势,但是在作战方面,荷兰海军明显更胜一筹。法国舰队的水平无论是在训练上,还是在作战经验上都明显欠缺。在军舰被击中之后,不懂得把握有利战机继续战斗,而是忙于对舰只进行修补。不久,法国舰队就陷于混乱之中,德奈特将主力集中对付英国舰队——这场海战一直由清晨打到了黄昏,英法联军方面有9艘战舰被击毁,多艘被击伤。而荷兰方面只是有舰只被击伤。

特塞尔海战最终以荷兰的胜利告终,英法联军在惨败之后,联盟也宣告破裂。1674年2月,英荷两国签订了《威斯敏斯特和约》,承认两国于1667年签订的《布雷达和约》继续有效。荷兰给予英国一定的补偿,英国保证在接下来的荷法战争中保持中立。至此,英国与荷兰之间的三次战争,落下了帷幕。

公元1618年—公元1648年

人物：斐迪南二世 克里斯提安四世　**地点**：德意志　**关键词**：三十年战争

"三十年战争"定欧洲

1618年至1648年欧洲爆发了"三十年战争"。这场战争旷日持久、异常惨烈，欧洲的主要国家几乎都卷入其中。这场战争意义深远，表面上各国是为宗教信仰而战，但其实是为了国家利益而战。在这场大战结束时，签订的和约奠定了近代欧洲的国际格局与主权观念。

欧洲的对峙局面

1555年，在奥格斯堡宗教和约签订之后，神圣罗马帝国皇帝、哈布斯堡王朝的查理五世和新教诸侯之间达成了妥协，确立了"教随国定"的原则，新教诸侯和天主教诸侯各自拥有自己的势力范围，互不干预。新教与天主教势力相当，七大选帝侯中的勃兰登堡、萨克森和普法尔茨三个信奉新教。尽管有"教随国定"的约定，但两派之间还是不断明争暗斗。1608年，为了使新教的力量团结起来，新教诸侯建立了以普法尔茨选帝侯腓特烈五世为首的"新教联盟"。天主教诸侯见新教诸侯建立了联盟，为了使自己不处于劣势，也组建起以巴伐利亚公爵为首的"天主教联盟"，天主教联盟得到了神圣罗马帝国皇帝、哈布斯堡王朝的鲁道夫二世皇帝的支持，两个同盟从此处于对峙状态。

在德意志之外的欧洲，有的国家支持新教同盟，有的国家支持天主教同盟。当时欧洲的哈布斯堡家族控制了西班牙、奥地利等众多国家，对法国形成了包围之势，法国为了削弱哈布斯堡家族的势力，就支持新教联盟，反对同样是哈布斯堡家族成员的神圣罗马帝国皇帝。

◆ 绘有黑色双头鹰的哈布斯堡家族纹章

北欧的丹麦和瑞典一直谋求南进,并且信仰的也是新教,支持新教联盟。因为这样既可以捍卫信仰,又能满足自己向南扩张的需求。英国国王与新教同盟领袖腓特烈之间有姻亲关系,也站在了新教联盟一边。西班牙因为与神圣罗马帝国皇帝同是哈布斯堡家族成员,支持天主教联盟,教皇自然也站在了天主教联盟一边。这样,在德意志境内和境外出现了两个阵营的对峙,气氛越来越紧张,平静的湖面即将卷起滔天大浪。

掷出窗外事件

1526年,神圣罗马帝国皇帝、哈布斯堡王朝的斐迪南一世,继承了波希米亚(捷克)和匈牙利的王位,从而兼并了这个地区。在捷克最初成为哈布斯堡家族的领地时,鲁道夫二世皇帝曾经有过承诺——此后的历任捷克国王都遵守捷克的法律,保留捷克的议会,并尊重捷克的新教信仰。

1617年,哈布斯堡家族的斯蒂里亚支系的斐迪南二世继任捷克国王。斐迪南是一个狂热的天主教教徒,因此他一当政,就撕毁了此前鲁道夫二世做出的承诺,不遵守捷克的法律,威胁要取消捷克的议会,这激起了捷克百姓心中的怒火。更为严重的是,斐迪南要打压捷克人的新教信仰,并迫害捷克的新教徒。1618年,斐迪南下令禁止新教徒在布拉格举行集会,捷克的议会提出了强烈抗议。

1618年的5月23日,一大批愤怒的捷克人冲进王宫,要教训一下飞扬跋扈的国王,斐迪南吓得仓皇而逃。大家搜寻整个王宫,找到了国王的两个宠臣,他们想给这两个人点颜色看看。有人提出按照捷克人的方式,将他们从高高的窗户扔出去,以示对国王的羞辱,这一提议立刻得到了人们的应和。于是群情激愤的人们将国王的两个宠臣从窗户扔了出去,这就是历史上著名的"掷出窗外事件"。两个被扔出窗外的大臣虽然保住了性命,但是引起了斐迪南的报复。斐迪南决定劝说哈布斯堡家族发动一场战争,狠狠地打击一下捷克人,让这些捷克人此后不敢再做出反抗之举。

已经开始反抗的捷克人自然不会坐以待毙,他们组成了自己的临时政府,宣布废黜斐迪南,并且要自立国王并组织起义。于是

◆ 斐迪南二世画像

哈布斯堡家族斯蒂里亚支系的代表人物,曾任神圣罗马帝国皇帝。这位野心很大、才能不高的皇帝狂热支持天主教,压制新教,结果却让德意志陷入了无尽的战火之中,也引发了对欧洲有决定意义的"三十年战争"。

◆围攻（卡尔·弗里德里希·莱辛，德国）

"三十年战争"给欧洲各国带来了很大的动荡，更给欧洲人民带来了重大的灾难。画面描绘了"三十年战争"期间，士兵们在一教堂旁边对抗敌人围攻的场景。

"三十年战争"的导火索引燃。这场旷日持久的大战总共分为4个阶段，分别是捷克阶段、丹麦阶段、瑞典阶段和全面混战阶段。

捷克阶段

1619年6月，捷克的起义军开到了奥地利哈布斯堡家族的首都维也纳附近。这时斐迪南二世已经即位成为神圣罗马帝国皇帝，名义上成了整个德意志的君主。捷克人希望能在天主教联盟的军队作战之前，与刚刚即位的斐迪南进行谈判。斐迪南迫于形势，表面上接受与捷克人的谈判，暗地里则不断派人向天主教联盟寻求帮助，甚至以将普法尔茨选侯的爵位转让给巴伐利亚公爵马克西米连一世为条件，来换取天主教同盟出兵帮助他镇压捷克人。

天主教联盟很快集结了2.5万多人的队伍，并向斐迪南提供了大量金钱援助，希望能够一举扑灭捷克人的反抗火焰。在天主教联盟的强大兵力面前，捷克起义军吃了败仗，被迫于1619年8月退回到捷克境内，并正式选举普法尔茨选帝侯腓特烈五世为捷克国王。

斐迪南当然不会容忍捷克人自行选出国王，他命令天主教联盟的军队继续进攻，以惩罚捷克人不尊重皇帝的做法。与此同时，支持天主教联盟，并且同属于哈布斯堡家族的西班牙，向普法尔茨进军。

1620年11月，捷克同普法尔茨联军与天主教联盟的军队在白山附近相遇并发生战争，虽然联军在地理上占有优势，但是武器装备与天主教联盟的军队对比起来显得落后，最后被天主教联盟军队击败。腓特烈五世也只好逃往支持新教联盟的荷兰避难。捷克重新被哈布斯堡家族控制。斐迪南将捷克超过半数的土地分给了神圣罗马帝国的贵族们，并且还强迫捷克的新教徒都要改信天主教。虽然此后普法尔茨等新教诸侯展开了几次反攻，但都被天主教联盟军队击败，"三十年战争"的第一阶段以天主教联盟军队获胜结束。

丹麦阶段

捷克阶段的战事虽然以天主教联盟军队的胜利结束，但是一场席卷欧洲的大战却刚刚开始。法国不能容忍一直对它构成威胁的哈布斯堡家族的势力越来越强大；荷兰为了摆脱西班牙的控制，与西班牙之间的战争如火如荼；普法尔茨选帝侯腓特烈五世是英国国王詹姆士一世的女婿，英国自然不能袖手旁观；丹麦和瑞典则不愿看到神圣罗马帝国皇帝再度在德意志境内实施有效的统治。

综合以上因素，本来只是捷克人反对斐迪南的起义演变为一场卷入欧洲大部分国家的国际战争。1625年，法国首相黎塞留提议，由英国、荷兰、丹麦三国结成反对哈布斯堡家族的联盟，丹麦负责出兵，而英国与荷兰负责提供各种援助。由此开始了"三十年战争"的第二阶段——丹麦阶段。

丹麦与挪威的君主克里斯提安四世，答应出兵德意志，甚至当政务会议的议员们不同意他参战的时候，他竟一意孤行地率领军队出发了。他给了自己一个冠冕堂皇的理由，那就是同是新教徒的他不能看着德意志的新教徒处于危难之中。

1625年，克里斯提安四世在英、法、荷三国的支持下，与新教联盟共同向德意志的天主教联盟发动进攻，很快便占领了德意志的西北部地区。与此同时，英军则占领了捷克西部地区。新教联盟虽然在进军的最初阶段节节获胜，但是这种胜利未能持续下去。1628年，斐迪南二世请出了当时声名显赫的贵族华伦斯坦担任自己军队的指挥官。华伦

◆ 克里斯提安四世画像

克里斯提安四世于1588年，继承了丹麦和挪威王位。在"三十年战争"期间，克里斯提安四世与荷兰、法国、英国结盟。战争初期取得了胜利，但终以失败而告终。

斯坦没有辜负斐迪南二世和天主教诸侯们的期望，于1628年4月击败英军，随后又击败了克里斯提安四世，并控制了属于新教诸侯的萨克森地区。丹麦被迫于1629年5月与神圣罗马帝国皇帝签订了《吕贝克和约》，保证不再插手德意志事务。战争第二阶段再度以天主教联盟的胜利告终，哈布斯堡家族的统治范围进一步扩大。

瑞典阶段

"三十年战争"结束后，大获全胜的华伦斯坦开始计划在波罗的海建立一支强大的海军舰队，以便对付北欧诸国和英国，这使瑞典国王古斯塔夫二世感到不安。他害怕自己国家的地位将来也会受到哈布斯堡家族的挑战，况且新教国家迫切地希望同样信奉新教的古斯塔夫能够和他们并肩作战，扭转新教国家的不利局面。

早在1626年，古斯塔夫二世已经因为与德意志的诸侯国因争夺波罗的海口岸展开过战争，但那时他还未卷入"三十年战争"。1630年受形势所迫，古斯塔夫二世正式卷入"三十年战争"，并且得到了法国等国的资金支持，率领军队进入德意志境内，从而开始了战争的第三阶段——瑞典阶段。

古斯塔夫二世进入德意志境内，马上得到了新教联盟的勃兰登堡选侯和萨克森选侯的配合。此时古斯塔夫二世的对手也不是华伦斯坦，华伦斯坦已经因为被猜忌解职，顶替他的是提利伯爵。古斯塔夫二世很快打败了神圣罗马帝国的军队，充分展现出了他的军事才华。天主教联盟陷入了岌岌可危的境地。在这种情况下，天主教联盟不得不又请出华伦斯坦披挂上阵。1632年11月，古斯塔夫二世与华伦斯坦在吕岑地区展开决战。在这次战役中，古斯塔夫二世阵亡，但是瑞典军队依然取得了胜利。兵败的华伦斯坦再度受到猜忌，后来遭到了刺客的暗杀。

神圣罗马帝国皇帝趁机联合西班牙的军队，对瑞典军队展开围攻。到1634年9月，瑞典军队被西班牙军队击败，退回国内。萨克森选帝侯和勃兰登堡选帝侯也被迫于1635年签订了《布拉格和约》，对神圣罗马帝国皇帝做出让步。第三阶段的胜利者依然是天主教联盟。

全面混战阶段

哈布斯堡家族第三次获胜使得法国大为震惊。法国原本是天主教国家，但是为了自身利益，它支持的却是新教联盟。此前，它一直没有正式卷入战争，只是暗地里对新教国家提供资助，希望他们能够打击法国的对手哈布斯堡家族。但是当丹麦、瑞典等国都以失败收场的时候，法国只好直接出兵了。1636年，法国与瑞典结成同盟，联手出兵，至此，"三十年战争"进入了彻底的混战阶段。

从1636年开始，法国与西班牙和神圣罗马帝国展开正式交锋，西班牙和神圣罗马帝国的天主教联盟两面夹击，一度进抵到法国首都巴黎附近，但是最终被法国击退。1638年，法国更是在海上打败了西班牙引以为傲的海军。1639年，当西班牙海军重新集结想一雪前耻的时候，却被荷兰的海军歼灭了主力。与此同时瑞典军队也取得了辉煌战绩——1637年，瑞典军队控制了德意志北部地区；1642年，瑞典军队击败了神圣罗马帝国皇帝的军队。

从1645年开始，法国、瑞典在战场上

◆《威斯特伐利亚和约》的签署

不断获胜,天主教联盟终于丧失了战斗力,被迫提出和谈。而英国、瑞典一方也有不小的损失,不希望已经持续了3年的战争再继续下去。并且此时丹麦因担心瑞典的强大,已经开始在后方向瑞典发起进攻,使瑞典难以再全力以赴在德意志境内作战。诸多因素结合在一起,促成了和谈的成功。1648年10月,参战双方达成和解协议,缔结了两个和约——《奥斯纳布吕克和约》与《明斯特和约》,合称《威斯特伐利亚和约》,至此"三十年战争"完全结束。

这场战争和这些条约都对历史产生了深远的影响。战争本身改变了欧洲的政治格局,德意志因为是主战场,经济遭到了重大破坏,分裂局面持续下去,令神圣罗马帝国更加名存实亡;荷兰在这场战争后,彻底摆脱了西班牙的控制,开始进一步发展海上事业;西班牙遭受严重打击后更加没落,彻底失去了欧洲一流强国的地位;法国消除了哈布斯堡家族的威胁,进一步确立了自己的欧洲霸主地位;瑞典获取了德意志北部的大片领土,也成为德意志诸侯之一,能够更好地参与德意志内部事务的处置,巩固了强国地位。

1648年10月24日,参战各方齐聚德意志的明斯特市政厅,签署了《奥斯纳布吕克条约》和《明斯特和约》,合称《威斯特伐利亚和约》。合约中战胜国利益得到了最大的体现,法国、瑞典收获颇丰,而德意志和西班牙则被进一步削弱。

与战争相比,《威斯特伐利亚和约》的影响更为后世称道,因为它开启了以国际会议形式解决国际争端的先例,同时也对主权的观念进行了肯定,是现代国际关系的开端。

欧洲启蒙运动

⦿ 伏尔泰　⦿ 孟德斯鸠　⦿ 卢梭和狄德罗

启蒙运动发生在18世纪的欧洲，是继欧洲文艺复兴运动之后，出现的又一次轰轰烈烈的思想解放运动。它反对封建专制统治，反对封建教会思想，反对一切落后腐朽的东西。因此，它将是资产阶级革命成功的很好宣传。

启蒙运动之父

伏尔泰是法国著名的文学家、哲学家、启蒙思想家，是法国资产阶级启蒙运动的旗手，被称为"思想之王""启蒙运动之父"等。

他反对君主专制，倡导君主立宪制。他主张天赋人权，认为人生来就是自由和平等的。他认为法律应以人性为出发点，在法律面前人人平等。他曾经说过："我不能同意你说的每一个字，但是我誓死捍卫你说话的权利。"他猛烈抨击天主教会，说天主教是"一切狡猾的人布置的一个最可耻的骗人罗网"，号召大家与天主教会抗争到底。但他不反对财产分配上的不平等、不均衡，还主张信仰自由和信仰上帝。

◆ 费尔奈庄园

1760年，伏尔泰定居法国和瑞士边境的费尔奈庄园，这期间他与欧洲各国人士保持了频繁的通信联系，并且积极参与社会活动，撰写了大量小册子，揭露宗教迫害和专制政体下司法部门的黑暗。

伏尔泰才华横溢、酷爱自由，对法国的专制统治深恶痛绝，少年时代就有强烈的叛逆倾向，曾两度成为巴士底狱的"贵客"。他游历英伦三岛，对英国褒奖有加；伴随普鲁士国王腓特烈二世三年有余，结果不欢而散。他一生著作等身，语言诙谐，嬉笑怒骂皆成文章，成为法兰西最著名的文化领袖。

可以这样说，伏尔泰的一生，是为新思想奋斗的一生，是为启蒙运动奉献的一生。

探寻三权分立

孟德斯鸠是法国著名的法学家、启蒙思想家，是近代欧洲较早研究东方社会和法律文化的学者之一。他的《论法的精神》，宣扬了理性的法律，对后世法律的形成与发展产生了重大影响。他认为国家的权力应该"三权分立"，由立法权、行政权和司法权三部分组成，极力反对君主专制。

孟德斯鸠提出的"三权分立"学说，体现了人民主权的原则，奠定了近代西方政治与法律发展的基础，直到今天还被某些国家使用。

孟德斯鸠虽然生活在一个君主专制的时代，但是他终其一生都在寻找民主之道——他身为贵族，却没有沉迷于灯红酒绿之中，而是放弃高官厚禄投身学术。他一生著作并不多，但是本本都是经典，一部《论法的精神》更是经典中的经典。然而时至今日，远隔重洋的北美哲人早已将孟德斯鸠的思想，灵活运用到他们的宪法当中，"三权分立"已然成为美国宪政的灵魂所在。

◆伏尔泰画像

法国启蒙运动的主要人物，也是著名的诗人、剧作家、散文家、小说家、历史学家、启蒙思想家、哲学家，自由思想和自由主义的倡导者。原名弗朗索瓦·马里·阿鲁埃，伏尔泰是他最著名的笔名。

◆孟德斯鸠画像

孟德斯鸠不仅是18世纪法国启蒙时期的著名思想家，也是近代欧洲国家比较早的系统地研究古代东方社会与法律文化的学者之一。

◆ 卢梭写了一本阐述对孩子因材施教思想的《爱弥儿》，这使法国人重新认识到了培养孩子兴趣的重要性。

挣脱自由的枷锁

他是欧洲最负盛名的思想家，在他背后是法国革命的惊涛骇浪；他被认为是现代民主自由的捍卫者，也被咒骂为现代极权主义的旗手；他活着的时候遭到误解、谩骂与迫害，他死去依然被误读，时而被当作先知供奉在祠堂，时而被当作恶魔打入地狱。他就是卢梭，一位留在人类思想史上的人物。

卢梭是法国著名启蒙思想家、哲学家、教育家和文学家，18世纪法国大革命的思想先驱，启蒙运动最卓越的代表人物之一，被称为"人民主权的捍卫者"。

卢梭的思想精华就是人民主权思想，提出"主权在民"说。他认为一切权利隶属于人民，必须为人民服务，体现人民的意志。

卢梭还强调"公共意志"，遵守法律是一种自由的行为，人民应该接受法律的统治，从根本上反对君主的封建统治。

此外，在法国启蒙思想家中，卢梭对封建社会批判最为严厉，最为激烈。

卢梭先后出版了3部著作：小说《新爱洛绮丝》、政治学理论著作《社会契约论》和教育学著作《爱弥儿》。这3部著作都透露出一个主题，那就是自由。在《新爱洛绮丝》一书中，卢梭批判封建的礼教，倡导建立平等自由的家庭伦理；在《社会契约论》一书中，卢梭提出了人民主权的理论，反对任何教权、皇权专制；在《爱弥儿》一书中，他总结了儿童教育的规律以及方法。

卢梭一直在用言行，践行着他的新思想和新学说。而人们也一直在潜移默化中受着他的思想和学说的影响。

狄德罗和《百科全书》

启蒙运动时期的法国是一个群星灿烂的国度，众多的思想家们将人们从神的世界带到人的世界，以人的理性与热情生活，摆脱了神的束缚，鼓励人们打破君主专制的重重枷锁。启蒙思想家们将人类分散的知识加以整理和系统化，便形成了百科全书。狄德罗，这位启蒙运动中百科全书派当仁不让的领导人，不仅是一个一流的组织者、管理者，也是一位卓然而立的百科全才，至今他的智慧光芒依然闪亮。

《百科全书》不仅仅是一部简单的辞典，还是一部反封建、反神权的宣言书。在编写《百科全书》的同时，狄德罗撰写了大量的个人论著，这些论著中的观点无不体现在《百科全书》中。《百科全书》是狄德罗个人观点与思想的集中体现，也是他为人类精神进步做出的伟大贡献。

启蒙运动时期的思想家很多很多，作为代表的几位将他们的新思想传递给了世人，动摇了封建君主的统治，促进了社会的进步，激励着仁人志士为改造旧社会而不断斗争，为资产阶级取得统治地位做了很好的思想和理论的准备。

◆ **卢梭画像**

法国著名启蒙思想家、哲学家、教育家和文学家，18世纪法国大革命的思想先驱，启蒙运动最卓越的代表人物之一。

◆ **狄德罗画像**

18世纪法国启蒙思想家、哲学家和作家，百科全书派的代表。

公元1633年—公元1639年

人物：丰臣秀吉 德川家康　　地点：日本　　关键词：锁国令

德川幕府的"锁国令"

为了杜绝外来的危险而将国门锁上，但同时也将自己隔绝于世界，德川幕府在接连几次颁布锁国命令之后，终于将国门牢牢地关上，这样做固然使其专注于自我发展，但却脱离了与周围国家的联系，从而为未来西方列强的进攻埋下了伏笔。

◆德川家康偕臣子进入宫殿

锁国的导火索

16世纪至17世纪正是天主教在东亚传教的兴盛时代。1580年，日本的一位大领主因为接受了耶稣会的传教，将自己治下的繁荣的贸易港口长崎等地捐赠给了耶稣会，允许耶稣会在这些地方任意传教，修建教堂。传教士们拥有了这些土地的控制权，为了使教徒的规模迅速扩大，甚至抛弃了和平传教的方式，强迫辖属内的小领主们信仰天主教，再让这些小领主强迫自己属下的民众信仰天主教。

这一时期，正是丰臣秀吉当政的时期，丰臣秀吉对于天主教势力的迅速发展有了警觉。他改变了早期同意天主教传教的态度，于1587年颁布了《禁教令》，开始逮捕一些鼓动局势的传教士和日本的天主教信徒，并将被耶稣会控制的长崎等地收回。虽然丰臣秀吉颁布了《禁教令》，但是该命令并没有得到严格的执行。天主教的传教士依然留在日本，信仰天主教的人数也持上升的势头。

德川家康当政之后，认为允许西方人传教能够加大日本与欧洲国家的贸易，因此对天主教采取了宽容的态度。但是，随着天主教势力的进一步提升，天主教与德川幕府之间的矛盾开始显现。幕府宣扬的是封建等级制，这是幕府得以牢牢控制整个国家的关键，但是天主教"上帝面前人人平等的观念"却对等级意识产生了不小的冲击，一些信仰天主教的武士甚至开始背离自己的主人，这种做法在日本被看作最不能接受的行为。天主教还强调上帝是唯一的神，否定其他的信仰，这就与日本的传统信仰神道教和佛教产生了冲突，令幕府不能容忍。再者，天主教的组织能力也逐渐让幕府感到恐慌。在日本，信仰新教的英国、荷兰商人为了同西班牙、葡萄牙竞争，宣扬西班牙和葡萄牙正利用天主教传教来蚕食日本，这更加剧了幕府的顾虑。于是，德川幕府的禁教行为开始上演了。

锁国的先声

1612年，德川幕府发出《禁教令》，禁止天主教在幕府的直辖领地江户、京都、长崎等地传教，但是对新教的传教依然较为宽容，也因为这一时期日本对外贸易的主要对象就是信仰新教的英国和荷兰。1613年，德川幕府将《禁教令》由幕府直辖地推广到全国。幕府一方面宣传天主教的信仰，背离了日本的神道教信仰和佛教信仰并且意图蚕食日本；一方面开始以实际行动摧毁大量的天主教教堂，将敢于反抗的传教士和教徒逮捕并强迫他们改变信仰。

1614年，德川家康为了一劳永逸地解决丰臣氏问题，掀起了大阪之战。1615年，丰臣秀赖走投无路之下自杀身亡。在大阪之战中，德川家康发现有大量天主教徒加入了丰臣秀赖一方，因此对天主教更加深恶痛绝，下令要求各地领主严厉打击天主教。在幕府的要求下，从1614年秋开始，日本各地的领主开始全面对传教士和教徒进行镇压。对那些拒绝改变信仰，依然信奉天主教的日本教

◆ 德川家康画像

政治家、军事家，日本江户时代著名武将。他建立了江户幕府，是江户幕府的第一代征夷大将军。

徒，幕府和各地领主要么将他们流放，要么将他们关押，要么将他们捆绑着游街示众。从1619年到1635年，日本各地被处以刑罚的天主教徒达到20多万，大部分教徒因为无法承受刑罚，放弃了天主教信仰。但是也有部分教徒坚持天主教信仰。他们无法光明正大地进行活动，就组成了秘密的组织。当他们被逮捕时，他们宁肯受死也不改变自己的信仰，还攻击日本的神道教、佛教信仰是背

◆丰公四国征讨图

丰臣秀吉统一了战国中的日本，是日本征服亚洲运动的开创者，但在攻打朝鲜的战争中去世。他建立的统一的日本也为后来的幕府统治打下了良好的基础。

离天主的错误信仰。由此，幕府更加感到天主教的危险，禁教措施越来越严厉。

锁国令的全面推行

日本在禁教的过程中发现，要想杜绝天主教在日本的大规模传播，应该采用釜底抽薪的办法，就是禁止传教士来日本传教，将这些传教士拒之门外。同时，德川幕府在与欧洲国家进行了十几年的贸易后发现，虽然幕府从贸易中得到了部分实惠，但是得到实惠最大的是沿海地区的领主们。他们属下的城市异常繁荣，如果任由他们这样发展下去，势必会形成尾大不掉的局面，对德川幕府的统治是不小的威胁。因此，采取锁国的政策是一举两得的办法，既能打击天主教的传教，也能限制地方领主的发展。

于是，德川幕府的锁国政策逐步展开。1616年，幕府颁布命令禁止外国船只（中国船只除外）在幕府的直辖地江户和长崎两地以外的港口停泊。1620年，禁止日本人搭乘外国的船只出海，并禁止向外国人出售武器。1623年，日本将葡萄牙人驱逐出境。1624年，禁止西班牙人到日本经商。1633

样，与严厉的禁教政策相伴随的锁国政策也一步步推行。

第五次锁国令

隶属于长崎的岛原地区是天主教在日本的传教中心之一。1637年，岛原和附近的天草地区发生了数年不遇的大饥荒，但是领主依然不顾人民死活强行征税。无法生活的民众只好靠天主教来摆脱现实苦恼。这件事让岛原的领主知道了，领主决定采取镇压的办法。这时再也无法忍受欺压的岛原民众爆发了岛原起义，也得到了临近地区的响应——天草地区的教徒们开始积极配合岛原地区行动。

岛原起义的消息传到德川家光的耳朵里，德川家光大为恼火，立刻命仓重昌纠集岛原附近的各领主，率领大军征伐岛原与天草地区的起义民众。经过几个月的激战，起义民众据守的岛原城被幕府军队攻破，起义民众几乎全部被杀。

岛原起义之后，德川幕府更加认为外来宗教是可怕的，会聚拢起强大的力量与自己对抗，因此于1639年颁布了第五次锁国令，也是最后一次。这次锁国令只留下一处通商港口长崎，只允许中国和荷兰的船只到日本经商，其他国家的船只一律禁止在日本停泊、经商。各地要严密检查外来船只，严厉打击走私船只。同时断绝天主教会同日本的一切联系。随后，德川幕府又将在日本居住的荷兰人都统一转移到长崎居住，并限制外文书籍的进口。此后，日本开始了长达200多年的锁国时期，虽然杜绝了天主教的影响，也使德川幕府牢牢地控制了全国，但使日本在历史的进程中不可避免地掉队了。

年到1634年，德川幕府正式颁布第一次锁国令和第二次锁国令，规定只允许持有特许证的日本人和日本船只出国；外来船只到日本经商，要接受日本政府的监视，规定确切的贸易期限，贸易期限一到必须立即离开日本；下令缉拿西班牙和葡萄牙的传教士。1635年，德川幕府颁布第三次锁国令，这次禁止一切日本船只出海贸易，已经取得特许证的船只也不例外；已经长期居住在国外的日本人不得回国，如果回国被捉到一律处死。1636年，第四次锁国令颁布，这次又加大了对西班牙人和葡萄牙人的迫害，规定西班牙和葡萄牙人在日本留下的子女也要被处死，如果有藏匿者，同样以死罪论处。这

第六章 殖民争霸

随着时间的推移,世界上老的强国逐渐衰弱,明日黄花。而新的强者又不断雄起,跃跃欲试。

美国爆发独立战争,法国"酿造"了大革命,拿破仑加冕称帝,俾斯麦铁血政策,普法战争厮杀,巴黎公社运动,日本明治维新,日俄战争争食……各国对殖民地的抢掠愈演愈烈。殖民争霸的剧目,在世界的舞台上真正上演。

公元1775年—公元1783年

人物：乔治·华盛顿　地点：美国　关键词：独立战争

美国独立战争

美国独立战争的爆发，是北美13个殖民地政治、经济、文化发展的必然产物，是殖民地人民争取独立民族国家的正义战争。战争爆发后，乔治·华盛顿被任命为大陆军总司令，率领大陆军英勇作战，并最终取得了战争的胜利。

莱克星顿的枪声

1775年4月，正当英国议会辩论得热火朝天的时候，莱克星顿的枪声让双方屏住了呼吸。驻波士顿的英军奉命抓捕那些"心怀不轨"的叛乱分子，700多名英军前往康克德占领北美民兵的弹药库。就在他们行动的前夜，波士顿的银匠保罗·里维尔快马奔至莱克星顿，通知隐藏在那里的反英领导人转移，然后又和其他几个人赶到康克德报信。得到里维尔传来的消息之后，莱克星顿的民兵在半夜紧急集合起来，准备迎击英军的进攻。

19日清晨，英军终于出现了。霎时间，鼓声、喊声响成一片。在乔纳斯·帕科率领下，70多名民兵来到了一块草地上——虽然他们并没有进攻英军的打算，但是英军指挥官却没有打算放过这队民兵。

英军指挥官下令将这群民兵包围起来，帕科

◆ 萨拉托加大捷中使用的大炮

见状，命令民兵携带武器撤退。在撤退的时候，不知道是谁先开了一枪，霎时枪声大作。在英军的攻击下，民兵四处逃散。其中有8人死亡，10人受伤，而英国士兵仅有1人受了轻伤。这次事件史称"莱克星顿的枪声"，标志着北美独立战争正式开始。

第二届大陆会议

1775年5月，北美第二届大陆会议就在这样紧张的气氛中召开了。各殖民地的代表再次聚首，经过一番讨论，大陆会议决定成立一支2万人的大陆军，由弗吉尼亚人乔治·华盛顿担任总司令。

◆ 独立宣言

1776年7月4日，第二届大陆会议在费城独立厅通过了《独立宣言》。

大陆会议虽然做好了武装抵抗的准备，但是对和解还抱有一丝希望。大陆会议向英王提交了《橄榄枝请愿书》，希望乔治三世能够排除阻碍，采取有力措施与北美实现和解。不过令大陆会议失望的是，1775年年底，乔治三世驳回了《橄榄枝请愿书》，关闭了和解大门，并且向北美增派军队，镇压叛乱分子。大陆会议不但失去了与英国谈判的资格，而且成为叛乱的指挥中心，现在除了战争，已无他途。后来大陆会议选举托马斯·杰斐逊起草文件。

1776年6月28日，杰斐逊将《独立宣言》的草稿提交给会议。7月2日，除纽约州外，其他十二个州都投票同意独立。7月4日，《独立宣言》正式付印，北美殖民地终于获得了作为一个国家的出生证明，从这一刻起，北美人将为这个国家而奋斗。

萨拉托加大捷

第二届大陆会议发布决议，将包围波士顿的民兵组成大陆军。6月15日，大陆会议任命乔治·华盛顿为大陆军总司令。1776年3月，经过长期激战，大陆军占领了多尔切斯特高地，整个波士顿城及其港口都处在了大陆军的炮火射程之内。3月17日，英军自动放弃了波士顿，大陆军开进这座城市。

为了镇压大陆军，英军将战略重心放在了哈得孙河和普兰湖一线，妄图把大陆军的活动中心新英格兰与中南部殖民地分割开来，而这里的战略要点就是纽约城。由于众寡悬殊，华盛顿率领的大陆军兵败纽约，但他旋即率军袭击了普林斯顿，重创英军两个团。1777年9月26日，威廉·豪率领英军占领费城。

◆萨拉托加大捷中的华盛顿

在费城陷落的时候,驻扎在加拿大的英军在约翰·柏高英的率领下南下,试图和威廉·豪会合,实现对北方的控制。1777年6月,柏高英分兵两路从加拿大出发,一部由他亲自率领,由普兰湖至泰孔德罗加,然后经乔治湖抵达哈得孙河;另一部由巴里·圣莱杰率领,直扑莫霍克河谷。

英军的行动为华盛顿所察觉,他调兵遣将迎击来犯之敌,先后派出本尼迪克特·阿诺德、本杰明·林肯和丹尼尔·摩根支援北方军司令菲利普·斯凯勒。9月13日至14日,柏高英率军渡过哈得孙河,进逼奥尔巴尼。此时,大陆会议任命新英格兰的霍雷肖·盖茨出任北方军的总司令。9月19日和10月7日,大陆军先后在弗里曼农庄和比米斯高地重创英军,英军损失惨重。10月9日,柏高英率领英军撤退到萨拉托加。这时,大陆军切断了英军的粮草供应和退路,远在费城的威廉·豪救援不及。10月17日,柏高英率领6000名英军投降,萨拉托加战役以大陆军的全面胜利而告终。

决战约克敦

萨拉托加战役之后,受到沉重打击的英军为了集中兵力,主动放弃了费城,回撤纽约。大陆军虽然试图在途中截击英军,但未能得手。这样一来,整个北方战局进入了相持阶段。

但经过一番激战后,英军占了上风。1780年5月12日,林肯率领南方的大陆军

5000余人向英军投降,这是独立战争中大陆军最惨痛的一次损失。随即克林顿率军返回纽约,留下康华利率领7000英军继续向南方展开攻势。8月16日,坎登之战中,盖茨率领的大陆军被英军击败。8月18日,托马斯·萨姆特率领的民兵被英军打败,南卡罗来纳陷落。这时康华利乘胜进军,侵入北卡罗来纳。10月,帕特里科·福格森率领的英军在王山受到民兵重创,英军进攻北卡罗来纳的计划受挫。1781年1月17日,摩根率领大陆军在民兵配合下,重创英军,剩余的英军在巴纳斯特·塔尔德率领下投降。

3月15日,格林以4500人的优势兵力在吉尔福德狙击英军,获得胜利。这时,英军南方部队的总司令康华利率军退回威尔明顿,试图北上与克林顿派遣到弗吉尼亚的英军会合。

康华利撤退到弗吉尼亚之后,驻扎在约克敦,但是康华利没有料到的是,这个地方极易受到海、陆两面夹击。华盛顿抓住这个机会,制订了美、法联合围歼康华利的计划。

康华利在约克敦坚守数周之后,于10月19日率领7157名英军向华盛顿投降,约克敦战役以大陆军的胜利而告终,独立战争胜利结束。

◆ 英军在约克镇向大陆军投降

1781年10月19日下午2时,英军在约克镇向大陆军投降,其队伍长达2000米。

看得见的世界史·

公元1732年—公元1799年

人物：乔治·华盛顿　地点：美国　关键词：美国国父

美国国父华盛顿

作为一位杰出的将军，华盛顿一生戎马倥偬，将英国军队赶下了大西洋；作为美国的开国之父，华盛顿又为美国的百年宪政奠定了基石。打破一个旧世界需要勇气与胆魄，建设一个新世界却需要耐心与智慧。毫无疑问，华盛顿融胆略与智慧于一身，不愧是美国人民的伟大国父。

◆ 华盛顿铜像

移民后代

1732年2月22日，乔治·华盛顿出生在弗吉尼亚州，是奥古斯丁·华盛顿的第三个儿子。华盛顿家族在英国声望非凡，其祖上曾担任过不同的官职。随着家业的衰败，1657年华盛顿的祖父约翰·华盛顿移民弗吉尼亚。

7岁到15岁的时候，华盛顿断断续续地在本地教堂和威廉斯先生那里学习，尤其是在数学方面，表现出了强烈的兴趣，对计算、测量相当精通。华盛顿的长兄劳伦斯·华盛顿曾经担任过英国步兵团的军官，参加过战争，这在年幼的华盛顿心中留下了深深的印象。

1743年4月，华盛顿的父亲患病去世，劳伦斯担负起了对华盛顿的教育任务。在兄长的教诲和熏陶下，华盛顿的求学生涯得到了继续。此时,他对一个新生的知识——土地测量学产生了兴趣,并且很快掌握了这门技术。16岁的时候,华盛顿开始担任土地测量员的工作,与劳伦斯的内弟乔治·费尔法克斯一起踏上了土地测量的旅途。1749年夏季,由于在土地测量工作中表现突出,华盛顿被正式任命为政府认可的测量员。

正当华盛顿在兄长的带领下成长的时候,他的哥哥劳伦斯突然罹患恶疾,在34岁的时候去世,将遗产交给了弟弟。

此后弗吉尼亚殖民政府为了扩大民团,将弗吉尼亚划分为四个区,华盛顿毛遂自荐,自愿担任北峡地区民团副官的职务。1753年2月,21岁的华盛顿被正式任命为弗吉尼亚北峡民团少校副官。

战争中的华盛顿

1754年,弗吉尼亚总督罗伯特·丁威迪派遣刚升为中校的华盛顿,率领弗吉尼亚第一军团前往俄亥俄,驱逐渗入进来的法国人。在俄亥俄谷地,华盛顿依靠印第安人的帮助包围了一个法国人的侦察队。在短暂的战斗之后,这些法国人非死即伤。这是华盛顿第一次独立指挥的战斗,但显示出了不同凡响的军事指挥才能。

1755年,让华盛顿施展抱负的机会终于来了。政府组成了远征军,开赴俄亥俄谷地夺取俄亥俄河交汇岔口的"迪凯纳堡"。华盛顿自愿参加了这次远征。在莫农加希拉河战役中,远征军几乎全军覆没,指挥官也阵亡了。令人不可思议的是,华盛顿在战斗中表现得异常勇敢,在枪林弹雨中亲自操作发射炮弹。最后,华盛顿毫发无伤平安归来,一时之间成了弗吉尼亚的英雄。1758年,他参加了英军的另一次远征,成功地将法军驱离了迪凯纳堡。

◆ 华盛顿手按《圣经》宣誓

华盛顿手按《圣经》,宣誓就任美国首任总统。

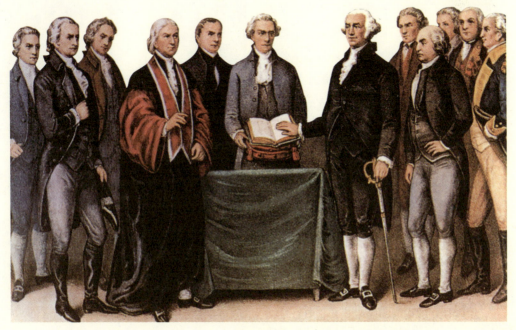

然而在弗吉尼亚总督丁威迪看来，作战英勇的华盛顿未免有些功高震主了，因此他便经常故意刁难华盛顿。1759年，华盛顿辞去了军职，回到了弗农山庄，开始过上了绅士和蓄奴主的生活，并且担任了弗吉尼亚当地的下议院议员。

1774年，华盛顿被选为弗吉尼亚州的代表前往费城，参加第一届大陆会议。由于波士顿倾茶事件的爆发，英国政府关闭了波士顿港，而且废除了马萨诸塞州的立法和司法权力。莱克星顿和康科德之战后，华盛顿身穿军服出席第二届大陆会议，表达了自愿带领弗吉尼亚民兵参战的意愿。马萨诸塞州的代表约翰·亚当斯推荐他担任大陆军的总司令，并称他拥有"担任军官的才能……极大的天分和普遍的特质"。

1775年6月15日，大会正式任命华盛顿为总司令，华盛顿欣然接受了这个职位。在给友人的一封信中，华盛顿这样写道："愿上帝保佑，我接受这一职责会有利于我们的共同事业，不会由于我的无知而有损于我的名誉。我可以在这三点上做出保证：坚信我们的事业是正义的；忠于职守；廉洁奉公。如果这些都不能弥补能力和经验的不足，我们的事业就会有失败之虞，我个人的名誉也会扫地殆尽。"

华盛顿对大陆军进行了全面的整顿，并带领他们取得了一次次的胜利。1781年10月，华盛顿率军取得了约克敦战役的胜利，美国独立战争胜利结束。1783年3月，华盛顿召开了一次会议，并在会上做了激动的发言——听众们为之动情，因为是他拯救了国家的命运，为美国人民争得了自由。

1783年，《巴黎和约》签署之后，英国承认美国独立。华盛顿以大陆军总司令的身份解散了大陆军。在新泽西的洛基山脚下，华盛顿向与他浴血奋战的士兵们发表了慷慨激昂的演说。12月4日，华盛顿在纽约市发表了正式的告别演说。随后，华盛顿回到了家乡，潜心农事，生活恬静。但作为一个爱

国者,他无时无刻不思考着这个国家的前途和未来。

美国首任总统

1787年制宪会议在费城召开,华盛顿积极参与宪法的制定,并在第一次会议时当选为制宪会议主席。1788年11月,随着宪法的正式生效,一个新兴的邦联国家在北美正式诞生。根据宪法规定,国会立即通过决议,

◆ 1781年,华盛顿和罗尚博伯爵在约克镇视察军情。

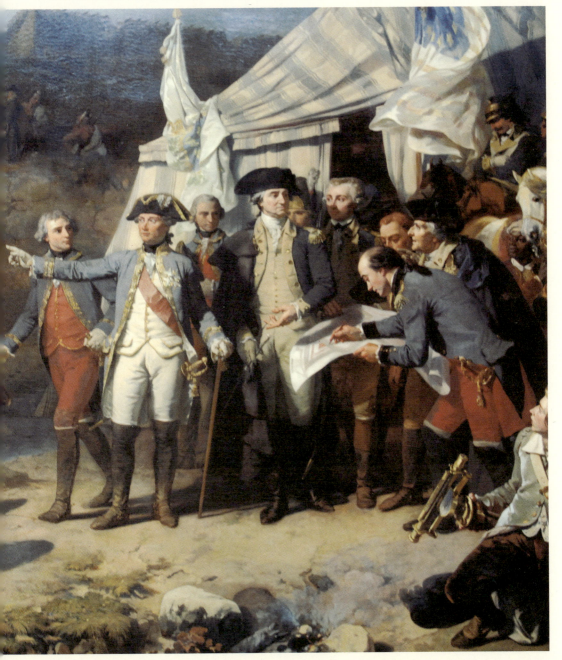

定于1789年1月的第一个星期三由美国人民推选总统候选人。最终，华盛顿以选举人全票（69票）通过当选为美国第一届总统，约翰·亚当斯则当选为副总统。

1789年4月30日，华盛顿的总统就职仪式在纽约隆重举行。

上午9时，各教堂举行庄严的祈祷仪式，祷告上帝降福于新政府。中午12时，华盛顿身着礼服，登上国会派来的专用马车，前往联邦大厦。在宣誓仪式上，华盛顿手捧《圣经》，庄重而清晰地宣读誓词。接着，华盛顿向参众两院宣读了就职演说，这篇演说也成为美国历史上的重要文献之一。

担任总统以后，华盛顿任命托马斯·杰斐逊为首任国务卿、亨利·诺克斯为陆军部部长、亚历山大·汉密尔顿为财政部部长、约翰·杰伊为大法官、埃德蒙·伦道夫为总检察长。这些人物在独立战争和制宪会议中功勋卓著，现在在新的政府中，他们又成了华盛顿的得力助手。

在处理总统与国会的关系上，当时宪法规定，总统缔结条约的权力必须根据参议院的意见或者取得众议院的同意。1789年8月，华盛顿为了与南方的印第安人签订条约，亲自前往参议院征询意见。但在他宣读文件时，由于会议大厅外人声嘈杂，议员们在没有听清楚的情况下议论纷纷。面对这样的情景，华盛顿拂袖而去。在第二周的周一，华盛顿派秘书给议会送去了一份详尽的材料。此后，华盛顿再也没有去参议院当面听取意见，这成了美国总统历代相承的惯例。而在处理总统与各部部长的关系上，华盛顿则不自觉地促成了美国内阁积极讨论问题的制度。

在汉密尔顿的努力下，美国的财政问题得到解决；在杰斐逊的努力下，美国的外交开始走上正轨。这两个得力人物成了华盛顿的左膀右臂。然而，随着两人地位的提升，汉密尔顿和杰斐逊在政治上的分歧越来越明显，在政坛开始出现了拉帮结派的局面。这是华盛顿最不愿意看到的，他尽力在两人之间周旋，以便化解两人的恩怨——在汉密尔顿和杰斐逊眼中，华盛顿是再公允不过的裁判了。

4年任期很快就过去了，华盛顿很想退出政坛，但是内阁对立的双方都希望华盛顿连任。经过思想斗争，华盛顿最终同意连任总统。1793年2月13日，华盛顿以全票被选为第二届总统。

告别政坛

在第二届总统任满的前一年，华盛顿着手准备告别演说，并发表在费城的《美国每周新闻报》上。这篇演说词的发表，在全美国引起了极大的震动。政府要员们普遍感到惋惜和震惊。但大多数报纸对总统主动引退都加以赞美。原来想攻击他有权力欲的反对派，这一下也无话可说了。

1797年3月15日，华盛顿的马车登上了前往弗农山庄的车道。虽然归隐了，华盛顿仍未完全忘却国事，他真心希望自己创建的合众国日益强大。此间，陆军部长麦克·亨利等人曾经向他通报国事。继"XYZ"事件之后，美法关系又紧张起来，一度发展到一

◆ 华盛顿画像

美国首任总统，两届任期后自愿归隐家乡。华盛顿被尊为美国国父，是美国史上最伟大的总统之一。此画现藏于美国布鲁克林博物馆。

触即发的地步。1798年7月4日,政府为了加强统率作用,授予华盛顿中将军衔,并任命他为美军总司令,这是唯一担任这一职位的前总统。他接受这一任命的条件是,只有在遭到入侵的情况下他才上战场,而且他对总参谋部的组成具有批准权。幸运的是,事情和平解决了,没有宣布的"准战争"只限于海军冲突,华盛顿没有重新骑上战马。

1799年12月12日,在家中的种植园散步归来之后,华盛顿突患疾病,虽然经过了耐心的治疗,但于事无补。12月15日,这位美国国父在弗农山庄溘然长逝。华盛顿逝世的消息迅速传遍美国,举国哀悼。正在开会的国会休会一天,全体议员和工作人员佩戴黑纱。后来国会还发表了一个公开悼词。

18日,华盛顿的葬礼在弗农山庄举行。总统亚当斯派特使加急送来悼唁函,还运来了11门礼炮,准备鸣炮致哀。

华盛顿的遗体安葬在庄园上家族的老墓地里,葬礼简朴而庄重,一切只限于弗农山庄以内,完全符合华盛顿的遗愿,不用悼词。

为了纪念这位伟人,新建的美国首都以华盛顿名字命名。200年来,美国共有100余个城镇以华盛顿命名。

◆ 独立战争后,华盛顿在家赋闲。

公元1789年—公元1830年

人物：路易十六　　地点：法国　　关键词：三级会议　攻占巴士底狱

法国大革命

三级会议的召开为第三等级登上政治舞台提供了一个平台，法国旧制度的种种弊病，在人民的呼声中显露无遗，人民对权利的要求如同溃堤洪水一般奔涌而出。巴士底狱这个封建王权专制的堡垒被攻破，路易十六的统治已经岌岌可危。当国民会议宣布废除封建特权之时，革命已经开始了。

三级会议的召开

1789年5月4日，三个等级的代表来到巴黎，其中有600多位第三等级身着黑色礼服的代表，285位贵族和308位教士。这是自1614年以来从未有过的盛会，人们期待这次会议能够将法兰西带出泥沼，走向光明的未来。

第二天，路易十六参加会议开幕式并致辞。教士们坐在梅尼大厅的右边，贵族居左，而第三等级坐在中间。当路易十六到达会场的时候，响起了一片热烈的掌声，不过人们最想知道的是路易十六的葫芦里面卖的什么药。

◆ 路易十六画像

路易十六于1774年成为法国国王，1793年被处死，是法国历史上第一个被处死的国王。

◆ 法国三级会议召开时的情景

路易十六的开场白还是非常有煽动力的,他说:"我期待已久的会议终于召开了,我非常荣幸能将各个阶层的代表请到这里来。虽然三级会议已经有很久没有召开了,但是我认为这种传统的会议能够为我们这个王国带来新的力量,它可以为这个国家开辟幸福的源泉。"但是这只是路易十六的客套话,他整篇讲话的主旨是向各个代表"哭穷",希望三个等级能倾囊相助,帮助政府解决财政难题,对于各个等级期待已久的政治改革却不置一词。

最后,路易十六希望三个等级能够和衷共济,共度时艰。即便各个等级代表对国王的讲话并不满意,还是给了他掌声。路易十六讲完之后,轮到掌玺大臣巴朗登致辞,他首先把路易十六吹捧了一番,然后便为三级会议"定调":各种决议必须经过三级会议自愿同意和国王的批准方能生效。同时这位掌玺大臣也为三级会议的议题画了一个圈——只能讨论税收问题、新闻出版问题,还有民法与刑法的改革问题,除此之外,一概不许讨论。

会议开完第一天,事实上就已经误入歧途,政府没有完全理解这次会议的重要性。政府身处困境之中,三个等级的代表是立法者,而非为路易十六敛财的经纪人。如果政府能够开诚布公地赋予这些代表们以真正的权利,也许会形成一种新的政治体制,避免血腥的革命。令人惋惜的是，政府不但没有一个改革的蓝图，也没有改革的诚意，包括路易十六在内的一些权贵头脑也一团糨糊。路易十六如果是一个行事果断的君主的话，也许情况会好一些，可是他完全在内克尔的改革派和王后玛丽·安托瓦内特的保守派之间摇摆不定。一些大臣希望在三个等级之间制造矛盾，他们最想看到的结果是三个等级之间内斗不已，只拿出钱来就可以了。

由于第三等级在人数上占据绝对优势，所以他们希望以人头计票，而第一等级和第二等级则要求按照等级计票——如果教士和贵族联手，就可以否决第三等级的任何议案。第三等级要求三个等级在一起开会，而教士和贵族则要求各自开会。虽然贵族和教士对国王也大为不满，但是此时他们却成为国王的暂时盟友，一起反对第三等级。

第三等级要求对代表的资格进行审查，却遭到其他两个等级的反对。这是因为如果共同审查资格，那么就要在一起开会，表决时按照人头计票，第三等级肯定占据上风。三级会议变成了资格审查的拉锯战，教士与贵族等级中有些人深受自由主义思想的影响，也坚持与第三等级一起开会。

在僵持之中，第三等级的力量得到壮大。6月17日，第三等级代表的资格审查完毕，在西哀士的建议下，第三等级成立了国民议会。第三等级自认为是法兰西人民的代表，由于第一、第二等级拒不参加资格审查，他们就无缘进入国民议会。到6月17日，三级会议实际上已经不复存在了。

革命前夜

1789年6月17日，国民议会成立之后，法兰西朝着革命迈出了重要的一步。国民议会很快便行使自己的权力，宣布立法权不可分割，既然第一、第二等级不愿意参加国民议会，那就将其排除在外。为了稳定局势，国民议会开会期间，暂停征收税赋，并且成立专门委员管理日用品，保证人民的需要。

形势的发展超出了权贵们的预料，那些贵族本想借机对国王施压，以获得更多的权力，没想到让第三等级捡了个漏子。虽然贵族与国王之间矛盾不断，但是他们都不打算废除等级制度。而如今第三等级的国民议会是要重新制定宪法，此举威胁到权贵们的利益，于是很多贵族又变成了国王的盟友。

路易十六是个优柔寡断的国王，他不辨好坏，什么话他都听。为了让内克尔的"忠言"远离路易十六，权贵们怂恿路易十六外出巡游。王公贵族们希望路易十六出来维持局面，以王权压制国民议会的行动。内克尔则希望国王作为各个等级之间的调解人，在增税问题上按照人头表决，在一些特殊问题

延伸阅读

《人权宣言》

1789年8月4日的革命，其成果集中体现在后来发表的《人权宣言》中。《人权宣言》借鉴了美国几个州的宪法文本，将平等、民主等内容都写了进去，第一条便是人生来就具有平等与自由的权利。昔日，美国的革命先贤从法国的启蒙思想家的著作中吸收营养，而如今法国人又从美国的宪法中寻找革命依据。大西洋对于革命中的法国和美国并不是一道天堑，而是一个思想交流的通道。

◆ 网球场宣誓

1789年6月20日，由于国王路易十六封闭国民议会会场，第三等级代表们在网球场集会，宣誓"不制定出新的法兰西宪法，绝不散会"。

上按照等级表决。内克尔希望在法国建立起类似英国的上议院与下议院的机构。在征税问题上由下议院说了算，但是这种折中的方案，谁都不会同意。国民议会自认为是法兰西人民的当然代表，一切大权皆应该出于此。而权贵们则将国民议会视为犯上作乱，希望国王出席国民议会，并且严词喝退这些代表。

两大阵营已经形成，国民议会以制定新宪法作为自己的使命，而权贵们则希望解散国民议会。6月20日，路易十六的掌玺大臣通知国民议会的主席巴伊，国民议会必须停止活动。国民议会的会场被军警包围，代表们义愤填膺，有人提议到网球场继续开会，这一提议得到了积极的响应，于是代表们排队进入网球场，有些士兵深受感动，甚至主动给代表们当起了卫兵。在一个空旷的网球场中，代表们宣誓："不制定出新的法兰西宪法，绝不散会！"

权贵们本想以此驱赶这些代表，没想到强硬的态度引起了更强烈的反感。后来路易十六赶赴国民议会的会场，发表了一通言辞强硬的演讲，并且命令国民议会就此解散，保留三级会议的形式。最后他威胁说，如果国民议会再"闹事儿"，国王将采取断然的措施。

路易十六的威严就随着他的异常"义正词严"的威吓而去了，国民议会的代表并不买路易十六的账，他们依然开会制宪。国王与国民议会之间的角力依然在进行，路易十六身边的人要求国王调集军队围剿这些不听话的代表。争斗慢慢超出了口水官司的范围，一场流血冲突正在酝酿之中。

7月11日，正在用早餐的内克尔接到了一纸免职令，他被路易十六撤职，并且被流放。内克尔平静地吃完早饭，便准备远走他乡。内克尔被免职并流放的消息在巴黎大街小巷传开，巴黎的民众开始骚动，第三等级的代表们走上街头，大声疾呼：如果国王得逞，巴黎将面临屠城。现在瑞士与德意志的士兵正在向巴黎开来，我们必须自救！经过这一煽动，人们群情激昂，四处寻找武器。

攻占巴士底狱

成千上万的百姓在巴黎城区游来荡去，这引起了当局极大的惊恐，后来这些人在一个军训场的地下室找到了上万支枪——有人提议进攻巴士底狱。这一提议得到了众人的支持。巴士底狱是专制统治的象征，路易十六登基之后，曾经建议将巴士底狱摧毁。当时巴士底狱只有7个犯人，但是有重兵把守。

上万人开始围攻这座堡垒，守城的官

兵不得不与这些激情四溢的群众谈判。在谈判的间隙,有人爬到城墙上将吊桥的绳索砍断,这些手持枪械的群众便蜂拥攻入这个堡垒之中。守城的将领虽然已经命令手下投降,但是已经失去理智的群众将这个将领一枪毙了——不听话的士兵被杀死,头颅被割下来。

当路易十六听到这一切的时候,他问自己的臣下:"这是一场叛乱吗?"有个大臣说:"不,陛下,这是一场革命。"

攻占巴士底狱,是法国大革命开始的标志,但是这场暴动并没有经过精心的组织,而是国王与国民议会之间矛盾与角力发展的结果。从这一天开始,权贵与国民议会之间和解的空间几乎不复存在。人们既然敢于将巴士底狱踏在脚下,就敢把那些贵族老爷也踏在脚下。国王,已经失去了昔日的尊严与威望。

废除封建特权

攻占巴士底狱的消息很快传遍了法国的各个角落,一时间,四处硝烟弥漫——农民们把领主的账本拿出来烧了,那些顽固抵抗的领主则被就地枪决。一直在开会的国民议会代表得知此事之后,精神振奋,心中也燃起了革命的热情。

国民议会派出几个代表团到国王那里,希望国王对此事做出解释。路易十六最后不得不到国民议会的会场予以澄清,并且保证将保卫巴黎的外国雇佣军撤出,说:"我是衷心地相信你们。"国王在国民议会面前低头了,国民议会接管了巴黎,任命议会主席巴伊为市长,美国独立战争时期的法国英雄拉法耶特侯爵为国民自卫军总司令。路易十六的让步得到了国民议会的认可,国王和议会之间的关系得到改善。

路易十六身边的阴谋家们害怕革命的大潮淹没他们,于是悄悄迁就国王。曾流放的内克尔又重新被召回,从布鲁塞尔到巴黎的路上,内克尔受到了热烈的欢迎。他本可以成为革命的领袖,但是回到巴黎之后,闻知那些武装起来的市民杀死了不少官员,便对革命产生了不满,最后成为革命的敌人。

国民议会已经成为法国的权力中心,代表们也斗志昂扬地要改变法国。1789年8月4日,代表们宣布废除所有的封建特权。此外各种行会、监工制度也被扫进垃圾堆。1789年8月4日是社会革命的开始,也是7月14日攻占巴士底狱的继续。到8月4日,法国的封建统治已经岌岌可危,初步的革命已经完成,权力在短短几个月内发生了根本的变化。

◆ 巴黎市民攻打巴士底狱

公元1754年—公元1793年

人物：路易十六 罗伯斯庇尔　地点：法国　关键词：审判 断头

路易十六的断头宣言

路易十六，也许是波旁家族最没有权力欲望的一个人，但又是最倒霉的一个人。他的祖先遗留给他的不是一个金光闪闪的国王宝座，而是一座熔岩涌动的活火山。这座活火山在路易十六坐上去的时候，恰好爆发了。路易十六也随着大革命的浪潮提前到了天国。

与议会和解

1791年9月，法国历史上第一部成文宪法颁布生效，国民议会完成了自己的历史使命，为国民立法议会所取代。议员的面目焕然一新，国民立法议会宣誓效忠于宪法。这部资产阶级宪法如果得以顺利推行的话，也许法国大革命就此而终结。

逃到瓦伦被拘捕回来的路易十六，显然对这部宪法并不满意，但是他也没有表现出反对的意思。法国宫廷与立法议会的关系也不和谐。当时，立法议会派出60人去觐见国王，但路易十六仅派了一个大臣会见这个代表团，这让新成立的立法议会颜面尽失。后路易十六亲自接见了代表团的团长，团长不冷不热地说："陛下，国民立法议会已经成立，特来通知您！"路易十六同样面无表情地说："最近比较忙，不能去你们那边！"

国民立法议会的这些议员们，对国王的傲慢大为不满。

◆ 断头台

在法国大革命期间，断头台是执行死刑的主要刑具。法国人民给它起个外号叫"寡妇"。断头台在法国一直使用到20世纪。1981年法国废除死刑，断头台才退出了历史舞台。

◆路易十六和臣子商议军事

对于路易十六而言,这是十分不利的。因为当时的权力已经从宫廷转移到议会那边去了。国王如果与议会为敌,那肯定没有什么好处——在议会中,要为国王特设一把御座式的扶手椅,同时要称呼国王为"陛下"或"主上"。但这些举措遭到了现在议员的反对。为此,双方弄得很僵。后来,路易十六不得不采取和解的态度,还对国民立法议会大加称赞。

在议会中,他向议员们谈到了法国在财政、军事、工业、贸易等领域中面临的困难,表示将动员军队,打击各种反革命的势力,保护法国的安全和尊严。最后,国王衷心希望与议会保持良好的合作关系——只有这样才能让法国摆脱困境,保证人民的各项权利。路易十六的一番演讲,博得了议员们热烈的掌声。瓦伦出逃造成的恶劣影响也一扫而光。

不干革命

不过,路易十六与议会的和谐与信任关系并没有持续多久。因为形势让路易十六没有太多的选择。法国虽然颁布了宪法,进行了方方面面的改革,但是缺少一个最重要的东西——安全。没有稳定的国内外环境,要进行政治、经济等方面的建设谈何容易。欧洲各国君主结成反法同盟,在法国边境陈设重兵,虎视眈眈地看着巴黎。除此之外,流

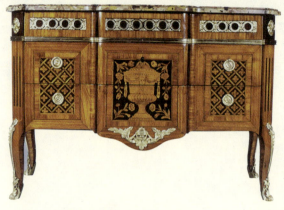

◆路易十六时期装饰精美的垃圾桶

亡的贵族和不宣誓的教士们，里应外合在国内制造种种叛乱。

在这种环境下，党派斗争愈演愈烈。而吉伦特派也崛起为议会中最具有影响力的党派——他们虽然不想颠覆政府，但竭尽全力支持革命，布里索是吉伦特派的代言人。吉伦特派在议会中属于中间派别，而那些与宫廷过从甚密的人被认为是保王派。

除了以上两派之外，还有激进的革命派——他们主张推翻君主，鼓动下层人民继续革命，建立新的政权。这一派以罗伯斯庇尔、丹东等人为代表——他们控制了雅各宾俱乐部，因此也被称为雅各宾派。

国外强邻环伺，国内叛乱迭起，党派斗争有增无减，法国要建立稳定的君主立宪政体难于上青天。面对国内外的紧张形势，议会通过了三条法令：第一，国王的弟弟必须在两个月之内返回法国，否则就剥夺其摄政权；第二，流亡在外的贵族，尤其是在法国边境集聚的贵族都有叛国的嫌疑。如果他们在1792年1月1日不解散的话，都按叛国罪判处死刑，财产充公；第三，拒不宣誓效忠宪法的教士们，必须举行公民宣誓，否则取消他们的薪水，并且将其视作叛乱嫌疑分子。如果继续顽抗，他们将受到严密监视。

议会的法令要经过国王的批准才能生效。于是议会便将这些法令交给路易十六审批。路易十六很爽快地批准了第一条。因为他也不想有个在境外惹是生非的弟弟威胁到他的王位。路易十六希望以他的声望呼吁这些贵族和教士服从国家利益，不要再做危害国家安危的事情。他不想对教士和贵族施行这么严苛的惩罚，所以一直拖延不批准法令的后两条。

民众对路易十六的拖延做法大为不满。但路易十六动员国内军队坚决保护法国的边境安全。这样，对外战争转移了人们的视线——路易十六身上的压力暂时得到缓解。1792年，路易十六对奥地利宣战，也博得了国人的高度赞扬。

不过，法国的对外战争进行得并不顺利——由于大量的军官已经叛逃，法国军队战斗力骤减，边境战争接连失败。此时，激进的革命派占据上风，要求法国转入战时体制，并且要求国王批准针对教士和流亡贵族的法令。路易十六沉默了几天之后，决定与革命决裂，不愿继续在革命的道路上前行。1792年6月13日，路易十六撤换了一些大臣，并且否决了议会的法令。

路易十六的举动惹怒了激进派，随着战争紧张进行，反王权的激进派占据上风，路易十六又摇身一变成为革命的敌人。

审判国王

1792年8月10日，巴黎民众发动了起义，将激进的雅各宾派推上了政治前沿。此外，令路易十六措手不及的是，保王派倒下了。而他自己也锒铛入狱。

此时，法国议会中的斗争丝毫不亚于战争——罗伯斯庇尔代表的雅各宾派要求处死国王，建立起完全的革命政权。而议会就如何处理路易十六这一问题，也展开了激烈的争论。

路易十六已经不仅仅是个失败的国王，已经变成一个政治符号，一个党派政治的风向标。可怜的路易十六身陷囹圄，没有几个人愿意为他辩护，不利于他的证据倒是接连出现。议会发现，路易十六在1791年的信件中写道：如果他再次当权，将恢复旧制度，恢复教士们的权利。他还希望各国联军尽快攻入法国，打击那些无法无天的革命分子。

各种各样的证据表明，路易十六一直策划反革命。但是毕竟他是一个国王，现行的法律并没有合适的条款给他定罪，也没有合适的法庭审判国王。有人认为，国王曾经是权力的象征，没有什么机构可以审判国王。

而今他已经不是国王了，只是一个普通的公民，既然犯了叛国罪就要交付法庭审判。

有人认为讨论在哪里审判路易十六是愚蠢的，因为根本不需要审判就可以直接处死。因为国王是敌人，现在需要打倒他，而不是审判他。罗伯斯庇尔支持这样的观点，认为路易十六是叛国贼、人民的罪人，必须予以处死。最后，国民公会成为审判路易十六的法庭。

1793年1月21日10点10分，路易十六在巴黎革命广场（今巴黎协和广场）被处决。临死之前他对着人群大喊："我是无罪而死的！我宽恕我的仇人们！"

同年10月，路易十六的王后玛丽·安托瓦内特也被斩首示众。

◆ **路易十六之死**

路易十六喜欢机械，也有一些自己的改造。有一次他发现断头台的刀是直的，觉得不合理，效率低，便改成三角形。但让他没有想到的是，数十年后，他却成了自己改造的最大"受益者"。

看得见的世界史·

公元1769年—公元1804年

◎ 人物：拿破仑·波拿巴 ◎ 地点：法国 ◎ 关键词：加冕称帝

拿破仑加冕称帝

雨果曾说："人类命运中这个人物的重量过分，搅乱了平衡。他个人计算着他比整个宇宙都要重要。人类的过剩精力都集中在他一个人的大脑中，一个人的头脑要决定全世界的命运，人类文明要延续的话，这将是一个致命的弱点。"这个人便是拿破仑。

科西嘉少年

从法国尼斯向南约170千米，地中海蔚蓝色的海水中，矗立着一座传说中因特洛伊王子科尔与提洛王后的孙女西嘉相爱而得名的岛屿——科西嘉岛。这座岛屿原本是意大利的属地。1768年，意大利国王将之转卖给了波旁王朝治下的法国。一年之后，1769年8月15日，岛屿西岸阿雅克肖城中没落的意大利旧贵族夏尔·波拿巴的次子，在略显寒碜的客厅里匆匆降生。喜悦的父亲像天下所有的父母一样，对这个新出生的孩子寄予了厚望，因此为他取名拿破仑·波拿巴，即"荒野雄狮"的意思。

科西嘉的易手，使岛上大部分居民一时难以适应新的国籍身份，因此岛上的很多居民产生了强烈的科西嘉独

◆ 青年时的拿破仑

◆ 拿破仑和妻子约瑟芬

约瑟芬是拿破仑的第一任妻子，拿破仑加冕的时候，她被册封为皇后。由于没有孩子，拿破仑最终于1809年和她离婚。

立主义情绪。无疑，这种情绪曾深深地影响了小拿破仑的成长。但是，夏尔·波拿巴显然是位务实主义者，他作为阿雅克肖城薪水微薄的"皇家法官"，时刻关注着政治的风向，以期随时掉转船舵，改善自己的地位和生活。1779年，年仅10岁的拿破仑就被迫按照父亲的安排，离开了从小一起嬉戏的伙伴和母亲温暖的怀抱，远赴法兰西布里埃纳军校——在这里他将要度过为期5年的军事学习生涯。

初到布里埃纳的拿破仑·波拿巴显得十分与众不同——他身材瘦小、单薄孱弱，操着浓重的科西嘉口音的法语，却又十分凶狠好斗，个性孤僻古怪，以致在同学中极少结交到朋友。但是这个少年老成的孩子在心中已有自己明确而清晰的主张——科西嘉民族主义的激情充满了他小小的胸膛，他的理想是要将科西嘉从法国的"奴役"下解放出来。纯真坚定的热情使这个少年有了足够的毅力，在布里埃纳的校园中汲取他所需要的一切知识营养。为此，他埋头苦读，沉溺于他最喜爱的历史中，如饥似渴地阅读——那些古代伟大的将军每每令他心潮澎湃。另外，他的数学和地理成绩也一样在同学中名列前茅。

1784年，15岁的拿破仑以优异的成绩从布里埃纳毕业，被巴黎高等军事学校录取，成了一名身穿银条纹袖口红色衣领军装的"军官候补生"，开始真正接触到军事生活。

新学校的生活异常严格而有序，完全按军事化管理。除了繁重的学习任务，学员还

要进行高强度的军事训练,这令拿破仑觉得难以忍受,因此他常常遭到教官的处罚。但是在其他学科的学习中,他是非常出类拔萃的,数学、防御工事构筑以及炮术成为他的长项。他对作战的天赋和爱好在此时初露端倪,以致教授这些科目的教官都不得不对他刮目相看。

1785年9月28日,他顺利地通过毕业考试,提前完成了学业。11月6日,穿着有银胸扣军装的拿破仑前往拉费尔炮兵团报到。作为法国皇家炮兵上尉,自此开始了他一生辉煌的军事生涯。

在炮火中成长

早期的军事生涯中,这位略带稚嫩的年轻军官并无太多建树,当时拿破仑还一心沉浸在科西嘉光荣独立的梦想中。为此,一有机会他就返回科西嘉,和故乡志同道合的爱国志士积极筹划科西嘉的自由和解放。

在军中服役期间,他依然保持着特立独行的性格,远离社交,把一切可能的时间用来阅读书籍,寻求救国之路。卢梭、孟德斯鸠、伏尔泰等启蒙运动巨擘的著作深深吸引了他,使他手不释卷。理性的光辉渐渐照亮了他一直过度狂热盲目的内心,社会契约论、主权在民等主张为他打开了另一片天地的大门,他开始用新的眼光看待科西嘉民族主义。拿破仑的信念在潜移默化中发生了改变,认识到科西嘉和所有法国人民的苦难

◆**阿尔克莱桥上的拿破仑**(安托万·让·格罗,法国)

1796年,画家格罗跟随拿破仑军队来到阿尔克莱,画下了拿破仑将三色旗插到阿尔克莱桥头上的这一场景。此画现藏于俄罗斯冬宫博物馆。

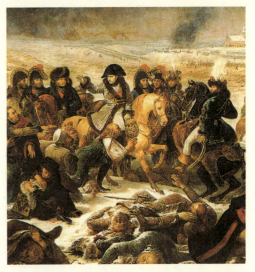

◆**埃劳战役中的拿破仑**

拿破仑和第四次反法同盟之间的一次重要的战役,1807年2月发生于东普鲁士境内。

来自于封建的专制制度,而非某一个国家或个人的统治。很快他就成了坚定的革命主义者,1789年法国大革命爆发后,曾热切地为之欢呼。1792年,拿破仑第三次返回科西嘉,与科西嘉分离主义者发生了武力冲突,彻底抛弃了科西嘉独立的想法。此后,拿破仑才完全把自己作为法国的一分子,开始积极参与到法国的历史中。

1793年,24岁的拿破仑临危受命,围攻保王党所控制的堡垒——土伦。这位年轻的炮兵少尉在战斗中第一次展现了他的军事才华,为这一役的胜利做出了不可忽视的贡献。为此,他被提升为少校营长,不久又擢升为准将,在军界崭露头角。

1795年,热月党督政府面对保王党新一轮的武装叛乱束手无策,便想到了拿破仑。拿破仑不负众望,很快用大炮击垮了保王党人,稳定了局势。作为奖励,督政府晋升他为陆军中将兼巴黎卫戍司令。拿

破仑在军界和政界中一夜成名,成了巴黎家喻户晓的大英雄。1796年3月2日,他又被任命为法国驻意大利方面军总司令;6日,拿破仑与情人约瑟芬·博阿尔内结婚,一时春风得意。

虽然拿破仑在意大利战场上以其出色的指挥技巧和英勇的战斗气概所向披靡,屡次击退奥地利和撒丁王国组成的第一次反法同盟的进攻,并最终迫使他们签订了议和条约,但督政府却在酝酿对付他的办法。因为随着拿破仑的声望日渐升高,督政府已经开始感受到一丝威胁。1798年,按照来自督政府的命令,拿破仑任东方远征军总司令,奉命离开土伦,远征地中海的埃及。

从执政官到皇帝

在埃及青尼罗河上,拿破仑遇到了首位令他在战场遭受挫折的敌手——英国海军上将纳尔逊将军。他不仅在尼罗河上摧毁了拿破仑的舰队,还将在未来更广阔的海面上给拿破仑更沉重的打击。面对海军主帅战死沙场,陆军受困,心情大为沮丧的拿破仑,把气全都出在了法老金字塔前巨大的狮身人面像身上——斯芬克斯的鼻子就是在此时被扭下的。

一次偶然的机会,拿破仑从一张过期的报纸上获悉法国本土内外交困,外部第二次反法同盟正在形成,内部保王党人再次集结。1799年11月,察觉到良机在即的拿破仑秘密返回法国,发动了"雾月

◆ **拿破仑一世加冕大典**

这是画家达维特记录的1804年12月2日,在巴黎圣母院隆重举行的国王加冕仪式的一幅油画杰作。为了巩固帝位,拿破仑极其傲慢地让罗马教皇庇护七世亲自来巴黎为他加冕,目的是借教皇在宗教上的巨大号召力,让法国人民以及欧洲人民承认他的"合法地位"。在加冕时,拿破仑拒绝跪在教皇前加冕。而是把皇冠夺过来自己戴上。然而达维特为避免这一事实,煞费苦心地选用了皇帝给皇后加冕的后半截场面。

第六章・殖民争霸

◆ 1799年11月10日，拿破仑把法国议会——元老院和五百人院全部解散，夺取了议会大权，并宣布成立执政府。图中描绘了拿破仑在五百人院（下议院）受到议员们的排挤。

政变"，将权力从督政府手中夺取过来，随即组织法兰西共和国执政府，并自任第一执政，成为实际的独裁者。

这位受到启蒙思想洗礼的执政官，终于有了机会能够施展自己的抱负，建立他心目中的理想王国。除了继续以军事行动巩固政权之外，拿破仑在国内进行了多项重大改革。其中最有意义、他最为自豪的是他组织编纂了《拿破仑法典》，以立法的形式最终保全了大革命初期的革命果实。他曾自述道："我的伟大不在于我曾经的胜利，滑铁卢一战已使它随风而去，我的伟大在于我的法典，它将永远庇护法兰西的人民享受自由。"

权力的叠加容易滋长个人的野心，独裁者拿破仑渐渐不再满足于第一执政十年任期的限制。1802年，参议院在他要求下进行了民意调查，最后修改了共和八年宪法，将执政官任期改为终身制，拿破仑距离王冠上的那颗钻石仅仅一步之遥了。

不论是出于真诚的追随，还是纯粹作为官僚阿谀奉承的本性，围绕在拿破仑周围的官员们很快察言观色，明白了拿破仑这位无冕之王的意图。1804年4月30日，议员巨雷向保民院上了一份奏章，建议将共和国改为帝国。5月3日，参议院议长康巴塞雷斯率领全体议员宣读请愿书，恳求拿破仑接受人民的请求，为保护法国人民永远的自由而成为他们的国王。这正中拿破仑下怀，他稍微推辞之后便欣然应允。15天之后，参议院便正式批准了新的宪法，拿破仑从法律上成了法兰西第一帝国的皇帝。

作为欧洲的传统，而且为了给皇冠加上更加神圣的光环，拿破仑极为礼貌地邀请教廷教皇庇护七世前往巴黎为他加冕。教皇感到极大的震动和愤怒——那个小个子的法兰西新皇帝竟然破坏规矩要教皇屈尊就驾。但是在枪炮的威慑下，庇护七世只能忍气吞声，满足拿破仑所有的要求。1804年12月2日，教皇登上巴黎圣母院的祭台，冗长复杂的仪式过后，准备将皇冠戴到拿破仑的头上。没想到，早已经等得不耐烦的皇帝伸手接过了皇冠，亲自戴到自己头上，然后又把一顶小皇冠戴到皇后约瑟芬的头上。在人们的欢呼声中，法兰西第一帝国皇帝为自己进行了神圣的加冕。

重回帝制下的法国，将在这位35岁皇帝的率领下横扫欧洲大陆，整个欧洲旧世界的秩序将被这个新帝国搅得地覆天翻。欧洲历史又掀开了新的一页。

◆ 称帝时的拿破仑（安德烈·阿比阿尼，意大利）

公元1805年10月

◎人物：拿破仑 纳尔逊　◎地点：西班牙　◎关键词：海战

特拉法尔加海战

无论从哪一方面来说，特拉法尔加海战都是一个值得记忆的会战，对于历史有着广泛的影响——它把拿破仑征服英国的梦想完全击碎了。一百年来的英法海上争霸战，从此告一段落。英国从此成为一个海洋帝国。

拿破仑的心事

自1799年上台以来，拿破仑率铁骑横扫欧洲，罕遇敌手。欧洲大陆上的反法分子被收拾得服服帖帖。但对这位马上皇帝而言，欧洲大陆上的无往不利并不能使他完全满足并高枕无忧——在他的心中，隔海相望的英国才是心腹大患。不把英国彻底打垮，拿破仑很难使自己的内心平静下来。更为可气的是，英国凭借着自己强大的海军优势耀武扬威，对法国实行海上封锁——法国海军虽然控制了欧洲的一些主要海港，但在他的外围始终盘桓着英国海军，法兰西的海外贸易已经开始捉襟见肘。

内心的焦虑和英国的咄咄逼人，激发了拿破仑的斗志，他开始了自上台以来最大规模的备战。法国西部海岸的布伦港日夜开工，军舰、运输船、驳船和所有渡海所需的一切，奇迹般地在数以万计的工人手中被制造出来。到1805年，法国已经拥有103艘战列舰、55艘巡洋舰。拿破仑自信地说："只要3天大雾，伦敦、英国议

◆ 英国海军上将纳尔逊画像

纳尔逊在拿破仑时代造就了英国海军的辉煌，被誉为"英国皇家海军之魂"。

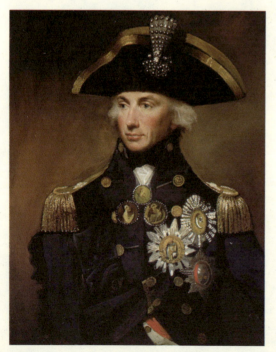

第六章·殖民争霸

◆ 交战中的英法舰队

1805年10月21日拂晓，英法双方打响了著名的特拉法尔加海战。参战的英国舰队有27艘战舰，法西联合舰队有33艘战舰。

会和英格兰银行都将纳入我的囊中。"

英国毫不示弱——征召59万人入伍，240艘现役战舰、317艘巡洋舰的庞大规模列阵以待。另一方面，它大搞"英镑外交"，纠集俄国和奥地利重组反法联合战线——第三次反法同盟。不过，稍令拿破仑安慰的是，这次西班牙与荷兰则把赌注压在了法国一边，把海军指挥权放心地交在了拿破仑的手上。法兰西第一帝国皇帝开始运筹帷幄。

游戏大西洋

1805年1月11日，按照拿破仑的调虎离山之计，米西塞和维尔纳夫先后共率法国海军和西班牙海军的16艘战列舰和13艘巡洋舰，从土伦港出发，突破英军海上防线，驶向浩瀚的大西洋。一场大西洋上的追逐游戏自此拉开帷幕。游戏的主角是英国海军统帅纳尔逊和刚刚出发的法军将领维尔纳夫。

维尔纳夫刚一出发，纳尔逊随风而动。不过由于判断失误，当维尔纳夫已经因突起的风暴返航时，纳尔逊却枉费了将近一个月的时间误追到了埃及的亚历山大港。

3月30日，维尔纳夫再次起航，这次有西班牙船舰随行。行程虽然缓慢，但还是于4月上旬顺利到达西印度群岛。纳尔逊重复了上次的错误，径直追往埃及，行至直布罗陀海峡才幡然醒悟，立刻掉转船头，横穿大西洋。

到达了目的地的维尔纳夫，没发现按原定计划先他到达的米西塞的踪影，于是在6

◆ 纳尔逊之死（本杰明·韦斯特，英国）

1805年，纳尔逊在特拉法尔加海战中击溃了法国和西班牙的联合舰队，但不幸中弹，不久便离开了人世。画面描写的是纳尔逊躺在血泊中的场景。此画现藏于英国沃克艺术画廊。

月匆匆返回欧洲。纳尔逊闻讯转身再赶，7月10日到达地中海。两个人犹如猫捉老鼠一样，6个月中在浩瀚的大西洋上来回穿梭，丝毫没有战火的硝烟气息。

海上交锋

9月29日，纳尔逊将军做好了对法作战的战略计划，将舰队一分为三：一队由他亲自率领攻敌要害，拦腰切断法军舰队，使其首尾分离；另一队由柯林伍德率领攻击法军后卫部队；最后一支则作为预备队，突袭法军指挥舰，打乱法军秩序，陷法军于分离之中，最后逐个歼灭。各舰长闻言摩拳擦掌，时刻待命。

此时，困守在加的斯港、被拿破仑称为"可怜的"维尔纳夫的境况非常糟糕——士兵贫病交加，军中金库入不敷出。维尔纳夫决定背水一战。

10月20日，天色刚亮，游弋在直布罗陀海峡的纳尔逊发现了维尔纳夫企图突围而出的舰队。但纳尔逊没动声色，暗中追踪。21日拂晓，维尔纳夫舰队完全进入纳尔逊布置下的战略包围圈——特拉法尔加海域。但从11时到下午3时，柯林伍德的舰只陆续投入战斗，以围攻的方式接连歼灭或俘获法西联合舰队的"圣安拉"号、"弗高克斯"号、"贝里岛"号等舰只。而西班牙海军将军格拉维拉也受重伤。

此后，纳尔逊亲自坐镇"胜利"号军舰，与对方厮杀，并最终在"布森陶尔"号上发现了法军总司令的军旗——双方进行激烈交火，损失惨重。经过一番"肉搏战"之后，英国舰队最终取得了这场战斗的胜利。

但不幸的是，纳尔逊将军在战斗中被流弹打中胸部，光荣殉职。

战斗结束了，鲜血染红了海面，燃烧的船舰冒出滚滚浓烟。法西联合舰队惨败，而英国舰只损失甚小——纳尔逊的生命不仅为英国赢得了一场以少胜多的战役，更为英国赢得了一个稳固的海洋帝国。

公元1812年5月—12月

人物：拿破仑 库图佐夫　地点：俄罗斯　关键词：败走莫斯科

碎梦莫斯科

T.A.道奇在《伟大的将军们》中曾说："无论在西班牙还是俄罗斯，拿破仑的战略，就纸上谈兵而论都是完美无缺的。但是他的后勤工作却缺乏保障作战胜利的性质。"结果，这句话在莫斯科得到了最好的验证。

◆拿破仑画像（安格尔，法国）
拿破仑在土伦战役中一战成名，从一个普通的军官一跃成为众人瞩目的风云人物。但在莫斯科战役中吃尽了苦头。

求婚失败

1809年，拿破仑在欧洲的事业几乎达到了顶峰。面对如此骄人的成就，拿破仑不禁志得意满。然而美中不足的是，他虽然深爱着他的皇后约瑟芬，但约瑟芬却没有生育能力，无法为他生下一位能够继承法兰西第一帝国的王子。因此，拿破仑最终与约瑟芬以离婚收场。

重新恢复单身的拿破仑将再结良缘的愿望，寄托到了俄国沙皇亚历山大的妹妹安娜·巴夫洛夫娜公主身上。他相信年轻美丽的巴夫洛夫娜公主一定能为他生下一位男性继承人，而且这桩政治联姻还会将欧洲两个最强大的国家紧密地联系在一起，成为欧洲名副其实的霸主。没想到门第之见极高的沙皇根本瞧不起这个科西嘉走出来的小个子平民皇帝，对拿破仑的求婚断然拒绝。

拿破仑骄傲的自尊心受到了极大的挑战，胸中怒火熊熊燃起——他愤然撕碎曾与沙皇就波兰问题达成的协议，支持波兰复国。而沙皇则针锋相对，对英国开放波罗的海沿岸港口——破坏了拿破仑精心组织的"大陆封锁体系"，还对来自法国的货物征收重税。在拿破仑眼里这种行为无异于公然挑衅，而他所要做出的回应，除了战争外，绝无他选。

◆ 库图佐夫和俄军将领们

库图佐夫的战略特点是：行动坚决，力争全歼敌人，作战形式多样，机动广泛大胆，并考虑取胜的实际可能。他是胜利的伟大的组织者，善于及时准备好消灭敌人所需的一切条件，全力以赴达到主要目的。

大军出征

1811年8月，拿破仑将所有高级将领召集到宫中，研究对俄作战方案，并开始战前筹备工作。但在热战之前，双方先展开了一场外交竞赛。1812年2月24日，普鲁士在拿破仑软硬兼施下，同意派出2万人随他出征俄国，允许法国军队过境，并供应一部分粮草。3月14日，拿破仑利用姻亲关系又获得了来自奥地利的支持。而俄国沙皇则以挪威为诱饵，将瑞典拉拢到了自己身旁——双方壁垒森然，各自严阵以待，箭已经在弦上。

1812年5月9日凌晨，拿破仑踌躇满志地宣布大军东进。而这支名副其实的庞大军队足有50多万人——包括拿破仑的精锐部队20万人，来自奥地利和普鲁士的5万人，另外还有来自莱茵联邦的14.7万德意志军队，8万意大利军队，6万波兰军队以及荷兰、瑞士、西班牙、葡萄牙等国派出的军队。60万大军犹如一股巨浪般向东涌去。

如入无人之境

1812年6月23日，法国大军来到涅曼河河畔并顺利渡河。初入俄境，拿破仑命令部队保持高度警惕，随时准备迎接突然而来的战斗。但一连几天，行军路上都静悄悄的，除了荒漠、衰草和树林之外，连一个俄国人的影子都没发现。从6月底一直到8月中旬，法军如入无人之境，几乎没遇一兵一卒的抵抗便踏过了千里沃野。

但他的军队内部却出现了问题——一方面，草原上炎热的天气，极大地消耗了战士的体力。因抵抗力下降而引发的疾病，已经夺走了一些人的性命。另一方面，50多万人的饮食

◆ 莫斯科郊外的战斗

虽然法军以凌厉的攻势兵临莫斯科。库图佐夫坚壁清野，在严寒到来的时候，迫使法军溃败莫斯科城下。

供应在部队开拔后不久就发生困难。拿破仑本以为进入俄国后，可以就地补给，没想到不仅俄国军队不见踪影，连俄国人也踪迹皆无，空荡荡的村落没有一颗粮食。

8月16日清晨，攻城的号角吹响。17日，斯摩棱斯克被攻陷。不过俄军撤走之前，放火烧了城内所有物资，法军将士的生命换到的不过是一片焦土。而经过之前的消耗和这一役的损失，法军的50多万人已经剩下了30万人。

空城莫斯科

长久以来独断专行的法国皇帝，虽然意识到了危险，却仍然一意孤行——在补给越来越困难的情况下，仍命令剩余的部队继续向莫斯科推进。9月7日，法俄两国大军在莫斯科以西124千米处的博罗季诺遭遇——博罗季诺是通往莫斯科的咽喉要道，法俄双方在此展开激战。

拿破仑动用了将近13万兵力、600门大炮发起猛烈攻击。而俄军总司令库图佐夫指挥20万俄军奋起反抗。拿破仑亲自指挥进攻，趁机占据了俄军阵地——法国付出了47名将军和近4万名士兵伤亡的惨重代价，但拿破仑终于拿到了通往莫斯科的"钥匙"。

9月15日，拿破仑骑在马背上率领法军浩浩荡荡开进莫斯科城。可斯摩棱斯克那一幕又重演——莫斯科城中一片寂静，城内空空如野。更糟糕的是，一场不知从何而起的大火将莫斯科笼罩在一片火海之中。大火借着初起的秋风烧了三天三夜。大火熄灭之后，莫斯科到处都是碎瓦焦砾。

大火烧毁了房屋，士兵们没有营房可以遮挡深夜刺骨的秋风，只能瑟瑟发抖地拥挤着睡在残垣断壁或者冰凉的地窖里。因俄军撤走时带走了所有的粮食，半个月之后，法国士兵就断炊了。

一溃千里

进入10月，秋天最后一缕温暖的阳光即将洒尽，严寒的冬天一步步逼近——这样的天气比俄国大军更令拿破仑坐立不安。万般无奈下，拿破仑秘密派信使向亚历山大沙皇委婉表达了言和之意。但沙皇在库图佐夫的建议下对拿破仑的请求不置可否，以此拖延时间。面对越来越严峻的形势，这位在战场上从不退缩的皇帝终于低下了高傲的头颅，决定撤退。

10月19日，曾浩浩荡荡开进莫斯科城的法军，垂头丧气地走了出来——拿破仑希望在严冬到来之前，能够率领仅剩的11.5万人赶到立陶宛过冬。溃不成军的法国将士们无精打采地从波洛夫斯克经维列亚、莫日艾克斯、多洛哥布什向斯摩棱斯克撤退，一路上烧杀抢掠，与强盗无异。

1812年10月30日，斯摩棱斯克城已经遥遥在望。可是随着法军的到来，另外一位不速之客也同时抵达了——往年12月才到的寒冬在1812年11月初，提前降临了。11月6日，乌克兰原野上刮起了第一场暴风雪。鹅毛大雪似乎将整个世界都覆盖了起来，也将大批从战火中幸存下来但衣衫单薄的法国士兵，永远地埋在了俄罗斯的土地上。暴风雪过后，法军11.5万人只剩下了5万人。

到达斯摩棱斯克还未来得及休整，俄军就赶了上来。又饿又冻的法军急忙继续向西逃跑。可是饥饿和严寒彻底打倒了法国军队——1.4万名官兵在撤退的路上倒下去之后，就再也没有站起来。11月14日，再次清点人数后，法军仅剩3.6万人。

11月28日，法军撤到明斯克附近的列津纳河渡口，但此时俄军已经从三面包围过来。密集的炮火袭来，法军死伤无数。为保全主力，拿破仑下令炸桥——桥那边1.4万法军被俘或战死。剩余的法军拼命向涅曼河逃去，但寒冷的天气每天都在夺走数十甚至上百名法国将士的生命。

12月12日，拿破仑远征俄国的伟大设想，最后以2万多名赢弱不堪的法军，狼狈地从涅曼河的冰层上逃离而告终。

俄国的大风雪不仅断送了拿破仑征服俄国的美梦，使拿破仑从此一蹶不振，也断送了他在欧洲如日中天的帝国。至此，法兰西第一帝国走上了无法避免的毁灭之路。

◆ **拿破仑败走莫斯科**

莫斯科一战，让拿破仑威名扫地。莫斯科的大火烧掉了拿破仑的梦想，莫斯科的冰天雪地让拿破仑精锐尽失。

公元1815年6月

人物：拿破仑 威灵顿　**地点**：比利时　**关键词**：兵败滑铁卢

兵败滑铁卢

折戟莫斯科后，拿破仑元气大伤。但"雄狮"并非俗物，不久便得到了恢复。此时，拿破仑蓄势待发，想找回当初的辉煌。但让他没有想到的是，接下来的几次尝试让他彻底走向了灭亡——莱比锡惨败，巴黎失陷，自己被囚禁小岛等。而最后的兵败滑铁卢，更让他的辉煌成为了历史。

东山再起

经过一系列战争，获得胜利的反法联军，在维也纳举行了"胜利者的聚会"。此时，人们似乎忘记了那个被幽禁在地中海的逊位皇帝曾带给他们的惊惶和不安，完全沉浸在杯中的美酒和分割那个覆灭帝国的快感和争吵中。

1815年初，维也纳的代表们因分赃问题剑拔弩张、刀枪相向。法国复辟的波旁王朝倒行逆施引来百姓的怨声载道，人们开始深深怀念起拿破仑皇帝在位时法国的光荣和辉煌。

时机已经成熟，拿破仑决定行动。1815年3月1日，经过三天三夜的航行，巧妙地躲过波旁王室布置在海面上的监视军舰，拿破仑与1000多名贴身侍卫神奇地出现在法国南岸的如昂湾。双脚重新踏上法国土地的皇帝难以掩饰心中的激动，他慷慨激昂的演说再一次响起："士兵们，我们并未失败！我时刻在倾听着你们的声音，为我们的今天，

◆ 威灵顿铜像

有"铁公爵"之称的威灵顿，先在维多利亚战役中崭露头角，后在滑铁卢战役中功成名就、煊赫一时。

第六章・殖民争霸

◆滑铁卢战役中的英国重骑兵（伊丽莎白·汤普森，英国）

我历经重重艰辛！现在，此时此刻，我终于又回到了你们中间。来吧，让我们并肩战斗！胜利属于你们，荣誉属于你们！高举起大鹰旗帜，去推翻波旁王朝，争取我们的自由和幸福吧！"聆听的士兵和群众中爆发出欢呼声，人们满怀豪情向巴黎进发。

进军出奇顺利，愚蠢的波旁王朝派出的阻击部队大多是拿破仑旧部，阻击对他们来说反倒成了前去归服旧主的堂皇借口。3月12日，拿破仑兵不血刃进入巴黎，大势已去的路易十八狼狈逃窜。3月19日，拿破仑再次登上帝位，万民欢腾。

第七次反法同盟

3月25日，英、俄、普、奥、意、荷、比等国拼凑起70万大军，重建反法同盟——威灵顿将军指挥着一支英国军队从北边向法国进军；布吕歇尔元帅率12万普鲁士军、携300门大炮在沙罗瓦和列日之间集结；施瓦尔岑贝格作为奥地利元帅在莱茵河畔整装待发；另外还有俄国军团也正带着枪炮穿越德国向巴黎而来。

只有20万军队的拿破仑已经意识到了被合围的危险。6月16日，拿破仑指挥法军在林尼击败了布吕歇尔率领的普军。普军被迫向比利时中部的布鲁塞尔撤退。首战告捷的拿破仑决心以闪电战术，接着进攻威灵顿指挥的部队。17日，拿破仑兵临比利时小镇滑铁卢，与在伊比利亚半岛中挫败法军的英国将军威灵顿正面相对。

小镇滑铁卢

与欧洲任何一处小镇毫无二致的滑铁卢位于布鲁塞尔南大约20千米处，从这个小镇再向南2.5千米有一片丘陵地带——它的纵深

◆ 硝烟弥漫的滑铁卢战场

如果说莫斯科之战成就了库图佐夫，那么滑铁卢战场则成就了威灵顿。拿破仑的命运最终为这两员名将所左右。

大约3千米，最宽处约6千米。然而就是这片清幽、安宁的狭窄土地，即将上演欧洲历史上最为重要的一场战争，并且滑铁卢也因此被载入史册，成为人们耳熟能详的名字。

此时，以防守见长的威灵顿已经占据高地，筑城而守。英军兵力为：步兵4.9万多人，骑兵1.2万多人，炮兵5000多人，火炮156门。

经过严密部署，反复斟酌过作战方案，拿破仑麾下的法军也严阵以待，随时准备战斗。法军兵力为：步兵8.4万多人，骑兵1.5万多人，炮兵7000多人，火炮246门。

平庸的元帅

对作战计划充满信心的拿破仑只有一个担忧，那就是布吕歇尔的普鲁士军队虽然被击溃，但是其主力依然保存完整，倘若他与英军会合，那么法军无疑将面临巨大的危险。

随后，一向将"集中"奉为作战要诀的拿破仑做出一个决定——6月17日上午11时，他命令格鲁希率领3.4万名法军去追击去向不明的普鲁士军队，务必保持普军与英军的隔绝状态，确保拿破仑向英军进攻时，威灵顿军队无法得到布吕歇尔军队的驰援。

被委以重任的格鲁希元帅颇为踌躇地接受了这个命令。虽然从军20多年对拿破仑忠心耿耿，但这并不能保证他能成为一名优秀

地。在炮火的掩护下，内伊率领步兵发起冲锋。但是威灵顿的防御十分坚固，直到下午1时也没有被突破。山坡上躺满了牺牲士兵的尸体，法军的数次冲锋除了消耗了彼此力量之外，没有一点进展。双方都将希望寄托在能够及时赶来的援军身上。

威灵顿盼望着布吕歇尔，而拿破仑在得知了普军的前卫已经接近滑铁卢后，立刻向格鲁希传信，命令他赶来增援。此刻的格鲁希距离滑铁卢只有行军两个小时的距离，滑铁卢响彻云霄的炮声他已经清晰地听到。他的副司令认为应该立刻赶到战场上与拿破仑会合，但习惯于唯命是从的格鲁希怀抱着拿破仑让他追击普军的命令犹豫不决。他不知道正是他的犹疑以及泥泞的道路断送掉了拿破仑的滑铁卢之役，也彻底断送掉了拿破仑的再次崛起。而此时已经接近下午5时，法军又向威灵顿阵地发起了几次攻击。战斗几近白热化，激烈的肉搏战增加了双方的伤亡数量。而山穷水尽中唯一的希望只在于布吕歇尔或格鲁希谁的救援最先来到。

下午6时30分，法军右翼忽然枪声大作，拿破仑悬着的心终于放了下来。他坚信这是格鲁希率领的军队赶到了。但是他错了，从树林中冲出来的人群却穿着普鲁士军队的服装——原来布吕歇尔最终在格鲁希之前赶到了战场。得到援助的威灵顿精神大振，立刻发出了全线反击的信号。法军腹背受敌，全面溃退。转眼之间，胜败分晓，拿破仑裹挟在逃散的人流中败走滑铁卢。

至此，拿破仑帝国彻底陨灭，所有辉煌和光荣也都将随着他的离世消散在深暗的历史之中，只留下"滑铁卢"成为人们给失败寻找的一个代名词。

的将军。天资平庸的格鲁希不过是一个老实可靠、循规蹈矩的老兵，是漫长的时间才使他逐渐升到了元帅的高位。

拿破仑衡量再三，无奈中将这个重任放在格鲁希肩上。因为莱比锡战役中经历过部下叛变的拿破仑，至少能确信格鲁希对他是忠诚的。

兵败滑铁卢

6月18日上午，又是一个阴雨绵绵的天气，身穿灰色大衣的皇帝在雨中最后一次检阅部队。"皇帝万岁"的高呼声再次响起，激情感染了每一个即将参加战斗的士兵，皇帝的心中更是充满了信心。上午11时，拿破仑下达了作战命令，战斗打响。法军80门大炮齐发，炮弹如雨点一样同时落向英军阵

公元1830年7月26日

人物：路易十八 查理十世　　**地点**：法国　　**关键词**：光荣革命

法国七月革命

法国七月革命宣言中说："巴黎人，你们一向是最顽强、果敢的勇士。过去你们不但发动了我国的光荣革命，而且一再支援革命。今天你们又正在巩固革命的成果……近40年来，再没有比昨天更为美好的日子了。在其他任何民族的历史上也找不出像这样的一天……继续坚持战斗吧！你们的胜利一定会得到保证的。"

1814年宪章

莱比锡一役将法兰西第一帝国拖到了崩溃的边缘，曾深得拿破仑皇帝宠信的外交大臣塔列昂，悄悄与反法同盟站到了一起。1814年5月3日，在他的一手策划下，流亡20多年的路易十八回到巴黎，"正统主义原则"下的波旁王朝复辟。但饱经忧患的路易十八已不得不向法国的新形势、新体制妥协，接受现实。6月4日，路易十八颁布了名称为"宪章"的新宪法，史称《1814年宪章》。

根据《1814年宪章》规定，自由、平等被承认为普遍原则，财产权不可侵犯。法国为君主立宪制国家，议会分为贵族院和众议院，拥有制定和修改法律、审核预算等权力。选举和被选举权有严格的财产资格限制。国家司法独立，大法官任期终身制。

《1814年宪章》成为议会维护资产阶级利益而与王权斗争的武器。但它又规定国王至高无上。这样就使复辟的波旁王朝的君主们再度陷入"君权神授"的美梦中，不断企图恢复他们理想中的纯粹的

◆ 路易十八画像

法国国王，路易十五之孙，被送上断头台的路易十六的弟弟，法国波旁王朝复辟后的第一个国王。

◆ 油画《自由引导人民》

作品反映了1830年革命,是德拉克洛瓦最具有浪漫主义色彩的作品之一。画家以奔放的画风和热情再现了法国1830年七月革命的激荡岁月,歌颂了这次由工人、小资产阶级和知识分子参加的革命运动的伟大。

旧波旁的"正统"统治。

查理十世

1824年,路易十八带着遗憾去世——他实行"合法的白色恐怖",妄图恢复传统君主专制的努力,反而催生出"无双议会"与他抗衡。67岁的阿图瓦伯爵继承了兄长路易十八的王位,称查理十世。同时他也继承了路易十八未竟的愿望,开始变本加厉地推行反动政策,加大反攻倒算的步伐。他信誓旦旦地宣称"宁可去砍树谋生,也决不像英国国王那样统治"。

1825年4月27日,查理十世勾结议会中君主派通过的《赔偿亡命者10亿法郎的法令》,公然违背《1814年宪章》原则赔偿大革命中逃亡贵族的财产损失。随后查理十世又颁布保护天主教的条例;修改出版法,严格出版检查以钳民口;解散与他抗争的众议院,任命对他俯首帖耳的新贵族议员。顶着国王政府的压力,资产阶级以议会为基地与查理十世的斗争越来越激烈,政治危机不断加深。

◆巴黎街头的战斗

法国的不幸接踵而来，1825年，英国引发的经济危机波及法国，先是金融业受到严重打击，然后工业生产持续下降。一波未平一波又起，1826年到1829年农业危机又席卷整个法国，土豆、谷物产量严重下滑，人民生活日益困苦，从未减少过的苛捐杂税更使人们怨声载道。各种危机交织在一起，空气中弥漫着动荡不安的气息。

七月敕令

议会的反抗令查理十世非常气恼，他无视已经十分严峻的社会危机，继续实施高压政策。而忍无可忍的议会决定进行坚决的反击。1830年3月18日，议会草拟了一份向国王递交的《致辞》，然后以221票同意通过，史称《221人致辞》——强烈要求"陛下政府的观点要永远符合陛下人民的愿望，《宪章》把这作为公众事务正常进行的必要条件"。

恼羞成怒的查理十世再次解散议会，但选举产生的新议会中，反对派依然牢牢地占据着大多数。束手无策又于心不甘的国王不惜孤注一掷。7月25日，王宫中连续传递出来四项敕令：第一项敕令取消出版自由，任何报刊和20印张以下的出版物都应事先获得批准；第二项敕令宣布新的选举无效，解散新议会；第三项敕令实行新的选举法，众议院只由1/4纳税最多者组成的郡选民团选举，选举资格以纳税额计算，规定只计算土地税、动产税等，营业税和门窗税不再计算在内；第四项敕令规定9月6日和13日召集选区和郡的选民团，9月28日两院开会。这四道敕令被称为《七月敕令》。查理十世想以此压抑反对派，加强君主专制权力。最后，大部分中产阶级因此失去了选举权，矛盾因此尖锐化，酝酿在人民心中的怒火眼看一触即发。

光荣的三天

革命爆发之前，对国王还抱有一线希望的资产阶级，还是希望通过合法手段进行斗争。7月26日，在巴黎市政厅开会的工商业主，决定第二天罢工罢市表达对国王的抗议。《国民报》编辑部决定继续印刷报纸、起草抗议书作为对《七月敕令》的直接回击。傍晚，一些印刷工人和学生聚集到罗亚尔宫周围，高喊反对政府倒行逆施的口号，揭开了法国历史上七月革命的序幕。革命持续了3天，被称为"光荣的3天"。

27日，部分工厂、商铺停止开工和营

业、罢工罢课的工人、学生走上街头游行示威。群情激愤的人们捣毁王室徽章的标志，抢夺武器，并在街道上筑起街垒。查理十世命令部队进行镇压，很快冲突演变为起义。

28日，革命开始向大规模发展。老兵、原国民自卫军战士加入到工人和学生的队伍中来，聚集到一起的群众最多时达8万多人。满怀激愤的起义群众筑起了一道道由石块、推倒的马车、家具及砍倒的树木构成的街垒。在巴黎圣母院上插起了三色旗，与国王的白色旗遥遥对峙。"打倒波旁王朝""自由万岁""共和国万岁"的呼声回荡在巴黎上空。马尔蒙元帅率领的国王军队对起义群众进行镇压，但是被革命者感染的部队却纷纷倒戈，纷纷站到了起义群众的一边。29日，人们向罗浮宫和杜伊勒里宫发起攻击。国王军队一触即溃。中午刚过，巴黎就完全掌握在革命者手中。同时，外省的起义也传来捷报。3天的七月革命取得了胜利，但是付出了700名群众的生命。

七月王朝

付出了鲜血和生命的人民群众，强烈要求成立共和国，但是担忧革命再次引起社会大动荡的资产阶级却另有打算。人民在浴血奋战时，他们秘密聚集在一起商议如何防止革命继续向前发展。28日，从外省赶来的议员拉菲特和拉法耶特主张召奥尔良公爵回巴黎摄政。29日，聚集在拉菲特家里的众议员们决定抢在起义者之前，组织市政委员会，并成立以拉法耶特为司令的国民自卫军。革命的胜利果实被资产阶级摘取。

7月31日，奥尔良公爵路易·菲利浦手举三色旗出现在王宫阳台上，拉法耶特代表议会正式授予他"摄政官"的职位。8月7日，议会两院联席会议通过了《1830年宪章》，宣布路易·菲利浦为国王，代表大金融资产阶级的"七月王朝"正式建立起来。

◆ 路易·菲利浦进入皇宫

路易·菲利浦是法国的最后一位国王。七月革命将他扶上了台，让法国进入了"七月王朝"时代。

公元1861年—公元1865年

人物：林肯 格兰特　**地点**：美国　**关键词**：解放黑人奴隶宣言

美国内战的白与黑

马克思曾说："当前南部与北部之间的斗争不是别的，而是两种社会制度，即奴隶制度与自由劳动制度之间的斗争。这个斗争之所以爆发，是因为这两种制度再也不能在北美大陆上一起和平相处。它只能以其中的一个制度的胜利而结束。"

汤姆叔叔的小屋

17世纪，欧洲的思想启蒙运动提出了人生而自由、平等的口号，一大批启蒙思想家们对奴隶贸易提出了尖锐的批评——反对奴隶贸易和废除奴隶制度的呼声交织在一起，渐渐形成了波澜壮阔的废奴浪潮。

这场浪潮也同样席卷到了曾洒满黑奴血汗的北美新国家——美利坚合众国。19世纪20年代，美国民间开始出现自发的废奴运动组织。1827年，美国已经出现了143个地方废奴团体。1833年，在费城成立了第一个全国性反对奴隶制度协会，废奴运动越来越激烈。1852年，身材矮小的比彻·斯托夫人出版了被林肯称为"酿成了伟大的胜利"的小说《汤姆叔叔的小屋》。这本带着伤感的小说真切地描绘了黑人的悲惨境遇。此书出版之后，立刻感染了心地善良的人们，

◆《汤姆叔叔的小屋》封面

作品又译作《黑奴吁天录》，是美国作家哈里特·比彻·斯托（斯托夫人）于1852年发表的一部反奴隶制小说。这部小说中关于非裔美国人与美国奴隶制度的观点曾产生过意义深远的影响，并在某种程度上激化了美国内战的局部冲突。

◆ 美国内战中的牛山战役。这一战役中,菲利普·卡尼将军中弹身亡。

一股更高的废奴浪潮被掀起来。1859年,约翰·布朗在弗吉尼亚的哈普斯渡口举行起义,更是将民间的废奴运动推向高潮。

黑白南北

1787年5月,美国13个州的代表在费城召开会议,制定了世界上第一部成文宪法。经过反复斗争和妥协,1789年所有州议会最终一致通过,修正后的宪法才得以生效。宪法虽然确认了三权分立、代议政府等资产阶级民主原则,但同时也公开承认奴隶制度,确认了奴隶制度的合法性。不过为了限制这一对民主来说极具讽刺意味儿的制度,宪法同时规定了蓄奴地区的永久界限。

依靠粗放式经营的奴隶制经济,只有不断开拓新的土地才能维持高额的利润,当宪法规定内的蓄奴诸州的肥沃土地被开垦殆尽之后,奴隶主贪婪的目光不禁又转向了美国新获得的广阔的西部领土。由于南方白人公民人数远远落后于北方,按照人口计算的众议院日渐成为北方自由州的天下。奴隶主们只能把希望寄予在参议院中,因为参议院不是按人口,而是按各州平均出两名代表计算。种种原因使奴隶主们在美国每取得一块新的领土时,都与北方吵得不可开交,以期增加蓄奴州的数量。

1820年,《密苏里协议》使密苏里州成了一个蓄奴州;1854年,《堪萨斯—内布拉斯加法案》使奴隶主们再次获得了胜利。宪法因所规定的蓄奴地区界限被打破而尊严扫地。奴隶主们更加肆无忌惮,奴隶制不再有固定疆界,只要能够得到多数人的赞同就可以加入蓄奴州的阵营,以致出现了被奴隶主们运去的奴隶还不足50个人时,新墨西哥州

◆林肯签署《解放黑人奴隶宣言》塑像

就成了蓄奴州的怪异景象。

蓄奴州的范围不断扩大，南北方的利益冲突愈加严重。正在飞速发展的北方工商业城市，因为得不到足够的劳动力而不得不减慢步伐。而南方种植园中低下的劳动效率，白白浪费了大量人手。北方希望政府提高贸易保护，使北方工业品与南方的工业原料在国内相互交换以提高美国商品的竞争力。但南方种植园主们却希望将手中的棉花运往价钱更高的欧洲，并从欧洲进口更便宜的商品，因此他们强烈要求降低关税。南北双方为此争吵不休，矛盾一天比一天尖锐，焦点渐渐集中到奴隶制度的存废上来。

平民总统

1809年2月12日，肯塔基州哈丁县一个贫苦的农民家庭中出生了一个男婴，父母为他取名亚伯拉罕·林肯。清贫的家境使林肯从小深谙民间疾苦。9岁时，林肯失去了疼爱他的母亲，但幸运的是继母慈祥和善，对他如同己出，一家人过得非常融洽。因为贫穷，林肯小小年纪就辍学工作，为维持家计东奔西走。他先后在俄亥俄河上做摆渡工人，在种植园中做雇工，在商店中做店员，甚至还学习做木工。18岁时，林肯沿俄亥俄河航行千里到达了奥尔良。旅途中，林肯亲眼看见了黑人奴隶的悲惨遭遇。心地善良的林肯对伙伴说："等到我有机会来打击奴隶制度的时候，我一定要彻底粉碎它！"

长大后林肯成了一名以测量和计算精确著称的土地测绘员。辛勤工作之余，林肯始终保持着旺盛的学习精神。他阅读了大量书籍：《莎士比亚全集》、《美国通史》……广泛的阅读使他成了一名博学睿智的人。他开始在一些政治集会上表达意见，抨击不人道的黑奴制度，对公众事业提出自己的建议。林肯的人格魅力渐渐增加了他在公众中的影响力，1834年8月，25岁的林肯被选为州议员。随后在朋友的帮助下，林肯开始学习法律，成了一名律师。林肯开始在仕途上大展拳脚。

1846年，他当选为众议院议员。第二年，为辉格党所青睐的林肯作为党代表参加国会议员选举，并成功当选。他在国会中旗帜鲜明地反对奴隶制度，受到来自南方种植园主的仇恨。1850年，林肯在政治上受挫，退出国会。但林肯在人民中的影响力却越来越大。1860年，他成为共和党的总统候选人。11月，选举结果揭晓，虽然奴隶主控制的南部10个州没有一张票投给林肯，但林肯仍然以200万张票当选为美国第16任总统。

1861年3月，林肯宣誓就职。在就职演说中，他宣布"联邦不容分裂"，但为了最大限度地维护统一的局面，又许诺"无意直接或间接干涉蓄奴州的奴隶制度"。可是蓄谋已久的南方种植园主们却一意孤行，早在1861年2月，南卡罗来纳等6个蓄奴州就宣布成立"南部同盟"，并选举杰斐逊·戴维斯为总统，另立政府。随后又有5个蓄奴州加入叛军阵营。4月12日，叛乱军队开始炮轰联邦萨姆特要塞，正式挑起战争。4月15日，林肯签署政府令，下令讨伐叛军，美国历史上的第二次资产阶级革命——南北战争正式开始。

这不仅是一场奴隶制存废问题的战争，也是一场维护美国的国家统一还是让国家分裂的较量。战争初期，掌握着战争正义性的北方不仅有合法政府，而且实力更是大大地高于南方——2234万北方自由公民是南方910万人口（其中380多万为黑人奴隶）的两倍多。可是，由于南方叛乱者准备充分，且名将云集——"西点第一名将"莱斯特·李、"石墙"杰克逊、"不败的猛将"约翰斯顿等优秀的西点军校毕业将领，在战场上使装备精良的南方叛军如虎添翼。而为

◆美国内战中的斯皮特西尔韦尼亚郡府之战

◆葛底斯堡战役

葛底斯堡战役是一场具有决定性的战役，是美国内战中最著名的一场战斗，经常被引以为美国内战的转折点。画面描写的是著名的"皮克特冲锋"的场景。此画现藏于美国国会图书馆。

了恢复国家统一，担忧没有参加叛乱的蓄奴州的去留，林肯政府一直对解放奴隶犹豫不决，这极大地影响了北方部队的作战士气，以致叛军在战场上接连告捷。1861年7月的马纳萨斯战役和1862年夏的半岛战役，南方军队大获全胜，政府军损失惨重。

林肯政府的压力陡增，废除奴隶制已经迫在眉睫。

《解放黑人奴隶宣言》

为了扭转战争形势，林肯进行了一系列革命措施。1862年5月，林肯政府颁布《宅第法》，规定："凡美国公民只要交纳10美

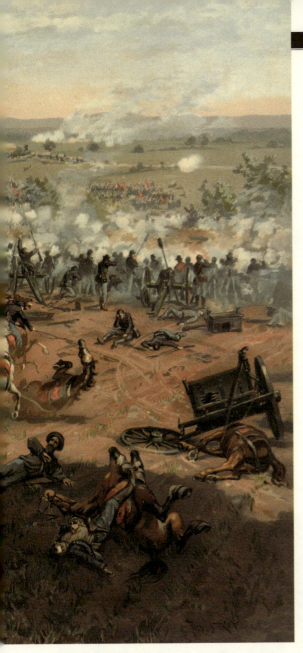

州之内,或一州的指明地区之内,为人占有而做奴隶的人们都应在那时及以后永远获得自由;合众国政府行政部门,包括海陆军当局,将承认并保障这些人的自由。"消息传到南方,渴望自由的奴隶成批逃亡北方,北方军队士气大振。国际上关注美国奴隶问题的国家也纷纷对北方表达了支持,南方在政治上陷于孤立。

1863年,林肯的改革措施在战场上显露出成效。7月1日,葛底斯堡大捷歼灭叛军2.8万人,内战主动权转移到北方军队手中,战争形势迅速发生逆转。1864年9月,谢尔曼将军率军攻克亚特兰大,格兰特将军则率领军队逼近里士满。1865年,南方种植园中的奴隶几乎逃亡一空,南方经济陷于瘫痪。1865年4月9日,在政府军的重重包围中,叛军向格兰特将军投降,美国内战结束。

四年的战争夺取了美国将近100万将士的生命,但是换来了国家的重新统一,废除了黑人奴隶制度,为美国资本主义的发展进一步扫清了障碍,为美国的繁荣富强打下了坚实的基础。

元的手续费,就可以在西部国有土地中领取一块不超过160英亩(约65公顷)的土地,连续耕种5年以后,即成为私有财产。"同时,他还下令武装从南方逃亡而来的奴隶,实行征兵法,调整军事领导机构,格兰特将军被任命为全军统帅。

1862年9月22日,林肯颁布了《解放黑人奴隶宣言》,宣布:"1863年1月1日起,凡当地人民尚在反抗合众国的任何一

◆ 林肯总统画像

公元1815年—公元1898年

人物：俾斯麦 威廉一世　　地点：德国　　关键词：铁血宰相 统一

铁血宰相俾斯麦

　　1815年4月1日，普鲁士勃兰登堡雪恩豪森的大容克地主斐迪南德·冯·俾斯麦年轻的妻子，为他生下了一个健壮的男婴，这就是德国近代史上杰出的政治家和外交家奥托·冯·俾斯麦。他的出现，让德国走上了统一大业。

◆ 俾斯麦画像

普鲁士王国首相，19世纪德国最著名的政治家。通过一系列铁血政策统一了德意志，并成为德意志帝国首任宰相，人称"铁血宰相"。

容克之子

　　俾斯麦是个含着金汤匙出生的幸运孩子——父亲庞大的庄园和广阔的土地带来了滚滚财富，俾斯麦从小过着衣食无忧的生活。1823年，8岁的俾斯麦进入柏林小学读书。这所小学中的学生大部分为资产阶级子弟，俾斯麦容克家庭的出身使得他在同学们中显得格格不入。这种被排斥、与群体相疏离的痛苦一直伴随着他整个小学和中学生活。但是当周围的同学沉浸在少年无忧无虑的欢笑和游戏时，孤独的俾斯麦将自己投入到了学习中，勤奋和天赋的智慧使他的语言天分很快展露出来。17岁时，俾斯麦成了格丁根大学的一名新生。但崭新的大学生活却没有给俾斯麦带来新的激情，不过大学中自由的氛围将他天性中的另一面激发出来：粗野、蛮横。腰挎佩剑，手牵狼狗，一副无赖打扮的俾斯麦在校园中游走、寻衅，他先后与同学进行过27次决斗。后来俾斯麦转入柏林大学修习法律专业，毕业后成了一名律师。

◆ 俾斯麦在德国总部与部下商议军事

铁血宰相

后来俾斯麦又谋过很多职业，还得了一个河堤监督官的职务——这很适合他争强好胜的性格，很快就得到了人们的嘉许。1847年5月，俾斯麦使用权术迫使一位患病的议员退出，从而使自己顺利进入了柏林州议会，成为一名议员。野心勃勃的俾斯麦一步步接近自己的目标。

1848年，欧洲掀起了史无前例的革命浪潮，无数古老王冠被打破在地，普鲁士也未能幸免。3月，普鲁士柏林爆发起义，国王腓特烈·威廉四世处于危急之中。闻讯的俾斯麦组织了一支军队，准备开往柏林"勤王救驾"。这一举动赢得了普王的赏识。1851年，威廉四世任命俾斯麦为普鲁士驻法兰克福联邦会议代表，随后又升为大使。出色的工作能力使他担任这一职务长达8年之久。1857年，威廉四世因精神不佳由其弟威廉亲王摄政。他任命俾斯麦为驻俄大使，从而开始了俾斯麦的外交官生涯。1862年，俾斯麦争任首相未果，失望之余请辞，转任驻法大使。

事情在普鲁士议会新一轮选举中出现转机。这一年，自由派取得了绝对胜利成为议会多数，他们立刻否决了普鲁士政府军事改革拨款的要求。议会和政府针锋相对，互不相让，陷入僵局之中。而俾斯麦成为能够化解这一尖锐矛盾的希望。1862年9月23日，威廉一世将他从法国召回，并立即任命他为首相。

9月26日，成为首相的俾斯麦来到下院

中发表首次演讲："德国所注意的不是普鲁士的自由主义,而是权力……普鲁士必须积聚自己的力量以待有利时机,这样的时机我们已经错过了好几次……当代的重大问题不是通过演说与多数人的决议所能解决的,这正是1848年和1849年的错误,而是要用铁和血。"从此,"铁血宰相"成为俾斯麦的代名词。这位铁腕宰相开始领导普鲁士走向统一的道路。

统一大业

19世纪中叶,德意志还是个邦国林立的国家,四分五裂的局面越来越成为德国资本主义经济发展的障碍,统一的呼声越来越高。

俾斯麦上台伊始就将统一大业放到日程上来。普王对此深表赞同。自此,威廉一世和俾斯麦结成了十分牢固的君臣情谊,彼此支持,共同推动普鲁士王国走向辉煌。

俾斯麦第一个要对付的就是丹麦。作为德意志的北邻,丹麦一直在领土上大做文章,长期控制着原本属于德意志的石勒苏益格和荷尔斯泰因。1863年,丹麦违反1850年和1852年伦敦议定书,通过宪法宣布把两地并入丹麦国土,这不仅引起了当地人们的不满,更给俾斯麦找到了向丹麦开战的理由。开战之前,他首先与奥地利达成了同盟,并约定了取胜之后对这两地的划分方法。1864年2月,普奥联军6万多人向丹麦发起进攻。丹麦战败。10月30日,双方签订《维也纳条约》,丹麦失去了对石勒苏益格和荷尔斯泰因的控制权利。1865年8月14日,普奥两国达成《加斯坦因专约》,将这两地瓜分,普鲁士获得了石勒苏益格。

荷尔斯泰因虽然落入奥地利之手,但俾斯麦并不担忧,因为荷尔斯泰因被普鲁士环绕。俾斯麦只需要等待时机,积蓄力量,与奥地利决一雌雄就可解决问题。经过两年精心备战,1866年6月8日,普军长驱直入荷尔斯泰因,并先后占领汉诺威、萨克森等地。6月17日,奥地利对普鲁士宣战,普奥战争开始。拿破仑战争中就已经呈现衰败趋势的奥地利,在对普鲁士的战场上依然遭遇了惨败。7月3日,萨多瓦一役,奥军战死1.8万人,被俘2.4万人。22日,奥地利不得不求和停战。8月23日,普奥双方在布拉格签订条约,奥地利被迫退出德意志联邦,普鲁士获得了荷尔斯泰因和战争中与奥地利站在一起的小邦国。

至此,德意志北部和中部领土连成一片。1867年北德意志联邦在普鲁士领导下建立起来,威廉一世成为联邦国王。但是德意志南部诸邦依然在法国的幕后操纵中,成为俾斯麦统一大业中的最后一块绊脚石。1870年,俾斯麦借西班牙王位继承问题大做文章,故意激怒法兰西第二帝国皇帝拿破仑三世。拿破仑三世向普鲁士宣战,并狂妄地说只是一次"到柏林的军事散步"。但是德意志人在俾斯麦的号召下加强了民族团结,47万普鲁士军队向法军发起进攻。结果拿破仑三世为这次"散步"付出了惨痛代价。

9月色当一役,法军大败,8.3万法国官兵举手投降,包括法兰西帝国皇帝。消息传到法国,举国哗然,第二帝国被资产阶级乘机推翻,建立了共和国。俾斯麦挥师直逼巴黎,法国被迫在《法兰克福条约》上签字:阿尔萨斯和洛林被割让给德国，法国赔偿德国50亿法郎。

至此为止，整个德意志已经统一在普鲁士旗帜下，俾斯麦的铁血政策大获成功。1871年1月18日，德意志帝国在凡尔赛宫宣告成立，威廉一世为德意志帝国首位皇帝，而俾斯麦则成为帝国第一任首相。

盛极而衰

战争已停息，但铁血宰相的"铁"和"血"的政策却没有停止，他还要用这项政策将统一后的德意志帝国推到欧洲第一强国的宝座上。

为此，俾斯麦在1871年到1877年间发动了一场"文化斗争"，成功压制了罗马教廷；1878年颁布《镇压社会民主党企图危害社会治安法令》，镇压工人运动。为防止法国报复，俾斯麦先在1873年与奥匈帝国和俄罗斯结成"三帝同盟"；6年后，德意志帝国与奥匈帝国单独缔结同盟条约；1887年，又与俄国签订《再保险条约》；1882年，德国和意大利、奥匈帝国结成"三国同盟"，重重盟约将德意志帝国安全地掩护起来。

德国在统一之后获得了迅速的发展，国力日增，俾斯麦也因此在德国权倾一时。然而，1888年3月，威廉一世逝世，继位的威廉二世年轻气盛，对俾斯麦多有不满。已过古稀之年的俾斯麦渐渐厌倦了权力争夺，心灰意冷之余向年轻的皇帝递交了辞呈。1890年3月18日，俾斯麦正式下野。1898年7月30日，曾经叱咤风云的铁血宰相溘然长逝，终年83岁。

◆ 1867年，德意志联邦在普鲁士的领导下建立起来。1871年，威廉一世就任德意志帝国的首位皇帝。此为威廉一世加冕称帝时的场景。

看得见的世界史

公元1870年—公元1871年

◎人物：拿破仑三世 俾斯麦　◎地点：法国 德国　◎关键词：军事散步

普法战争

恩格斯《普法战争短评》："第一，法军在迎击敌人的进攻时所处的阵地，使获胜的德军能够楔入法军分散的各军之间，结果把法军割裂为两支独立的部队，并使它们彼此不能会合，甚至不能配合作战；第二，巴赞军团在麦茨行动迟疑，结果被紧紧地围困在那里；第三，援救巴赞军团所用的兵力和所沿的路线，简直是唆使敌人俘虏全部援军。"

◆拿破仑三世画像

路易·拿破仑·波拿巴，即拿破仑三世。法兰西第二共和国总统，第二帝国皇帝。拿破仑一世之侄子。

拿破仑三世的困境

1852年12月2日，路易·波拿巴·拿破仑效仿他的叔叔拿破仑·波拿巴黄袍加身，在1848年大革命后的动荡纷纭中，建立了法兰西第二帝国，是为拿破仑三世。

称帝之后，拿破仑三世即大力推动法国经济建设。青年时流亡英国的经历使他看到英国兴盛繁荣的景象，也认识到相形之下法国工商业发展的落后。19世纪中期，正是在拿破仑三世的推进下，工业革命的成果才在法国快速普及起来，法国的经济也因此获得了长足进步，后来使法国成为仅次于英国的世界第二工业大国。相对于拿破仑·波拿巴，拿破仑三世的经济建树显然更为突出。

然而，为了小心翼翼地维护人民的幻想，也为了重现他所敬仰的那个辉煌帝国，拿破仑三世上台伊始便走上了对外战争的道路。他力图通过这一系列武力再造拿破仑神话，在历史上留下属于自己的一笔。可拿破仑三世显然高估了自己的军事能力——连年征战并未给他带来想象中的荣誉和辉煌，反而唤起了人民对战争年代创伤和痛苦的回忆。人们开始从幻想中清醒过来。拿破仑三世对战争的执着态度令人们厌倦而恐惧——被他打倒的奥尔良遗老们、主张共和制度的工业资产阶级和中小资产阶级也不约而同站到了反对他的一面。但按照拿破仑式的思维，再加上皇后为了儿子可以当上皇帝而提出的"战争是必要"的主张，他决定继续发动对外战争以摆脱困境。而这次战争的对象就是法国身边新近崛起的北德意志联邦。

未竟的统一事业

此时的普鲁士，更确切地说是北德意志联邦，也正在酝酿着对法国的战争计划。除了耶拿会战时拿破仑留给普鲁士的永久的耻辱令普鲁士人寝食难安之外，更现实的原因则是法国拦在德意志统一大业的道路中，使普鲁士必欲除之而后快。

1862年，普鲁士的"铁血宰相"俾斯麦上台，这个勃兰登堡容克的儿子是个狂热的德意志统一主义者，他将实现德意志统一作为自己的人生大业，也是他所为之忠心耿耿服务的普鲁士王国的大业。因此，准备两年之后，俾斯麦便急不可待地对丹麦开战，在气势汹汹的普鲁士军队面前，丹麦很快战败，石勒苏益格和荷尔斯泰因被普鲁士和奥地利瓜分，俾斯麦成功实现了他理想的第一步。然而这离最后的统一任重而道远，普丹战争结束之后，为达目的从不择手段的俾斯麦很快与奥地利翻脸。1866年，普军长驱直

◆ 俾斯麦护送皇帝拿破仑三世（威廉·豪森，德国）

◆拿破仑三世的军队与普军厮杀

入荷尔斯泰因,普鲁士和奥地利在战场上兵戎相见。萨多瓦一战普鲁士大获全胜,荷尔斯泰因和黑森等一些小邦国被普鲁士控制。第二年,连成一片的德意志中北部宣布组成联邦,普鲁士国王为北德意志联邦国王,俾斯麦也成为首位联邦首相。

普奥战争前,为了避免法国插手的可能,俾斯麦曾以莱茵河附近的领土为诱饵,使法国皇帝拿破仑三世心领神会地在普奥战争中保持缄默,以致如今德意志中北部虽然获得统一,但南部的巴登、符腾堡、巴伐利亚、黑森－达姆施塔特4个小邦国,依然在法国的支持下保持着独立。这是俾斯麦所无法容忍的事情,为了统一大业的最后完成,普鲁士对法国的一战在所难免。

西班牙王位

虽然情形已经势如水火,但谁也不想成为战争的发动者而被舆论谴责,俾斯麦和拿破仑三世都在等待着一个合适的时机。

战争危机终于在1868年出现,这一年西班牙爆发革命,女王伊莎贝拉流亡国外,西班牙王位空缺。俾斯麦图谋造成对法国东西夹击之势,于是极力拉拢西班牙临时政府,建议由普鲁士国王威廉一世的堂弟利奥波德亲王继承西班牙王位。俾斯麦昭然若揭的目的即刻被拿破仑三世识破，他随即向普鲁士国王递交了抗议书，强烈反对俾斯麦对西班牙王位的建议。出于各自利益的考虑，英国、奥地利和俄国都附和法国，俾斯麦的图谋受挫。

为了永弥后患，1870年7月，法国要求威廉一世保证霍亨索伦家族永远不沾染西班牙王位。愤怒的威廉一世断然拒绝并将这一情况电告了国内的俾斯麦。俾斯麦获悉之后却高兴起来，与参谋总长毛奇和陆军总长房龙商量之后，第二天被改头换面的电文公开发表，文中对法国极尽侮辱的语言彻底激怒了拿破仑三世。1870年7月19日，法国对普鲁士宣战。

色当战役

拿破仑三世对战争充满了信心，轻蔑地对身边人说这次战争"不过是到普鲁士做一次军事散步"。拿破仑三世亲任总司令，勒布夫为总参谋长，在德法边境的阿尔萨斯和洛林集结了8个军，共约22万人编成莱茵军团，准备在普鲁士动手之前，先发制敌。具体计划为集中兵力越过国界，大军直指法兰克福以切断德意志南北联系，迫使南德诸邦保持中立，法国就可全力打击普鲁士。

普鲁士则在莱茵河中游梅斯和斯特拉斯堡之间，集中了3个军团共约47万人的兵力。普鲁士国王威廉一世也御驾亲征任总司令，毛奇为总参谋长。作战计划为以优势兵力进攻阿尔萨斯和洛林，将法军围歼在边境，或者将法军向北驱赶，最后普军围攻巴黎，迫使拿破仑三世投降。

8月2日，拿破仑三世一声令下，法军在萨尔布吕肯向普军打响了第一枪。但是拿破仑三世原先的估计显然过于乐观，法军刚越过边境就遭到了普军的迎头痛击。仅仅两天之后，法军的攻势就停下来，而普军则从防守转入反攻，且攻势凌厉，法军接连败北。更为糟糕的是，本计划将德意志拦腰截断的法军却被普鲁士部队所割裂。巴赞元帅指挥的17万人被围困于麦茨要塞，而拿破仑三世和麦克马洪元帅的3个军共12万多人，在博蒙激战失利后退守色当。

普军参谋长毛奇立即命令军队占领麦茨河右岸至法比边界的整个地区，使法军两部彻底失去联系。9月1日，毛奇下令普军集中进攻拿破仑三世所在的色当——这将是普法战争的决定性战役。普军700多门大炮一齐向法军阵地进行猛烈轰击，雨点一样的炮弹落向毫无抵抗能力的色当城，城内顿成一片火海。麦克马洪几次被流弹击伤依然指挥法军突击，但已无法挽救失败的命运。下午3时，在20万普军的凌厉进攻下，色当城头升起了法军的白旗。拿破仑三世被迫向威廉一世递交了投降书，表示愿"将他的佩剑交到陛下的手中"。10万法军随同他们的皇帝和元帅成了普鲁士的俘虏。

普法战争以拿破仑三世的"散步"失败而告终。1871年5月10日，双方签订了《法兰克福条约》，法国割让阿尔萨斯和洛林给德国，并赔款50亿法郎。

普法战争使俾斯麦最终实现了德意志统一的梦想。1871年1月18日，普鲁士耀武扬威于法国土地，德意志帝国在巴黎的凡尔赛宫宣布成立。而失败后的法国不仅承受着土地和赔款的损失，更使法兰西民族的自尊心受到极大的打击，拿破仑三世在人民心目中的形象轰然倒塌，法兰西第二帝国垮台。

看得见的世界史·

公元1871年3月—5月

人物：梯也尔　　**地点**：法国　　**关键词**：镇压与反镇压

巴黎公社运动

马克思《法兰西内战》曾说："公社最伟大的措施就是它本身的存在，它在闻所未闻的困难下工作着、行动着！巴黎公社升起的红旗，实际上只是标志着巴黎的工人政府的建立！他们已经清楚地、有意识地宣告他们的目的是解放劳动和改造社会！"

侵略与反侵略

1870年7月，法兰西第二帝国的皇帝拿破仑三世狂言到普鲁士做一次军事"散步"，亲自指挥22万大军开进德意志。可惜，拿破仑·波拿巴的侄子虽然继承了科西嘉人的张狂与傲慢，却没能继承他天赋的军事才能。这次张扬的对德战争其实反而正中普鲁士"铁血宰相"俾斯麦的下怀，成了他实现德意志统一大计的一枚棋子。不过一个月时间，拿破仑三世的战线就被普鲁士切割，失去支援的法国皇帝和元帅被困色当城。如雨点一样落下的炮弹彻底击碎了拿破仑三世的狂傲和勇气，卑躬屈膝的皇帝献出了自己的宝剑，成了法国历史上最后一位被敌人俘虏的君主。

色当一役，法国败局已定，德意志统一的道路已经扫清，志得意

◆ 巴黎公社的传单

满的威廉一世和他的宰相俾斯麦却并未就此罢手。1806年，耶拿会战后，得胜的拿破仑大军曾开进柏林城，这种羞辱令普鲁士人没齿难忘，如今正是他们一雪前耻的时候。因此，接受了拿破仑三世投降的佩剑之后，俾斯麦并未下令停止进攻，反而按原计划继续向巴黎进攻。但是自普鲁士军队踏进法国领土的那一瞬间起，为了实现民族统一和保家卫国的正义普鲁士就转而成了面目可憎的侵略者。那些曾在战场上为民族尊严而英勇斗争的战士们，在法国大地上烧杀抢掠——他们的残暴行为激起了法国人民的强烈愤慨。蛰伏在人民心中的正义感，激励他们开始为了自己国家的尊严而斗争。

镇压与反镇压

1870年9月4日，拿破仑三世在色当投降的消息传回法国国内，经过无数次革命洗礼的巴黎人民按捺不住胸中的怒火举行了起义——法兰西第二帝国葬送在人民的怒火中。但是人民再一次成为政权更迭的工具，权力最终落入资产阶级之手——以特罗胥将军为首的"国防政府"接管了拿破仑三世被剥夺的政权。

新成立的国防政府视法国人民日益高涨的爱国热情为洪水猛兽，对革命群众的恐惧甚于对普鲁士军队的恐惧，甚至为了苟安而向普鲁士皇帝屈辱求和。9月19日，普鲁士大军兵临巴黎城下。10月31日，17万法国正规军成为普鲁士的俘虏。愤怒的巴黎人民再次起义——将推翻背叛祖国利益的国防政府作为目标，可是起义被镇压了。

起义虽然失败了，但使巴黎人民更加清楚地认识到，要想维护民族独立与尊严，必

◆巴黎公社时期的宣传画

须先将反动的资产阶级统治彻底推翻，必须建立自己的武装队伍。巴黎人民开始加紧建设国民自卫军，仅仅3个星期就组织了194个工人营队，人数达30万人。他们自己募捐购买武器，自己铸造大炮，任命自己的成员作为工兵营营长。这支以工人为主体的国民自卫军日夜坚守巴黎城，抵挡住了普鲁士一次又一次的进攻。

1871年2月17日，反动的奥尔良党人梯也尔上台，准备放手镇压巴黎的革命群众。3月，梯也尔调集了3万军队进入巴黎，威胁工人解散国民自卫军，被工人们义正词严地

◆国民自卫军立刻行动起来,一些巴黎市民,甚至包括妇女、儿童和老人也自动加入到了队伍当中。

拒绝了。3月17日夜,梯也尔召集政府部长和将军们进行了秘密商谈。他们制订了详细的军事行动计划,预备先夺取国民自卫军的大炮,然后进行全城搜查,逮捕国民自卫军领袖。当时巴黎国民自卫军的417门大炮,主要布置在蒙马特尔高地和梭蒙高地。18日凌晨,一支政府军在列康特的带领下,悄悄地来到了蒙马特尔高地附近,这里只有几名守卫大炮的自卫军战士。政府宪兵残忍地将这些战士屠杀,但自卫军战士的枪声惊醒了附近的居民。消息传开,国民自卫军立刻行动起来——一些巴黎市民,包括妇女、儿童和老人也自动加入到了队伍中。人们拥上蒙马特尔高地,勇敢地拦在企图拖走大炮的政府军面前,指责政府军卑劣的行径和可耻的卖国求荣行径。最后许多政府军战士羞惭地放下了武器,站到了巴黎人民的一边。坚持反革命的列康特将军和一些反动警察、宪兵被人民逮捕。梯也尔偷袭蒙马特尔高地的阴谋被粉碎。同时,梭蒙高地也传来捷报,偷袭的政府军同样被击溃。

巴黎公社成立

梯也尔这一无耻行为,使巴黎人民胸中的怒火燃烧得更加旺盛——巴黎各个工人区不约而同爆发了起义。国民自卫军和巴黎市民拿起武器,走上街头。巴黎的大街小巷又一次筑满街垒,只是这次街垒后面的人民更振奋,力量更强大。威力十足的大炮口时刻对准了反动军队。

中午,国民自卫军击溃了梯也尔调集来

的镇压部队,向巴黎市中心挺进,起义从防守转入了进攻。下午3时,国民自卫军和自发的巴黎人民与政府军展开了激烈的巷战,政府军的陆军部和其他一些军事机关被革命队伍占领。梯也尔被吓得仓皇逃往巴黎西郊的凡尔赛宫。政府军和宪兵六神无主,闻风逃窜。晚上9时,国民自卫军控制了矗立着拿破仑·波拿巴铜像的旺多姆广场。晚上10时,巴黎市政厅升起了国民自卫军的红旗,聚集在广场的人们发出了一片欢呼声。

国民自卫军控制了巴黎全城,梯也尔的资产阶级政府被国民自卫军中央委员取代,起义取得了胜利。3月26日,巴黎举行了普选,许多工人、社会主义者和国际主义者代表被选举出来组织了革命领导机构。3月28日,巴黎公社宣布成立,历史上第一个无产阶级革命政权建立起来。

五月流血周

巴黎公社的敌人——梯也尔,虽然逃出了巴黎却并没有甘心。他一边重新集结残兵败将,一边向俾斯麦请求援助。

4月3日,为了扭转被动挨打的局面,巴黎公社决定先发制人,4万名公社战士向凡尔赛进攻,但因为寡不敌众和指挥失误,在成功进抵距离凡尔赛5千米处被敌人重兵包围。

4月6日,西南的梯也尔军队与东面及北面的普鲁士军队,形成了对巴黎的包围之势。保卫巴黎的1.6万名作战部队和4.5万名预备部队,决心与数倍于自己的敌人周旋到底。但因为组织不善,缺乏战斗经验,4月7日,巴黎讷伊桥和附近据点被敌人攻克。

公社战士坚持不屈不挠的斗争,在任何一个可能杀伤敌人的地方都给敌人造成了巨大的消耗。5月21日下午,梯也尔的反动军队从卢克门进入巴黎城,一场震撼世界的巷战搏杀——"五月流血周"自此开始。

巴黎无产阶级和人民群众,不分男女老幼,为了保卫自己的新政权同手握钢枪、刺刀的敌人进行了殊死搏斗。至27日,200名公社战士被反动军队屠杀在拉雪兹神父墓前,公社战士伤亡殆尽。28日,巴黎公社最后一个街垒被攻克,巴黎公社倒在血泊中。

◆镇压巴黎公社的刽子手梯也尔

马克思在《法兰西内战》中说:"梯也尔这个侏儒怪物,将近半个世纪以来一直受法国资产阶级倾心崇拜,因为他是这个资产阶级的阶级腐败的最完备的思想代表。在他成为国家要人以前,他作为一个历史学家就已经显出他的说谎才能了。他的社会活动编年史就是一部法国灾难史。"

第二次工业革命

⊙资本主义统治确立　⊙电气时代　⊙垄断资本主义

战争给人们带来了无尽的伤痛，长时不能愈合。但从另一方面讲，也促进了科学技术的迅猛发展。1870年以后，各种新技术、新发明如雨后春笋般席卷大地，层出不穷，对经济发展起到了巨大的推动作用。电力的广泛应用、内燃机和新交通工具的创制、新通信手段的发明以及化学工业的建立，标志着第二次工业革命的浪潮已经来临。

资本主义统治的确立

1640年，英国斯图亚特王朝的查理一世试图向议会发起挑战，却没想到已经成长起来的资产阶级与新贵族联起手来将他赶下了王位。1688年"光荣革命"之后，英国王权专制时代一去不返，世界上第一个资本主义国家在大不列颠岛上首先冉冉升起。

这个新生的国家将整个世界带入了另一个时代，在它朝气蓬勃的光芒里，欧洲甚至世界的黑暗渐渐被照亮。1775年，美国独立战争爆发，资本主义在北美大陆站稳了脚跟；1789年，法国大革命将自由、平等、博爱的思想深入人心；1861年，在克里米亚战争中一败涂地的沙皇俄国进行农奴制改革，走上了发展资本主义的道路；1868年，日本天皇从幕府手中夺回权力后实施了一系列发展工商业的措施，成功"脱亚入欧"，成为暮气沉沉的东亚世界中唯一摆脱了落后状态的资本主义国家；1871年，统一的德意志帝国在铁血宰相俾斯麦不择手段且坚韧不拔的努力下，最终在巴黎凡尔赛宫宣布成立。同年，借助普法战争的余荫收回罗马的意大利的统一大业也全部实现，宣布将首都从佛罗伦萨迁往罗马，一个新的资本主义国家在亚

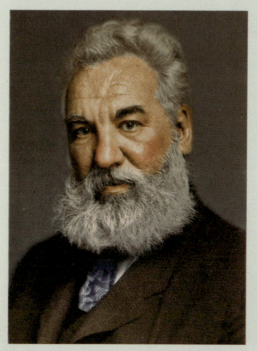

◆电话的发明者贝尔

平宁半岛上拔地而起。

至此，最初在大不列颠岛上燃起的星星之火，最终在全世界发展成燎原之势，这些新生的资本主义国家随着数量的增多连成一片，整个旧世界将因之被完全颠覆。资本主义是个天生的掠夺者，他们刚一诞生就将侵略扩张的矛头对准了所有还在落后的制度中跋涉的国家和地区。很快大片大片土地沦为他们的殖民地和半殖民地，他们从那里搜刮来的万千财富转而成为自身资本主义发展的强大助动力。

18世纪中期，英国的纺纱工人哈格里夫斯偶然发明了珍妮纺纱机，一场推动工业大踏步向前的工业革命自此开始。其后，机械师瓦特发明了改良蒸汽机，使工厂摆脱了河流的束缚，资本主义经济步入真正的大机器生产时期。人们从中发现了技术进步对生产的强大推动力，对科学理论的研究和实践兴趣更浓。第一波工业革命的浪潮还没有彻底结束，第二波更加汹涌的科技革命浪潮又接踵而来。

进入电气时代

1831年，自学成才的英国科学家法拉第，经过7年反复实验终于发现了电磁感应现象，这成为人类发现并利用电的起点。在电学理论逐渐完善的过程中，科学家们开始研究并制造发电机。1866年，德国人西门子研制成功第一部发电机，几经改进后发电机

◆ 伟大的发明家爱迪生

在19世纪70年代走出实验室，被投入到实际使用中。电能传递速度快，传输过程中损失小，而且能够远距离输送，并便于集中生产和管理，因此电力很快取代蒸汽成为新型动力，从此人类步入"电气时代"。

神奇的电能吸引了大批科学家投入到它的应用研究中来，其中人们最耳熟能详的是"发明大王"爱迪生。在他2000多项发明中，给人类带来最大影响的是电灯。1879年10月21日，爱迪生在新泽西州门罗公园实验室制造出了世界上第一个使用碳化的卷绕棉线作为灯丝的电灯泡。这是他和他的助手们在试验过1600种耐热材料、6000种植物纤维后找到的最适合的灯丝材料。白炽灯发出柔和的淡黄光芒，从此，光芒微弱而闪烁的油灯渐渐退出历史舞台，电灯如新兴的资本主义一样在世界历史中熠熠生辉。

电磁感应原理启发的另一方面的重要发明是通信。1837年，美国人莫尔斯制成了第

一台电磁式电报机,他在华盛顿和巴尔的摩之间架设一条61千米长的实验线路获得了成功。1880年,贝尔电报公司成立,电报成为人们沟通信息最为便捷的方式。1894年,意大利人马可尼又发明了无线电报装置;1899年,他在英法之间进行远距离无线发报成功;两年后,无线电波又成功横跨大西洋。原来速度缓慢的靠人和动物传递消息的方式经常导致的贻误从此再也不会发生了。1875年,波士顿大学声音生理学教授贝尔偶然在"U"形磁铁中插入音叉而获得一些传声效果。又经过反复实验,1876年3月10日,他的助手沃森在卧室里清晰地听到贝尔在书房中呼唤他的声音,世界上第一台电话研制成功,人们可以从遥远的地方进行犹如面对面般交谈了。

此外,交通工具也发生了翻天覆地的变化。1876年,德国人奥托研制成了一台以煤气为燃料的四冲程内燃机。1883年,奥托的同胞戴姆勒在他研究的基础上用汽油代替煤气研制成了新的具有马力大、重量轻、体积小等优势的内燃机。两年之后,德国机械工程师卡尔·本茨将新式内燃机应用到交通工具上制造了世界上第一辆汽车,人类开始摆脱了体能的束缚以更高的速度到达目的地,本茨因此被誉为"汽车之父"。紧接着,德国工程师狄塞尔又在1897年发明了结构更简单、燃料更便宜但动力更强劲的柴油机,从此重型运输工具如轮船和火车再也不用浪费庞大的空间装着沉重的煤炭跑了。更令人激动的是,1903年12月17日,一直向往着自由飞翔的美国莱特兄弟研制的飞机终于在北卡罗来纳的基蒂霍克荒凉的海滩上成功试飞59秒,飞行260米,实现人类对天空的渴

◆ **莱特兄弟的飞行试验**
虽然这架飞机看起来简陋,但这却是人类航空时代到来的标志,莱特兄弟无疑是20世纪最伟大的发明家之一。

望。1905年，莱特兄弟的飞机持续飞行了近40千米；1909年搭载乘客飞行了135千米。一个新的工业部门——航空工业随后迅速发展起来。

除此之外，另一个新工业部门——化学工业也从20世纪80年代突飞猛进地发展起来，新的化学产品不断被提炼出来，塑料、人造纤维、绝缘物质等也先后被发明并投入生产和使用。

总之，人类自出现以来，无数个具有划时代意义的"第一"在第二次工业革命中涌现，这些崭新的科学与技术的应用不知不觉中彻底改造着人们的生活和整个世界秩序。

过渡到帝国主义国家

与第一次工业革命相较起来，第二次工业革命真正体现了科学和技术的结合。许多发明成果不再仅仅是一些工匠在日常工作中进行的技术革新，而是以科学理论的研究作为指导，不管是电磁感应原理还是新化学元素的被提取，都成为后来发电机的发明、电力的广泛应用、新兴化工产业兴起的基本理论依据。这次革命的传播也不再是从英国开始逐渐蔓延到其他国家的单一传导方式，而是几个国家不约而同地同时进行着研究、发明和创造。美国、德国、英国等国家的研究成果共同使人类受益。并且，新发明投入生产的速度比起第一次工业革命时期大大缩短了时间，因此对人们生活和生产的改造效果也越加迅速地展现出来。在第二次工业革命发生时，英、法、美都已经完成了第一次工业革命，而德国和俄国的工业革命正进行得如火如荼，日本则刚刚开始。对于这些后来的资本主义国家而言，第一、第二次工业革

◆ 莫尔斯电报机模型

1837年，莫尔斯发明的电报机是电报通讯的起源。它的通讯电码是以点、画符号组合而成，每一个码代表一个字母和一个数字。发报员用电键发出长短不一的电码，收报员听到嘀嗒的声音。嗒的声音是嘀的三倍长。收报员抄录嘀嗒组合的电码后再译成电文，这就是早期的电报。

命紧密连接在一起，甚至在交叉同步进行，使他们充分利用了后发优势，在第二次工业革命中表现得活跃而出色，取得的成就令世人瞩目。

在科技的推动下，生产力飞速进步，资本主义经济出现了许多新景象。崭新的工业革命部门如雨后春笋般纷纷涌现，老工业部门被新技术加以改造而重新焕发生机，也有些部门被技术的浪潮所淘汰退出了历史舞台。人们的生活发生了翻天覆地的变化，资本主义生产也逐渐与以往大不相同。新行业、老行业，新技术、老技术，竞争日益激烈，使大量财富渐渐集中到少数大资本家手中，垄断组织在各国以不同的面目出现，不论是托拉斯，还是卡特尔或辛迪加，都采用垄断的方式将资本主义生产和销售等各个环节瓜分。资本主义社会因此过渡到帝国主义阶段。

看得见的世界史●

公元19世纪60年代—70年代

○ 人物：明治天皇　　○ 地点：日本　　○ 关键词：明治维新

日本明治维新

鲁思·本尼迪克特曾说："明治政府从未想过要把这次改革作为一种意识形态的革命而进行，他们只是把它当作一项工作。他们的意图就是要使日本成为一个举足轻重的国家。他们并不想进行彻底的改革……"这说的就是明治维新。

无可奈何花落去

12世纪前后，天照大神的子孙，日本天皇大权旁落，将军的幕府代替王城成为日本权力的中心。此后7个多世纪，将军统治盛极一时。但随着新时代的到来，宁静的日本群岛同样无法幸免。

1603年，丰臣秀吉的部将德川家康受封为"征夷大将军"，在江户开设幕府，史称"德川幕府"。在家康、秀忠、家光三代德川将军的励精图治下，幕府成功地建立起中央集权的政治制度。在消费的刺激下，都市和工商业呈现出一派繁荣。但封建制度已经油尽灯枯、注定走向没落的道路，这些加强控制的努力不过更证实了封建制度无法挽回的颓落。而短暂的繁荣也不过如行将就木之前的回光返照，转瞬就熄灭在黑暗中。

事实的确如此，德川幕府统治后期，危机重重。为了便于控制，德川幕府将全国居民分为士、农、工、商四个

◆ **大久保利通画像**

日本明治维新时期的杰出人士，号称"日本的俾斯麦"。为了改革，铁血无情，不论敌友，最后被民权人士刺杀身亡。

等级。其中"士"指所有武士,包括将军、大名和他们的家臣。他们习文练武,担任各级官吏,是为国家的统治阶级。大名是将军分封在地方的封建领主,在自己的藩国中享有全权统治的权力。这种分封虽然在一定程度上成为将军控制地方的简便方式,但强藩大名常常成为与将军相抗衡的离心力,为幕府统治带来威胁。于是德川幕府规定各大名必须隔年到江户参觐、侍奉将军一年,且得将妻子儿女留在江户作为人质。这一残忍措施虽颇见成效,但积压在大名心中的不满却更多。

农民虽然排在第二等级,但实际上是最受剥削和压榨的对象——他们不能随便迁徙移居,不能买卖土地,甚至连耕种作物的品种都没有权利决定。走投无路的农民为了活命只能起而抗争,农民起义风起云涌。据统计,自18世纪以来,农民起义的年平均次数不断攀升,最初10年仅有5.5次,但到了80年代则已达到22.9次;19世纪更是频繁,仅30年代就爆发了279次起义。

"工、商"在幕府时代被视为最低贱、卑微的行业。然而随着资本主义萌发的发展,一些富商大贾从民间崛起,甚至出现了"大阪富豪一怒,天下诸侯惊惧"的局面。总之,与以往相较,整个日本社会已经在剧烈的变动中面目全非。

19世纪中期,这个闭塞的幕府社会成为太平洋另一边觊觎的对象——年轻而野心勃勃的美国要将这个岛国变成它在太平洋的补给站。1853年,佩里率领四艘军舰叩开了闭锁的日本国门。日本面临沦为半殖民地的危险,人民对幕府的怨恨已经如火山一般,即将喷发出来。

◆ "维新三杰"之一的西乡隆盛铜像

好莱坞大片《最后的武士》曾经轰动一时,其中的主角原型实际上就是日本"维新三杰"之一的西乡隆盛。

倒幕运动

1860年,曾残酷处死了7名倒幕志士的幕府大老(幕府将军下的最高官职)井伊直弼,在江户樱田门外被刺死。这一事件迅速点燃了倒幕运动的导火线。

为了转移人民的注意力,1863年6月,德川幕府诏令宣布"攘夷",但是遭到美、法军舰的攻击,英国军舰也对攘夷十分激烈的萨摩藩进行了武力镇压。攘夷失败的幕府很快重投列强怀抱。1864年,英、法、荷、美四国组建联合舰队,进攻倒幕运动的大本营——长州下关。长军不敌,幕府趁机兴兵征伐长州,妄图将倒幕运动彻底镇压下去。长州的守旧势力夺取了藩政,幕府军不战而胜,倒幕运动遭遇挫折。

暂时的失败更激发了倒幕派的斗争精神。1865年,长州藩倒幕派领袖高杉晋作组织80人起义,3个月横扫长州,夺回政权。之后,他改变策略,不再提倡"攘夷",而转向全力武装倒幕。随后他征集了5000多名农民和市民,组织了新式倒幕军队——骑兵队。

第二年,长州和萨摩结成倒幕同盟,被激怒的幕府第二次征讨长州。15万幕府大军分四路进攻高杉晋作。但情况已经今非昔比,倒幕兵以一敌十,大获全胜。

次年10月,被后来称为"维新三杰"的倒幕领袖西乡隆盛、大久保利通、木户孝允会集京都。孝明天皇驾崩后,继位的明治天皇悄悄给他们下达了"讨幕密敕"。随后萨摩、长州倒幕军浩浩荡荡开进京都。幕府将军德川庆喜见势不妙,主动奏请"奉还大政"。但暗地里在大阪集结兵力准备反扑。

◆明治天皇颁布法令

1868年1月,天皇在倒幕军队的帮助下发动政变,颁布了《王政复古大号令》,宣布废除幕府,命令德川庆喜"辞官(交出兵权)纳地(献出领地和人民)"。眼看大势已去的德川庆喜犹做困兽之斗,在1月底指挥1.5万军队分两路进攻京都。

倒幕军5000人分别在京都西南的伏见、鸟羽与幕府军遭遇。士气高昂的倒幕军以少胜多将德川庆喜打败。4月,逃窜回江户的德川庆喜被迫投降。5月新政府入主江户,将之改名为东京。幕府残余势力土崩瓦解。1869年6月底,盘踞在北海道函馆的幕府残余被消灭,幕府统治随之永远退出了历史舞台。

新政府的改革

1868年4月6日,明治天皇政府发布具有纲领性质的《五条誓文》——历史上有名的"明治维新"自此开始。随后,整个19世纪60年代末到70年代初,政府颁布了一系列具有资产阶级性质的政策。从政治、经济、文化等各个方面,对日本进行了大刀阔斧的

◆ 上野之战

1868年5月15日的"上野之战"中,天皇军队把幕府的武装"彰义队"1000多人最后肃清。至此,德川氏260余年来的根据地——关东地方被连根拔除。

改革。

政治上建立中央集权:1869年6月,政府强制实行"版籍奉还",取消各地大名的地方统治权力,大名改名为藩知事,作为明治政府的地方官接受中央的统一领导。1871年,配合"版籍奉还"又实行"废藩置县",废除原有藩国界限,重新划分全国行政区。全国被划为3府72县,中央重新任命府县官吏,原大名封建领主权被取消,大名全部移居京都领取国家俸禄。

同时还规定废除等级身份制度,公卿诸侯等贵族改称为"华族",平常武士改称为"士族"。又废除了武士佩刀的特权。普通平民被编入户籍,建立了系统的户籍制度,政府以此为依据进行征税和征兵。

1870年,效仿西方设立工部省,聘请大批外国专家和技师,引进先进技术设备和管理方法,建立了一批以军工、矿山、铁路、航运为重点的国营企业。同时建立示范工厂,鼓励私人发展资本主义企业。

19世纪80年代初,政府又将一些成功的国营企业、矿山出售给大资本家,并以优厚的条件保护资本家投资。到19世纪80年代中期,殖产兴业到达高潮,日本经济突飞猛进。

为了达到强兵的目的,明治政府在陆军方面参考德国、在海军方面效仿英国,改革军队编制。1872年的征兵令规定,凡年满20周岁以上的成年男子必须服兵役,服役期为3年。1873年颁布征兵令,在"国民皆兵"口号下,大批青年被征入伍,建立起了一支常备军,称为"皇军",即天皇的军队。他们还注重军事思想教育,在平时向士兵灌输效忠于天皇的信念,并贯彻"武士道"精神。这为后来日本走上军国主义道路埋下了祸根。

明治维新之后的日本面貌焕然一新,迅速崛起的日本很快摆脱了民族危机,成为东亚强国。但为晋升资本主义强国之列,保留的封建残余使日本走上了令人不齿的对外侵略道路,开始在亚洲大肆扩张。

看得见的世界史●

公元1904年—公元1905年

◎人物：儿玉源太郎　◎地点：中国　◎关键词：贪婪争食

贪婪争食的日俄战争

《盛京时报》曾说："东北人民'陷于枪烟弹雨之中，死于炮林雷阵之上者数万生灵，血飞肉溅，产破家倾，父子兄弟哭于途，夫妇亲朋呼于路，痛心疾首，惨不忍闻。'"这就是日俄战争带给我们的灾难。

◆日俄战争中的寺内大将（左）与儿玉源太郎（右）

儿玉源太郎，日俄战争的满洲军总参谋长，攻克旅顺口的实际指挥者。

黄俄罗斯计划

19世纪末期，资本主义国家基本都在第二次工业革命的浪潮中发展国内生产，相对减少了对外斗争，欧洲处在相对平静、缓和的时期。但经过农奴制改革走上资本主义道路的沙俄，随后将注意力投向了中国的东北。

1894年，中日甲午战争爆发。腐朽无能的清政府战败，割地、赔款求和——辽东半岛被割让与日本。但得到消息的沙俄却十分不满。因为它不能容许它独霸中国东北的"黄俄罗斯计划"被任何人染指。于是，沙俄联合德、法"干涉还辽"。最终，清政府用白银3000万两"赎回"了辽东半岛，沙俄以再造功臣自居。

1897年，俄国将舰队开进旅顺口，第二年强行"租借"旅顺、大连。1903年8月，不顾中国人民的反抗以及英国、日本的反对，沙俄又擅自成立远东总督区，任命阿列克赛耶夫为总督，以旅顺为指挥中心，把中国东北看作了自己的领土。

明治维新之后，日本迅速摆脱了落后挨打的

状态，成了东亚地区唯一的资本主义强国。但是由天皇自上而下进行的改革，不可避免地保留了大量封建残余，尤其是军国主义思想。这使日本习惯于使用武力方式思考和解决国内外的一切问题。再加上岛国对土地的天然渴望，日本很快就走上了对外扩张的道路。而它的目标很明确，就是朝鲜和中国，即所谓的"大陆政策"。

1874年，日本侵略中国台湾；1894年，日本侵略中国内陆。甲午战争后，日本成为战争暴发户。2亿两白银的赔款和大片土地的割占使日本志得意满，尤其是得到的辽东半岛，更使日本获得了梦寐以求地踏上大陆的跳板。但在这里日本与有着同样浓重的军事封建色彩的沙俄不期而遇了。在沙俄的强势压制下，日本不得不放弃到嘴的肥肉，将辽东半岛"归还"给清政府。这样的羞辱使日本寝食难安，它开始着手对俄备战。

交错混战

日俄之间的矛盾已经十分明朗，但没有人出来进行斡旋或调节。甚至基于各自的利益考虑，它们纷纷选择站在这一方或那一方，鼓动战争情绪。英国在阿富汗问题上早就对俄国抱有成见——1899年，美国"门户开放"政策提出来之后，英国几次欲插足中国东北都遭到俄国的阻拦。所以选择了支持日本扩军备战。而欲与英国争霸的德国则站在了沙俄的一边。在这样的国际氛围下，日俄的战备竞赛越加激烈，战争气氛越来越浓，又一次帝国主义重新瓜分殖民地的掠夺战争开始了。

战争前夕，俄国庞大的疆土和人口使

◆日本关于日俄战争的漫画

小岛国日本相形见绌，但因为俄国一直将军事重点放在欧洲，因此在远东地区只有正规陆军9万多人，太平洋分舰队也只有60余艘作战舰艇。而全力以赴的日本则有37.5万陆军，且配备了专门适用于东北战场的山炮——海军战舰达到80艘，规格统一，性能良好。

针对这样的形势，俄国还需要时间将布置在欧洲的军队调往远东。因此它力图尽量拖延战争进程，将作战计划设定为牢牢控制黄海和朝鲜海峡，尽力阻止日军登陆。这个计划显得十分保守，且因缺少相配合的陆地作战规划而漏洞百出。

仿照德国兵制的日本在军事思想上，也奉行以强调进攻为核心的德国名将毛奇的理论。在俄国总人口和军事力量大大超过自己，但在远东局部弱于自己的情况下，日军统帅部本着出其不意、抢占先机的原则，决定首先突袭俄国太平洋舰队。取得制海权之后，他们再掩护陆军在朝鲜和辽东半岛登陆，在俄国增援部队到达之前集中优势兵力在辽阳和奉天一带歼灭俄军。

1904年2月8日午夜，日本军舰悄悄靠近了驻扎在旅顺港的俄国舰队。此时麻痹大意的俄国官兵还在酣睡当中，远处旅顺城中的俄国军官则在举行宴会。借助俄军舰的探照灯，日军准确地向俄军发射了鱼雷——其中3枚命中，俄军最好的三艘军舰毁于一旦。9日，日军又在朝鲜仁川逼沉两艘俄军舰，占据了海上的相对优势。不过，俄国军舰虽然损失不小，但保存的实力仍然不容忽视。因此，直到3月初，日本都没能达到封锁旅顺口的目的。

为加快战争速度，日本陆军开始强行登陆。3月21日，日军从朝鲜镇南浦登陆成功，并在4月中旬抵达鸭绿江左岸。九连城激战后，俄军被迫退往辽阳，日军进入东北的门户被打开。5月，旅顺已经处在日军海陆两面的夹击当中，日本统帅部认为夺取旅顺的时机已经成熟。6月中旬开始，日军开始发起全面争夺旅顺的进攻。负责旅顺防务的俄军将领斯捷赛尔屡战屡败。一道道保卫旅顺的屏障——金山、狼山等防线在他手中接连丧失。8月7日，大、小孤山之战后，旅顺外围前沿制高点落入日军之手。龟缩在旅顺港内的俄军舰，企图突破日本海军封锁但失败。日军虽然取得了一系列的胜利，但损失严重，日渐拖长的战争时间和战线严重损耗了它的力量。因此，虽已攻到旅顺城下，日军也已如强弩之末，只得停下进攻的脚步，改为长期围困。

8月24日，日军开始实施夺取辽阳的作

◆日俄战争中厮杀的俄军与日军

战计划。虽然之前作战中俄军暴露出来的腐朽无能已经使日军信心大增，但人数处于劣势的日军兵力、火力都使它精巧的作战计划大打折扣。全力以赴的日军虽然攻击态势凌厉，但损失极为严重。没想到的是，就在日军决定撤军之前两小时，屡屡失利的俄军将领库罗帕特金下令撤往奉天，将辽阳拱手送给了日军。

得到辽阳之后，日军与奉天只有沙河之隔，21万俄军和12万日军在此对峙。10月，俄军作战计划被日本间谍窃取之后，日军统帅大山岩将计就计与俄军在山地间周旋了一个多星期。最后精疲力竭的双方转入持久对峙。

此时，俄国增援部队已经源源不断地开到了远东战场，拖延下去形势将越来越不利于日军。因此，沙河会战之后，日军从9月19日，恢复了对旅顺的进攻。10月30日，第三次强攻，未果。日军总参谋长儿玉源太郎亲自接管指挥权，战场形势陡然改变——一天之内，日军就攻克了俄军占据的203高地。12月15日，在日军炮轰中，旅顺防御"灵魂"俄国康得拉钦将军殒命疆场。1月2日，俄军投降。

日本的陆地作战目标只剩下了奉天。1905年2月，日军在奉天地区集结了27万人，俄军总兵力为33万人。走投无路的俄军决心依仗优势展开反击——爆发了黑台沟之战。骁勇的哥萨克骑兵将日军逼到了绝境，但关键时刻犹豫拖沓的俄军总司令库罗帕特金，拒绝对担任突击任务的第2军进行增援，将大好战机再次奉送给了日军。

◆日俄旅顺港之战

5月，行动迟缓的俄国增援海军终于绕过好望角，通过马六甲海峡，经过220天的航行出现在对马海峡。这里是日本舰队主力布守的地区，经过了充分休整的日军正等待着俄军的到来。5月27日，对马海战正式爆发。疲惫的俄国海兵又一次在无能将领的混乱指挥下，付出了沉痛代价——除3艘舰艇逃出外，其余船舰在一天一夜的激战中全军覆没。

朴次茅斯和约

此时，俄国本土爆发了1905年革命。沙皇已无心恋战，而日本也担忧旷日持久的战争将自己消耗殆尽。在美国总统西奥多·罗斯福的斡旋下，1905年9月5日，日俄签订《朴次茅斯和约》：俄国承认日本对朝鲜的占有；旅顺、大连及附近海域的租借权转让给日本，长春至旅顺的铁路及其附属权利、财产、煤矿，也转让与日本；库页岛南端为日本永久占有。至此，日俄战争结束。

看得见的世界史

第七章 两战风云

战争从来是与文明相生相伴的。萨拉热窝的一声枪响,掀开了一战的序幕——马恩河奇迹、索姆河决战、日德兰海战……鲜血染红了河水,浸透了大地。

一战结束后的二十几个年头,二战又走进了现实——不列颠之战、偷袭珍珠港、斯大林格勒(今伏尔加格勒)战役、中途岛海战、诺曼底登陆……哀鸿遍野,满目疮痍。但法西斯军国主义,最终在正义面前缴械投降。两战风云,已成为人们不愿提起的痛苦回忆。

公元1914年6月

人物：斐迪南大公夫妇　　**地点**：波斯尼亚　　**关键词**：一战导火线

萨拉热窝的枪声

第一次世界大战是帝国主义国家两大集团间为重新瓜分世界、争夺殖民地而进行的战争，是资本主义世界经济体系危机的产物，是资本主义发展不平衡的结果。然而这一切的开始都要从萨拉热窝的枪声说起。

欧洲火药桶

巴尔干地区位于欧洲的东南部，濒临地中海，地处欧、亚、非三大洲的交会处，既控制着地中海和黑海的门户，也控制着通往印度洋的航路，战略位置十分重要。自14世纪以来，巴尔干地区一直处于奥斯曼帝国的殖民统治之下，因此这里的民众也一直在寻求建立独立国家。进入19世纪，随着奥斯曼帝国的逐步衰落，巴尔干地区的一些国家相继宣布独立，如塞尔维亚、保加利亚、希腊等。20

◆ 王储抵达火车站

1914年6月28日上午，斐迪南大公抵达萨拉热窝火车站，数百民众在车站迎接这位王储。与此同时，7名刺客也已混杂在人群中，伺机而动。

世纪初,野心极度膨胀的奥匈帝国开始对外扩张,战略位置极其重要的巴尔干地区自然成了其优先考虑的目标。

1908年10月6日,奥匈帝国等待的机会终于到来了——以本国侨民在巴尔干地区波斯尼亚的安全受到威胁为由,出兵吞并了原由自己托管的波斯尼亚和黑塞哥维那。这一军事行动激起了塞尔维亚的强烈不满,于是,塞尔维亚开始调动军队进行反击。而俄国也对奥匈帝国的动作大为恼火,立即宣布支持塞尔维亚的军事行动。就这样,奥匈帝国和塞尔维亚两国的军队在边境形成了对峙,战争一触即发。

此时,德国站出来给奥匈帝国撑腰,于1909年3月21日向俄国发出了最后通牒,警告其如果参与到这场战争中来,德国不仅将对塞尔维亚宣战,也将对俄国宣战。俄国刚刚经历了日俄战争的惨败,元气尚未完全恢复,只能选择忍气吞声。发现俄国也是有心无力,塞尔维亚也就不敢再有进一步的行动了。这件事传到塞尔维亚国内之后,民众一时间群情激愤,对奥匈帝国恨到了极点。于是在塞尔维亚国内,反对奥匈帝国的一部分人先后成立了"国防会""黑手会"等秘密组织,期望通过游击战、暗杀等极端方式来阻止奥匈帝国的扩张。

巴尔干战争

就在巴尔干地区局势趋于紧张的同时,奥斯曼帝国衣钵的继承者——土耳其帝国的日子越来越不好过了。其控制下的殖民地被很多新崛起的帝国看上了,这里面就包括意大利。1911年9月28日,意大利向土耳其发出了最后通牒,抗议土耳其在其北非殖民地

◆ 威廉二世

威廉二世1888年至1918年在位期间大力推行帝国主义政策,用他自己的话说就是"世界只有依靠德意志才能得救",他要为德国"谋求一个阳光下的位置"。1914年,他利用萨拉热窝事件挑起了第一次世界大战。

阻挠意大利在那里的"正常商务活动",并要求土耳其开放这些地区的自由通商权,否则就只能采取武力。面对意大利赤裸裸的挑衅,土耳其断然拒绝了它的无理要求,意土战争由此爆发。结果,土耳其惨败于意大利。而此时的巴尔干人民也想借此机会彻底摆脱土耳其帝国对他们的统治。

1912年8月,塞尔维亚、保加利亚、希腊和门的内哥罗这四个独立的巴尔干国家先后达成协议,组建了一个名为"巴尔干同盟"的组织,联合起来攻打土耳其帝国,以解放被它占据了多年的巴尔干土地。同盟

◆ 王储斐迪南与妻子在萨拉热窝

奥匈帝国王储斐迪南亲自到萨拉热窝检阅军队并指挥军事演习。奥匈帝国的蓄意挑衅激起了塞尔维亚爱国者的极大愤慨。

军很快就击溃了驻扎在巴尔干的土耳其军队，土耳其政府被迫求和进行谈判。1913年5月30日，各国在英国伦敦签署了《伦敦条约》。巴尔干同盟取得了巨大的胜利，由此获得了期盼已久的民族独立。但很快，胜利之后的短暂喜悦就被现实的分歧取代，最终又演变成了一场战争——由于保加利亚获得的领土面积最大，引起了塞尔维亚的不满。后者希望保加利亚能划出马其顿的一部分给它。而希腊则要求得到马其顿南部和西色雷斯。门的内哥罗也想从保加利亚手中取得部分土地，甚至连没有参加同盟的罗马尼亚也向保加利亚索要南多布罗加的土地。但保加利亚拒绝了上述四个国家的所有领土要求。于是这些国家开始组建反保联盟。巴尔干地区国家之间的战争由此拉开了序幕。

6月29日，保加利亚先发制人，对反保联盟里最活跃的塞尔维亚发动了进攻。不久，门的内哥罗、罗马尼亚、希腊等国也先后加入了这场混战。对巴尔干仍不死心的土耳其，随后也加入了对抗保加利亚的战争中。不久保加利亚就撑不住了，不得不请求和谈。8月10日，战争双方在罗马尼亚的布加勒斯特签订和约——保加利亚同意将马其顿的大半领土割让给塞尔维亚、希腊，并把多布罗加划给罗马尼亚，土耳其则重新占领了亚得里亚堡等。由于塞尔维亚获得了马其顿的大部分土地，严重威胁到了奥匈帝国在巴尔干的利益，因此引起了奥匈帝国的强烈不满。奥匈帝国开始寻找发动战争的机会，而且是和德国一起。

大战的帷幕

1914年5月，奥匈帝国总参谋长赫特岑

多夫与德国参谋长小毛奇举行会谈，讨论共同出兵塞尔维亚的军事计划。6月12日，奥匈帝国皇太子弗兰茨·斐迪南大公前往德国和威廉二世举行会谈，正式确定了共同进攻塞尔维亚的计划。两周之后，奥匈帝国开始在靠近塞尔维亚边境的波斯尼亚首府萨拉热窝举行大规模军事演习，假想敌即是塞尔维亚。而得意扬扬的斐迪南大公则决定带着他的妻子前往萨拉热窝进行视察，同时观看奥军的军事演习。塞尔维亚"黑手会"获知此消息之后，立即决定和波斯尼亚当地的秘密民族主义团体"青年波斯尼亚"，共同安排对斐迪南大公进行暗杀的计划，期望以此来阻止奥匈帝国对塞尔维亚的侵略。

6月28日清晨，获得斐迪南大公即将在当天访问萨拉热窝的消息之后，7名刺客便被安排在斐迪南的必经之路上，以确保此次行动万无一失。

上午10时，斐迪南夫妇在城郊检阅军事演习之后，乘坐敞篷汽车进入萨拉热窝城区。此时，趾高气扬的斐迪南不会知道，死神正在一步步向他逼近。当斐迪南的车队驶至市中心的阿佩尔码头时，埋伏在这里的第一个刺客没能动手，因为一个警察走过来站在了他的面前。另外一名刺客则突然从道路两旁围观的人群中冲了出来，奋力向斐迪南乘坐的车辆扔出一枚手榴弹。但这枚手榴弹被车篷挡了一下，掉到了地上，在后面一辆汽车前方爆炸。受到惊吓的斐迪南很快就缓过神来，故作镇静地走下车来察看爆炸现场，并指着那名已经被抓的刺客对大家说："先生们，这个人疯了，我们还是按原计划进行吧！"

随后，斐迪南按照原计划参加了市政厅的欢迎会，之后又决定驱车前往医院看望在爆炸事故中受伤的随从。但在前往医院的途中，又遇到了一名埋伏多时的刺客——19岁的波斯尼亚青年加夫里洛·普林西波。他用勃朗宁1900型手枪，对着斐迪南夫妇连开7枪。斐迪南夫妇分别被击中了颈部和腹部，10小时后，双双离开人世。

斐迪南夫妇被暗杀的消息传到奥匈帝国国内，国内一片哗然。该国于7月28日正式向塞尔维亚宣战，并开始进攻塞尔维亚。俄国这时候也坐不住了，开始全国总动员，出兵援助塞尔维亚。8月1日，德国向俄国宣战，继而向法国宣战。8月4日，德国入侵中立国比利时，导致英国对德宣战。随后英国又向奥匈帝国宣战。至此，第一次世界大战在萨拉热窝的枪声中拉开了帷幕，协约国和同盟国两大敌对阵营，终于开始了一场旷日持久、真刀真枪的较量。

◆ 加夫里洛·普林西波被捕

加夫里洛·普林西波暗杀斐迪南大公后被逮捕。此后，他被判20年监禁，在1918年死于狱中。而这次暗杀也成了早就想吞并塞尔维亚的奥匈帝国发动战争的绝好借口。

公元1914年9月

人物：小毛奇 霞飞　地点：法国　关键词：翻盘奇迹

马恩河翻盘奇迹

德军在马恩河战役败退之际，惊慌失措的小毛奇向德皇威廉二世发出了一封电报："陛下，我们输掉了这场战争。"他说得很对，德国人不仅输掉了马恩河战役，而且必定会输掉整个战争，只不过还需要4年多的时间来证明而已。

◆ "沙朗"出租车

1914年8月，巴黎军事长官约瑟夫·加列尼将军下令征用巴黎所有的出租车，以便将6000多名士兵运送到前线。马恩河战役中，1910年产的"沙朗"出租车是几千辆将法国士兵从巴黎运往前线的车辆之一。

施里芬计划

法国在1870年与德国的战争中以惨败而告终，拿破仑三世的法兰西第二帝国也在这一过程中土崩瓦解，普鲁士国王威廉一世则登基成为德意志帝国皇帝。这一系列的打击让法国人受到了极大的刺激。因此，法国在战后开始着手巩固法德边界上的工事——这条防线东南端从靠近瑞士的阿尔卑斯山脉开始，沿线经过贝尔福、埃皮纳尔、土尔和凡尔登，结束于西北端的阿登森林，再往北就是卢森堡、比利时等国。当这项庞大的防御工程完工之后，法国人长舒了一口气。他们认为德国人不会再像1870年那样直接从法德边界发动进攻，从而长驱直入法国境内了。

就在法国人认为凭借这条防线可以高枕无忧的时候，德国人也一直没有闲着。1891年至1906年担任德国陆军总参谋长的阿尔弗雷德·冯·施里芬通过多年的研究并根据德军的特点，设计了一项名为"施里芬计划"的进攻策略，即绕过法国军队重兵布防的法德边界，从比利时和荷兰东南部突入法国北部地区，直插其首都巴黎。

按照施里芬精心设计的作战计划，德军将以最靠近法国边境的德国城市梅斯为中心分为左右两翼——其中配置有79个陆军师的右翼为主攻方向，他们将以迅雷不及掩耳之势突入比利时，迅速击溃比军之后攻入法国内陆，从而让法国人苦心经营的法德边界堡垒防线化为乌有。而由8个师组成的德军左翼则需要一直留在法德边界，以牵制正面法军主力。如此布置下来，德军部队就会像一把长长的镰刀横扫法国北部地区，从而可以随后从北、西、南三个方向包围巴黎，并最终迫使法国进行和谈。

施里芬计划除了将法国军队纳入考虑之外，还加入了英国会派出10万人远征军的假想，最后还不忘对东线俄军可能采取的攻势进行了安排（鉴于俄军较慢的动员速度，施里芬只是在东线部署了10个师的兵力）。

德军的右翼

大战爆发前夕，80岁的施里芬走到了生命的最后阶段。然而，他用毕生心血而为的

◆ 威廉二世和小毛奇视察战场

马恩河战役中德军败北后，小毛奇也因此被威廉二世免去德军最高指挥官之职。西线战争至此转入持久的阵地战阶段。

施里芬计划，在他去世一年多后，就被他的继任者小毛奇修改了。这也导致了德国人最终的被动。小毛奇的全名是赫尔穆特·约翰内斯·毛奇，他的叔叔就是德国历史上赫赫有名的军事将领赫尔穆特·冯·毛奇，又称老毛奇。但小毛奇没有从他叔叔那里学到什么真正的本领，而是靠着和德意志皇帝威廉二世一起从小长到大的伙伴关系，获得了格外关照，一步步当上德军总参谋长。

小毛奇修改了施里芬计划，将施里芬一再强调的德军右翼部队减少了1/3兵力，将这些削减下来的部队补充给了左翼，甚至还有东线。此外，小毛奇还放弃了对荷兰的进攻。因为他觉得德军只需要通过比利时就可以到达法国。不久，德国右翼的两个集团军不得不为通过比利时狭窄的列日要塞区而伤透脑筋，不仅人员受到了极大损失，最关键的是宝贵的时间也在比利时被消耗掉了。

1914年8月4日，德军右翼开始大举入侵比利时。德军原本认为可以在几天内结束战事，却在列日要塞拖了十几天，直到8月16日才完全攻占这个要塞。8月20日，德军占领了比利时首都布鲁塞尔。随后，在比利时国王的恳请下，法国军队开始进入比利时境内。8月22日，在阿登森林地区与德军不期而遇，双方很快就爆发了大规模交战。很快，德军占据上风，法军总参谋长约瑟夫·霞飞不得不下令部队全线撤退。德军于8月24日开始突入法国境内。而在德军的左翼，法军从8月14日就开始从阿尔萨斯—洛林一线发动了攻势，希望以此来牵制德军在比利时的进攻，并夺回自己在40多年前丢失的土地。准备充分的左翼德军抵挡住了法军的进攻，但此时小毛奇被暂时的胜利冲昏了头脑。他命令德军立即向退回坚固阵地中的法军实施攻击。很显然，这种攻击完全是徒劳的，反而给自己增加了许多伤亡。

到了8月底，法国人的处境已经是岌岌可危，似乎德军很快就会攻到巴黎城下。在这个危急时刻，屡次指挥作战皆失利的霞飞将军并没有慌乱，开始大规模地调兵遣将。霞飞将军将从阿尔萨斯—洛林地区抽调出来的部队和法军预备役部队混编成第6集团军，同时将费迪南·福煦的新编第9集团军调到与德军正面交锋的第5集团军右翼。此外，霞飞将军还撤换了几十名在此前战斗中表现令人失望的军官，其中包括两名集团军司令。

在霞飞将军的有效调度之下，法军的抵抗开始逐步变得有效起来。而在此时，小毛奇犯下又一个致命错误：面对俄军在东线的进攻，慌了手脚的他立即从德军右翼部队中抽调出两个军的兵力运往东部前线。加上德军需要在比利时留下大批部队以清剿比军残余力量，马恩河附近的法军数量对德

> **延伸阅读**
>
> **施里芬和施里芬计划**
>
> 施里芬于1865年进入德军总参谋部工作，1891年任德军总参谋长。他对毛奇、克劳塞维茨的战争理论充满敬意，在德军总参谋部期间，对法国和俄国进行了深入研究，同时根据著名的坎尼之战获得的启示（即汉尼拔采用包围敌军两翼和后卫的战术击败了强大的罗马军团），为德国拟定了一个大胆的战争构想：利用德国兵力动员迅速的优势先行击败法国，然后集中力量对抗俄国。因为俄国落后的军事动员机制，其至少需要6周至8周才能完成战争动员，所以德国可以利用这一时间差和自己发达的铁路网，通过比利时对法国北部地区实施突袭，从而迅速打败法国，这就是施里芬计划的雏形。至1905年12月，施里芬完成施里芬计划的最终方案，并在1906将此计划交托给小毛奇。

军数量由此取得了1.8∶1的局部优势。

法国的反击

1914年9月2日，德国第1集团军进抵马恩河，并开始准备渡河以直取巴黎。这一天，法国政府也开始向南疏散，霞飞则很快就将巴黎变成了一座大兵营，各路法军部队在这里重新进行集结，并按照他的指挥奔赴马恩河沿线，等待德军即将发动的进攻。而此时的德军经过近一个月的连续作战，已经疲惫不堪，再加上后勤补给时断时续，士气已经降到了最低点。

9月4日，霞飞将军命令法军第6集团军主动出击，渡过马恩河攻击德军的侧后方，其他法军部队则在马恩河沿岸发动反攻。第二天，出击的法军就和德军第1集团军交上了火，双方爆发了一场激烈的遭遇战。随后不久，法国第5集团军在弗朗歇·德斯佩雷的率领下突入德军第1集团军和第2集团军之间的防御缺口，在德军防线上硬生生撕开了一个口子，法军随即发动了全面反攻。而此时担任掩护任务的法国第9集团军受到了来自两个德国集团军的猛烈进攻。在福煦的亲临指挥下，法军顶住了德军的进攻，胜利的天平由此开始向法国人这边倾斜。

9月8日，法军将两个德国集团军之间的缺口进一步扩大，并最终将这两股德军彻底分割开来。第二天，德国第2集团军面对即将被包围的危险，率先开始向北撤退。看着

◆霞飞将军

霞飞将军在一战期间任法军总司令，指挥的马恩河会战和凡尔登战役直接影响了法德两国的命运，也影响了整个欧洲的历史进程。

自己旁边的队伍撤离了，德国第1集团军也在同一天开始全线撤退。至9月11日，德军已经全部撤离马恩河阵地，马恩河会战由此结束。

在这次战役中，交战双方先后投入了超过150万总兵力，而伤亡总人数则在30多万，其中法军伤亡约14万人，德军则伤亡近22万人。德军在此次战役中遭遇了巨大的失利，也失去了在闪电战中击败法国的最好机会。法国则凭借着这场逆转性的胜利，改变了法兰西再次被德军攻占的命运。

公元1916年7月—11月

人物：霞飞 黑格　　地点：法国　　关键词：坦克第一次实战应用

决战索姆河

　　1916年初，就在德国人为进攻凡尔登而紧锣密鼓准备的时候，法国人也没有闲着。他们正谋划着在法国北部的索姆河地区发动对德军阵地的进攻作战，而设计和部署这一战役的人正是此前已为法国立下赫赫战功的霞飞将军。

协约国的豪赌

　　霞飞希望通过索姆河战役迫使德国从俄国战线撤出部队，从而给德军以致命打击，以尽早结束这场已经造成巨大伤亡的战争。根据法英两国的协定，英国军队将在这场战役中给予法国方面最大的支持，将派遣最大规模的部队参战。英国远征军的指挥官是道格拉斯·黑格爵士。当他获知霞飞的作战计划之后，曾劝告过后者，希望能从易于进攻的佛兰德地区发动协约国的攻势，而不是在没有任何战略意义的索姆河地区做文章。但他的建议很快就被霞飞拒绝了。

　　此时，英国的志愿应募制已经被征兵制取代，所以可以从加拿大、澳大利亚、新西兰、南非和印度获得大批兵源。但由于这些新兵需要时间去训练，所以黑格稍后又建议霞飞推迟索姆河战役的时间，以便使协约国获得足够的优势，确保最终战役目标的达成。此外，黑格还在等待一种崭新秘密武器的到达，他认为这种武器将彻底改变堑壕战的战局。于是，他请求霞飞将战役推迟到8月15日，而不是之前制定的7月1日。然而霞飞再次否决了他的提议，坚持按照原定计划时间发动进攻，因为此时在凡尔登方向，法军的压力依然非常大。黑格在日记里这样描述当时的场

◆ 冲锋前的准备

索姆河战役的惨烈程度是惊人的，照片中的英军士兵正在做着冲锋前的准备——给自己的恩菲尔德步枪上刺刀。

景："我提到的时间是8月15日，霞飞马上很激动地说：'如果到那时我们还无所作为，法国军队就要被消灭了。'"

按照霞飞最初的设想，协约国会安排两个法国集团军和一个英国集团军在索姆河附近一条近100千米长的战线上对德军发动进攻。但法军在凡尔登被德军纠缠上之后，法国能用于索姆河战役中的兵力就大大减少，英国军队因此成了发动进攻的主力。协约国最初投入的兵力为39个师（战役过程中增加到86个师），其中英军25个师，以第4集团军为主，第3集团军为辅，在索姆河北岸卡尔诺以北地区发动进攻，正面25千米；法军第6集团军14个师，跨索姆河在英军右侧进攻，正面15千米。此外，协约国部队还有2189门火炮、1160门迫击炮以及约300架作战飞机，在兵力总数和火力配备方面均超过防守德军。但担任主攻任务的英国军队中的很多部队都是由英联邦各国提供的，在协同配合方面经验比较欠缺，而且其中很多是新兵，没有任何实战经验，受到的训练也不充分。因此，他们中的很多人在战役发动的第一天就在冲锋中被打死了。

惨烈的战斗

英法军队的对面是正在磨刀霍霍等待敌军进攻的德军部队，主要是第2集团军，其第一线为9个师，预备队4个师（后总兵力增

◆战场上的霞飞与黑格

1915年，霞飞（前排中）与道格拉斯·黑格（前排左）在战场前线。这一年的12月10日，黑格出任英国远征军司令。

至67个师）。从部队数量上来看，德军处于绝对劣势，但他们也有自己的杀手锏。自一战开始以来，索姆河地区相对于其他战火纷飞的地区来说，算得上相当平静，双方更多时候都是在静默中对峙，很少发动大规模的攻坚战。可能是这一点促使霞飞选择将这里

作为协约国在1916年的主攻方向。但德军在索姆河地区的防御工事的坚固程度,完全超出了霞飞的想象。德军在这里一直都没有闲着,为加强3个主要防御阵地的防御能力,他们在沿河的2个方向做了大量准备工作,例如在坚实的白垩土中精心构筑了分隔开的地下坑道网等。这些堡垒包括厨房、洗衣房、急救站等设施,还有庞大的弹药储备,即使是强大的炮击也无法破坏这个地下综合掩体。这些掩体的进出口都隐蔽在村庄住房和附近树林中,有效保护了防守德军的安全。而且这些防御堡垒是逐个升高的,从而形成了密集的交叉火力网,迫使协约国的进攻者要冒着火力一级一级爬上来,而这段时间则成了德军最好的攻击时间。相对于德军完善的防御工事,协约国的露天堑壕工事显得非常简陋,士兵一旦探出身来,就会被德军狙击手干掉;从这些工事中跃出后发动大规模地面进攻,协约国的士兵都将成为隐蔽在掩体中的德军的最佳枪靶子。此外,协约国在战役准备的保密工作上也做得非常差,这些国家的驻外使馆武官在诸多场合透露了会发动大规模攻势的言论,这些情报被德国安插在马德里、海牙等地的间谍一一传回德国。当英法军队大批调往索姆河地区的时候,验证了上述情报的准确性,德国人更加明确了他们的防御重点,他们正静静地等待

◆ "马克" I 型坦克

照片中坐在"马克" I 型坦克上的英国士兵显得兴高采烈。对于他们来说,坦克厚达12毫米的车身钢板足以抵挡11.43毫米的机枪子弹,还能搭载他们越过又高又深且满是烂泥的壕沟。

6月24日，协约国前沿炮兵部队开始对索姆河地区的德军阵地实施大规模炮击，为随后的阵地进攻扫清前进的障碍。这次炮击持续了整整6天，协约国军队共发射150万发炮弹——这个数字比英国在一战第一年全年制造的炮弹总数还要多。爆炸的场面异常"绚丽"，特别是在夜晚，很多协约国士兵都会爬出战壕，遥望德军阵地上星星般闪烁的爆炸。他们中的很多人都觉得数天之后的进攻将会是例行公事，因为在如此规模的打击下，德军是无法存活下去的。很快，这些人就会明白这样的想法是大错特错。

而在另外一侧，德军士兵安全地躲避在防御坑道里面，这其中还包括一位德军下士，他的名字叫阿道夫·希特勒。这个时候的他和大多数防御工事里的德军士兵一样，充满了对几天后战斗的期待，因为他们知道协约国的士兵会在德军完善的防御工事前像被割韭菜一样被消灭掉。对于当时的情景，希特勒在他的日记里是这样写的："我毫不羞愧地承认，我为热情所陶醉。我跪了下来衷心地感谢上帝，为了荣幸地允许我活在这样的时候。"

7月1日，协约国的3个集团军在战线的3个方向上分别发动了攻击，并在部分地区突破了德军的第一道防线，但也因此付出了惨重的伤亡——当日被德军马克沁机枪杀伤的人员数量就达到了近6万。第二天，英法军队攻占了德军第二道阵地，并一度占领巴尔勒、比阿什等德军防御要地。但随后德军投入了大量预备队对上述区域进行反复争夺，协约国的推进速度被迟滞。至7月中旬，协约国军队仅向前推进了数千米，没有达到战役预期目标，战斗陷入了僵局。进入8月初，英法军队数量增加至51个师，作战飞机也增加至500架，但仍不能改变战局。此时，德军也增加至31个师，僵局仍然未打破。

9月15日，英军在战斗中第一次使用了新式武器——坦克，也就是黑格爵士之前提到的秘密武器，总计49辆。但由于机械故障等原因，实际投入战斗的只有18辆。坦克投入战斗之初，的确让德国人吓了一大跳，也取得了一定的成效，配合步兵进攻取得了当日推进4千米至5千米的不俗战绩，之前每日推进速度仅150米至200米。但由于坦克数量有限，且战线宽度大，再加上技术远没有达到完善而故障频频。所以总体上取得的成效不大，对于索姆河战役的最终结局起不到多大的作用，反而在后续几次战斗中被德军击毁了10辆。

无言的结局

战役进入秋季之后，天气状况开始变得恶劣，大多数时间都是阴雨连绵，使得道路泥泞，很难再发动较大规模的攻势，索姆河地区的战斗开始趋向平静。至11月，索姆河战役正式结束，协约国的这一作战计划以失败告终，它们近半年的进攻最终只获得了一块10千米宽、50千米长的狭长地带，其中没有任何有价值的战略要地。协约国共伤亡79.4万人，德国伤亡53.8万人。霞飞也因此而很快被解除了所有职务，虽然他同时被晋升为法国元帅。但人们都清楚这个头衔只是个幌子而已。即便如此，索姆河战役还是消耗了大量德国军队的有生力量。胜利的天平经过1916年之后，开始完全倒向协约国一边。

公元1916年5月—6月

人物：杰利科 贝蒂　　地点：丹麦　　关键词：一战最大规模海战

日德兰海战

1916年5月的最后一天，呼啸的海风夹带着浓烈的咸味，吹过了斯卡格拉克海峡。在北海波涛汹涌的海面上，人类创造出来的最可怕的钢铁巨兽，狠狠地碰撞在了一起。此后，全世界人都记住了一个伟大的名字——日德兰。

决战前夕

1916年，已经是一战的第三个年头。在马恩河，在香槟—阿杜瓦，在马祖尔湖，几百万武装到牙齿的士兵在厮杀、战斗和流血，战斗机、毒气弹、马尔斯巨型火炮等这些可怕的杀人武器，相继亮相。陆地上打得这样热闹，海上也不平静。德国潜艇虽然屡屡偷袭英国的商船，但面对实力强大的英国本土舰队，德国的公海舰队也只能老老实实地龟缩在不来梅港和威廉港内。英国人嘲笑这支舰队是"存在舰队"，把堂堂的德国海军看成了"看门狗"。自尊心极强的德国皇帝威廉二世对此大为恼火，决定走马换将，任命海军上将莱因哈特·舍尔为公海舰队的新司令。这位水兵出身的海军上将一向以勇猛、好斗著称，他向皇帝提出了一个新的作战计划——以小规模舰队骚扰英国海岸，诱使英国

◆ 贝蒂中将塑像

日德兰海战结束后的第三年，贝蒂中将被晋升为海军元帅，并被封为伯爵，以作为对他长期服役和所做贡献的奖励。

的分舰队出击,再以公海舰队的主力围而歼之,然后和实力严重削弱的英国本土舰队进行决战。威廉二世对这个"钓鱼"战术非常满意,很快就批准了舍尔上将的计划。

1916年5月30日,德国海军中将施佩尔带领5艘战列巡洋舰、5艘巡洋舰、20艘驱逐舰组成的"诱饵舰队"驶出了威廉港,目的地是日德兰半岛和瑞典之间的斯卡格拉克海峡。在航行过程中,施佩尔命令部下不断地用无线电发报机发报,生怕英国人不能发现自己,耽误了整个"钓鱼"行动。5月30日中午12点,一份德国海军将于次日出动的情报放到了英国本土舰队司令杰利科海军上将的办公桌上。尽管不知道德国舰队出动的规模,杰利科上将和他手下的贝蒂中将还是制订了一个和德国人类似的作战方案——贝蒂中将率领一支分舰队与德国舰队主动交火,然后再伺机撤退。等德国舰队开始追击后,杰利科上将率领本土舰队的主力从侧翼出击,一举消灭德国舰队。

意外的遭遇

5月30日晚,贝蒂中将率领着4艘战列舰、6艘战列巡洋舰、12艘轻型巡洋舰和27艘驱逐舰组成的"英国版"诱饵舰队从军港

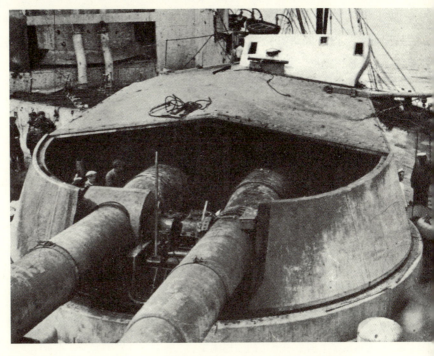

◆ 日德兰海战中受损的"狮"号巡洋舰

日德兰海战中,英国皇家海军的"狮"号巡洋舰被德军舰主炮12发大口径炮弹命中,险些沉没。这张照片拍摄于1919年6月,维修人员正在修复"狮"号巡洋舰,主炮的前装甲板已被卸下。

出发了。几个小时后,杰利科海军上将率领着本土舰队的主力也出发了,就尾随在贝蒂舰队的身后。第二天下午2点,两支庞大的舰队都出现在了北海的海面上,在贝蒂舰队的东边就是施佩尔的舰队,只是双方都没有察觉到对方的存在。下午2点20分,一艘丹麦籍货轮从两支舰队之间经过,货轮不早不晚地拉响了自己的汽笛,一股浓浓的蒸汽冲天而起。德国巡洋舰"埃尔平"号和英国巡洋舰"加拉蒂"号都向货轮方向靠近,它们很快就发现了对方,英国人抢先发射了这次海战中的第一发炮弹,日德兰大海战的序幕终于拉开了。

当时双方的实力对比是这样的:本土舰

队有37艘"无畏"级战列舰和战列巡洋舰，34艘巡洋舰和80艘驱逐舰；而公海舰队只有23艘"无畏"级战列舰，11艘巡洋舰和63艘驱逐舰。那"无畏"级战列舰是什么样的军舰呢？1906年，英国海军花费750万英镑打造的巨舰"无畏"号下水，这艘"海上堡垒"装有10门305毫米主炮，满载排水量达到了2.1万吨，航速更是达到了可怕的21节。由于火炮设置巧妙，任何方向来袭的敌人都会同时遭到8门主炮的攻击，每4秒钟就会有8发305毫米的炮弹倾泻到敌人的头上。"无畏"号诞生后，各国纷纷效仿，主炮口径在12.5英寸到15英寸之间，排水量在2万吨到2.5万吨之间的战列舰也被统称为"无畏舰"或"超无畏舰"，这种海上怪兽一时间成了海军力量的象征。日德兰海战中，杰利科和舍尔手中的王牌也正是这些无畏舰。

惨烈的决战

贝蒂中将和施佩尔中将几乎同时得到了敌袭的报告，施佩尔命令舰队向东南方向，也就是公海舰队主力所在的方向撤退。好不容易遇到德国军舰的贝蒂下令全速追击，完全忘记了自己诱饵的身份。就在两只前卫舰队大玩"猫捉老鼠"游戏的时候，他们身后的主力舰队也在加速赶往战场。下午3点48分，贝蒂舰队和施佩尔舰队开始了战斗。由于德国军舰装有先进的测距仪和指挥系统，所以德国军舰的射击更加准确，贝蒂舰队中的战列巡洋舰"狮"号、"虎"号、"玛丽王后"号相继中弹。下午4点整，一枚穿甲弹击中了贝蒂的旗舰"狮"号的炮塔，几乎引发了弹药库的大爆炸。幸亏炮塔指挥官哈维少校在临死前下令向弹药库注水，"狮"号这才避免了被炸上天的命运。战后，哈维被授予了英国军人的最高荣誉——维多利亚十

◆ 经历了日德兰海战后的"塞德利茨"号巡洋舰停靠在港口

这艘德国海军的巡洋舰于1911年11月5日开始服役，在日德兰海战中与"德弗林格尔"号一同击沉了英国皇家海军的"玛丽王后"号巡洋舰。而它也在这场海战中被22发大口径穿甲弹和1枚鱼雷击中，5座主炮塔全部失去作战能力，船舱进水量达5300吨，在与舰队失散的情况下，返回德国本土基地，因此有了"不沉战舰"之名。

字勋章。"玛丽王后"号就没有那么好的运气，几发炮弹击中了它的弹药库，在一声惊天动地的爆炸声里，这艘排水量达到2万吨的无畏舰变成了一个火球，沉入了北大西洋冰冷的海底，船上的1275名船员中只有9人生还。几分钟后，英国军舰"不屈"号也步了"玛丽王后"号的后尘，第一轮交锋德国舰队以2：0领先。

祸不单行，就在贝蒂为巨大的损失而心痛的时候，舍尔率领的公海舰队主力赶到了战场。一看形势不妙，贝蒂急忙下令舰队向北撤退。杀红了眼的德军舰队哪里肯放过英国人，他们全力追击，完全不知道自己追逐的也是一个有毒的诱饵。晚上6点左右，杰利科的本土舰队出现了，24艘"无畏"级战列舰排成了海战中最能发挥火炮优势的"T"阵形进入了战场，而公海舰队的阵形却是不利于火炮射击的纵队形。尽管德国军舰又击沉了英国军舰"无敌"号，但德军的战列舰"吕措夫"号也被打得千疮百孔。这时，舍尔从被俘的英国水兵口中得知自己面对的是整个本土舰队，上将这才发现他钓上来的不是可口的金枪鱼，而是要命的大白鲨，舍尔终于决定撤出战场。晚上7点整，"吕措夫"号带着肚子里的几万吨海水发起了决死冲锋，德国驱逐舰也向几个方向发动了佯攻，以掩护己方的战列舰突出重围。双方的巡洋舰、驱逐舰互相英勇地冲锋，战列舰305毫米主炮的炮口不停地闪动着耀眼的光芒。

6月1日凌晨3点，公海舰队终于冲破了本土舰队的包围，从合恩礁水域撤回了威廉港，追踪而来的英国人却只能在水雷区外愤怒地咆哮，德国人布下的水雷让他们望而却

延伸阅读

日德兰鱼雷

鱼雷是一种能在水中自导、自控、自航，在水中爆炸毁伤敌方舰船的武器。一战中，鱼雷已经成了仅次于舰炮的主力武器。在战斗中，发射出去的鱼雷要么击中目标，要么自沉于海底，可在日德兰海战中，英国超无畏级战列舰"普鲁斯"号发射的一枚533毫米白头鱼雷，既没有击中目标，也没有沉没。它竟然像幽灵一样在大洋中漂泊了50多年，先后在北海、北大西洋、百慕大三角、美国东海岸等许多地方出现过，许多国家的海军官兵、船员都亲眼见到过这枚"古董"武器。其实，这枚鱼雷漂浮的原因很简单：一战时鱼雷的装药量很少，一般不超过30千克，而且鱼雷"身体"里有一个占其总长度1/2的密封气舱，这样鱼雷的浮力和本身重力几乎持平，所以它浮而不沉，还随着海水的流动开始了漫游。

步。4点15分，杰利科上将命令本土舰队返航，日德兰海战终于结束了。

这场战斗中，英国人损失了3艘战列巡洋舰、3艘轻型巡洋舰和8艘驱逐舰，伤亡6900余人；德国人损失了1艘战列舰、1艘战列巡洋舰、4艘轻型巡洋舰和5艘驱逐舰，伤亡3000余人。

作为战列舰时代最辉煌的一次战斗，日德兰海战让越来越多的国家认识到了巨舰大炮的不足。也正是在这次海战之后，航空母舰和潜艇逐渐成了海战中取胜的决定性武器。

公元1918年8月—11月

人物：鲁登道夫 威廉二世　地点：德国　关键词：一战结束

一战谢幕演出

1918年，败局已定的德军在西线发动了数次大规模攻势，但最终也只能是无用的挣扎。终于在这一年的11月11日，德国宣布投降，第一次世界大战正式画上句号。这场战争总共有五大洲的30多个国家参加，双方参战兵力达6000多万，伤亡3000多万，因战争而死于饥饿和疾病的平民达1000万，交战各国的经济损失达2700亿美元，是一场不折不扣的人类浩劫。

◆ 德军最高指挥当局

1917年，德皇威廉二世（中）与保罗·冯·兴登堡（左）、鲁登道夫（右）在德军总部研究作战方案。威廉二世左臂先天残疾，照片中他习惯地将左手插在兜中，而兴登堡和鲁登道夫也都将他们的一只手插在兜中。

初试啼声的美军

1917年2月，德国重新开始了无限制的潜艇战，这一举措彻底惹火了美国。美国开始对德宣战，加入到协约国的行列。1918年，德国人在西线对协约国发动了一次闪电战——米夏埃尔行动计划。但结果是德国人在行动中损失巨大。德国人知道时间对于他们来说已经不多了，所以德军最高指挥之一鲁登道夫决定不给协约国军队以喘息之机，于1918年5月27日，在法国东北部的佛兰德发动进攻。为了迷惑敌军，鲁登道夫还在谢曼德达姆等地实施了佯攻。虽然此时协约国军队根

◆加拿大士兵进入法国北部城镇康布雷

这张照片拍摄于1918年10月。此前，撤退的德军在镇上放了一把火，但由于加拿大士兵的迅速到来，使得这个小镇避免了被焚毁的厄运。

据德军渗透部队的战术已经研究出了弹性防御战术，但在谢曼德达姆驻守的法军指挥官仍然机械地照搬步兵教科书上的防御战术，把重兵放在前沿，致使德军的渗透战术再一次取得成功。进攻开始不到一个小时，德军就突破了布满守军尸体的防线，朝着法军的后方挺进。看着佯攻的德军部队反而获得了战场的主动，鲁登道夫决定改变作战计划，命令在谢曼德达姆进攻的德军转为主攻部队继续全速挺进。几天后，势如破竹的德军居然又顺利推进到了几年前他们战败过的地方——距离巴黎不到60千米的马恩河畔。

此时，巴黎的防守非常薄弱，不得不将距离这里最近的潘兴将军率领的美国远征军的两个师拉过来。这些美国兵基本上没有多少作战经验，正在所谓的后方接受作战的基本训练，而现在后方也因为德军的进攻变成了前线。于是，美国远征军开始了在欧洲战场上的第一次战斗，结果居然击退了德军的进攻，迫使德军于6月6日结束了对巴黎的进攻。随后，这场战役中最激烈的一次战斗在一个叫作贝莱奥森林的地方展开。

经过3个星期的苦战，美军完全夺取了这片森林，与他们交手的德军士兵也不得不佩服这支初出茅庐的作战部队，称他们是"鹰犬之师"。为了表彰美国海军陆战队英勇作战的事迹，法国政府在战争结束后，将这座已被打成秃山的森林命名为"海军陆战队森林"，而这座森林在名义上也被划归美国政府所有。

全线崩溃

自此，德国人再也没有能力发动新的攻势，接下来该兵强马壮的协约国军队发言了。1918年7月18日，协约国的埃纳－马恩河反攻作战开始了。美国远征军的8个师首次作为主力部队担当主攻任务，一鼓作气将德军赶回了沿埃纳河和维斯尔河一线的防御阵地。与此同时，英国远征军也发动了一系列的反击作战，法军也进行了配合作战。8

◆ 欢呼胜利

听闻德国签署停火协议，美军第7步兵师第64团的士兵用欢呼和挥舞钢盔来表达他们的兴奋心情。

月8日，德军在西线全线崩溃，虽然还在苦苦支撑，但胜利对于他们来说已经是一件遥不可及的事情。

接下来，协约国开始谋划对德军的最后决战，期望通过一次大的会战彻底结束这场战争。他们计划对德军形成一个巨大的"压缩"包围圈：包围圈的左翼为英国远征军，向东横扫比利时和法国北部；右翼是美军第1集团军和法国军队，向北穿过默兹河和阿尔贡森林区。如果协约国的右翼部队能够突破德军的五道防线，并杀开血路穿越大约65千米的无人区，就能切断德军主要的铁路供应干线，迫使德军沿崎岖的阿登山区两侧后撤。因此，作为右翼主攻部队的美军是整个战局的关键。60万名美军、4000门大炮、4万吨弹药以及不计其数的补给品被火速运至战场前线，准备在9月底发动可以一锤定音的默兹－阿尔贡攻势。其中，中路美军将作为主力，长驱直入穿过蒙福孔山插入德军在罗马格涅和库内尔的第三道防线。左路美军将扫荡森林和埃尔河谷进抵格朗普埃，这也是德军第三道防线中的一个主要堡垒，右路美军将占领库内尔和默兹河之间的地区。与此同时，法军部队将在阿尔贡森林西部和默兹河东部支援美军部队，进行策应作战。

9月26日，美军第1集团军打响了默兹－阿尔贡攻势的第一枪（同一天，保加利亚退出了同盟国）。在进行了3个小时的炮火准备之后，美军步兵开始一波又一波地冲向德军阵地。然而，战局的发展却不尽如人意——美军的进攻遭到了德军的顽强阻击。随后，德军6个师的增援部队赶到前线，补充到防守阵地中。10月1日，潘兴将军不得不承认在美军初期作战中没有达成既定战略目标的事实，但还是坚持继续进攻，保持对德军的持续压力。

10月4日，美军总算在德军防线上撕开了一个口子，并通过这个口子突入到德军的防御纵深处，德军防线开始全线撤退。在随后几周的战斗中，美军最终突破了德军的第三道防线，取得了战役的主动权。由于美国人在此处的凌厉攻势，迫使鲁登道夫动用他的27个最精良的后备师，以增援摇摇欲坠的默兹－阿尔贡战线，从而缓解了其他战区协约国军队的压力。此后不久，土耳其、奥匈帝国等先后退出了同盟国，德国成了孤家寡人。

谢幕演出

1918年11月6日，美国第1集团军抵达了色当附近俯视默兹河的高地，对德国密集的铁路网进行了炮击，致使德军在此地的铁路运输陷入瘫痪。随后，美军强渡默兹河，攻占了位于色当和梅斯之间的整个德军阵地。与此同时，协约国左翼的英国远征军给予北路德国集团军群以沉重打击，迫使德军退向莱茵河。在一片风雨飘摇之中，德国开始走向最后的崩溃。而德国许多部队的士兵也纷纷起义，拒不执行最高统帅部的命令。11月7日，由中央党领袖、新任国务部部长马蒂亚斯·埃茨贝格领导的德国停战委员会开始同福煦元帅在贡比涅的火车车厢里谈判。

11月9日，已经控制不了局面的兴登堡不得不最后一次提醒德皇："我必须劝告陛下退位，并前往荷兰。"不到两天的时间，威廉二世就接受了兴登堡的建议宣布退位。临时政府很快就宣告成立，并于1918年11月11日凌晨5时，整与协约国正式签署停战协议。

根据停战协议的规定，德国同意从所有侵占的领土撤出，包括于1871年从法国夺取的阿尔萨斯和洛林。它还保证遣返所有被俘的协约国士兵和平民而不要求进行交换，并交出大量战争物资，其中包括5000门大炮和2.5万挺机枪。需要注意的是，该停战协议对于德国工业基本上没有进行任何形式的削弱，使得德国人可以在20多年后重整旗鼓，再次发动第二次世界大战。

◆ **弗雷泽一家阅读当日报纸**

1918年11月11日，加拿大多伦多市内的弗雷泽一家正在阅读当日报纸的头条——德国与协约国签署停战协议。

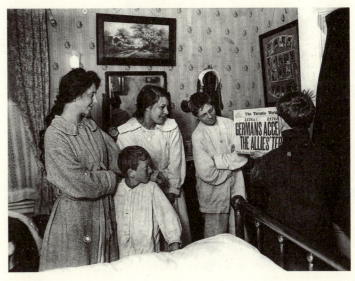

诡异的堑壕战

⊙攻城利器 ⊙堑壕生活 ⊙堑壕友谊

堑壕战是一种利用修筑低于地面高度的堑壕来保护士兵进行作战的战争形式。进行堑壕战的双方都具有固定的防线。当交战双方火力大大增强,而活动能力和通信系统却没有多大改进时,堑壕战就会开始。

攻城的利器

堑壕战的历史要追溯到17世纪的欧洲大陆,当时这片土地上的主要战争都是围绕城堡展开的。虽然火炮已经开始使用在攻城战中,但仍不能成为攻城略地的利器。而且如果城堡也开始装备防御火炮,就会使得攻占城堡的战斗演变成旷日持久的拉锯战。

一位名叫塞巴斯蒂安·德·沃邦的法国人打破了这一僵局,他首次采用堑壕战来攻城,取得了极好的效果。沃邦指挥围城部队在守军炮火射程范围之外挖掘一条环绕城堡的堑壕,之后由这条堑壕再按照"之"字形朝城堡方向挖掘分支堑壕,等到距离达到一定范围的时候,就将火炮由堑壕拉至城堡正前方抵近攻击,直至最终摧毁守军的防御城堡。沃邦堑壕在法荷战争期间发挥了巨大的作用,帮助法军接连攻克荷兰多座坚固的城堡。从此,中世纪城堡战时代宣告结束。

在随后一些著名战例中,堑壕战同样发挥巨大作用。例如在美国独立战争的约克镇战役中,华盛顿领导的美国军队在精通堑壕战的法国军队的帮助下,挖掘多条堑壕直通英军防守的约克镇据点,从而取得了胜利。

惨烈的拉锯战

到了一战期间,堑壕战演变成了敌我双方异常惨烈的拉锯战。马恩河战役之后,德军速战速决逼迫法国投降的战略企图失败,而法英军队也在德军构筑的防线面前止步不

◆堑壕上的风向标

一战时,一名澳大利亚士兵调整堑壕胸墙上的风向标。堑壕面对敌人的一侧叫胸墙,是用泥土或石头筑成的用以保护士兵的防护墙,背对敌人的一侧叫背墙。

前。于是双方都开始通过"奔向大海"战术向海边进发,并在接触地域构筑防御堑壕工事,期望能够借此迂回到对方的防线背后,从而包围对手。就这样,双方构筑了长达700多千米的巨型堑壕体系,这条战线上爆发了多场重大战役,双方都付出了惨重的人员伤亡与损失。

一战时期的堑壕体系仍然沿用了沃邦时代的堑壕体系结构,主要由3部分组成:前沿为火力堑壕,其后为掩护堑壕,连接两道主壕的是"之"字形交通堑壕。敌我双方堑壕之间的地带则被称作无人区,其宽度通常在100米至300米,中间布满了铁丝网、防步兵地雷等障碍物。而在部分争夺特别激烈的地区,两军堑壕相距可能不到10米。为了有效抵御敌方炮火的攻击,堑壕内布满了各种各样的防炮掩体。

法英军队堑壕中的掩体比较简单,因为他们觉得如果堑壕条件建设得太好的话,士兵就不大愿意出去冒死冲锋了。而人数上处于劣势的德国人则不是这样想的,他们更愿意在法国人的领土上长期坚守下去,所以他们的堑壕设施更加完备一些——有些堑壕的地面甚至还铺设有地毯、墙面上挂着镜子,等等。即便如此,堑壕里的生活仍然是十分

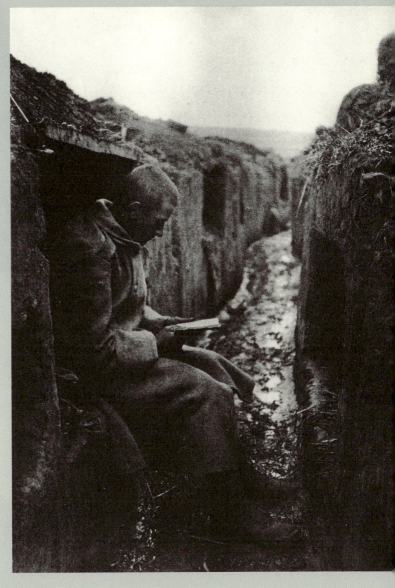

◆ 堑壕中的祈祷

1915年,在西班牙加利西亚,著名摄影师安德烈·柯特兹为一战留下了可贵的影像记录:某日清晨,一名士兵在潮湿泥泞的堑壕中祈祷。

艰苦的,尤其是遇到阴雨天气的时候,大家就只能在泥浆中放哨、战斗和睡觉。除了敌军的攻击和恶劣的天气之外,坚守堑壕的士兵们还得忍受老鼠、跳蚤、虱子等动物的侵扰,由此带来的疾病更是种类繁多。

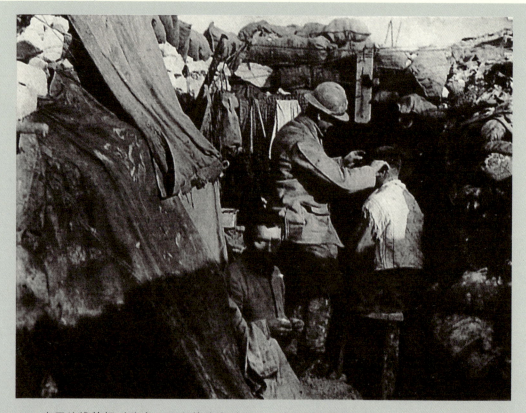

◆ 士兵们的堑壕生活

1916年，法国香槟战区，一名法国士兵给同一堑壕的战友理发。一战中各种毁灭性武器被运用到战场上，可以将其射程之内的地面上的一切物体摧毁。于是，堑壕战出现了。在猛烈炮火的轰击下，士兵们在堑壕里过着非人的生活。许多士兵在堑壕里一待就是几个月，但他们在艰苦的环境里，结下了深厚的生死友谊。

由于战线的相对稳定，双方的攻击时间也大致固定了下来，通常情况下每天都有两次攻击。当清晨到来的时候，法英军队会开始进行攻击，而太阳西沉的时候，德军则开始还以颜色。白天的时候，双方士兵的神经都是高度紧张的，以防备对方可能发起的进攻。同时，特别需要注意的是，白天是双方的狙击手频繁活动的最佳时间，千万不要让自己的身体高于堑壕之上，哪怕就几秒钟的时间。而到了夜晚，双方都心照不宣地不再发动攻势，开始利用这段时间修理己方受损的堑壕。通常情况下，每个士兵需要在前沿堑壕驻扎10天，接受5天左右的施工任务，再加上其他的整修工作，凑够一个月的时间就可以轮换到后方去休整。然而，很多士兵都无法坚持到一个月，他们要么是在冲锋时被打死，要么是在堑壕中被炮弹炸死，或者染上风寒等疾病病死。

在长达4年之久的堑壕战中，双方都不断投入大量最新研制的武器，例如毒气、战斗机、坦克等，但都对最终的战局没有产生决定性的影响。1917年俄国爆发十月革命并退出一战后，德军开始尝试在堑壕战中实施渗透攻击的战术，并取得了一定的进展。眼看着堑壕战的僵局即将被打破，第一次世界大战却结束了。在之后的第二次世界大战中，堑壕战在快速机动的机械化部队面前，已经失去了往日的优势,从此走向衰落。

堑壕战中的"友谊"

虽然协约国、同盟国的军队在堑壕战中的伤亡都很惨重,但双方的基层士兵们却在交战间隙尤其是西方传统节日时还能进行一系列"友好往来",希望以此增进大家之间的"友谊",因为谁都不希望自己在堑壕中被打死。"自己活的同时,也希望让别人活",逐渐成了敌我双方士兵的共同信条,他们有意识地达成了一些默契。在很多战区,每天早餐时,双方士兵都要在空地中竖起一块木板。这块木板一竖起,枪战便停止了,他们各自开始打水和取给养。在整个早饭期间,只要这块木板竖着,双方便会停止枪击。但是,当木板倒下时,战争又重新开始。有时候,双方的官兵还相互喊话。一些战争前曾在不列颠工作过的德国士兵时常会向英国士兵询问他们熟悉的商店、街道的情况。他们甚至还把大声争论问题、唱歌作为一种娱乐和传递信息的方式。在阳光充足的日子,双方官兵会各自聚集在堑壕前沿举行即兴音乐会,唱爱国或伤感的歌曲。在宁静的晚上,歌声会从一方的阵地上飘到对方的堑壕,引来对方士兵的一片掌声,有时还会被要求再来一次。1914年12月24日,敌我双方甚至在各自的前沿阵地办起了迎接圣诞的庆祝会,当时一个德国人从战场那边喊了一句:"英国人圣诞节快乐!"英国人也回了一句:"你也是!"随后大家一起唱起圣诞颂歌。虽然各自军队的指挥官对这种状况头疼不已,三令五申禁止此类事情的发生,但仍然阻挡不住大家的热情,最终这些禁令也就没人去理会了。

◆ 战壕中的士兵

战斗是如此的残酷,战争又是如此的漫长,但士兵面对镜头还是露出了可贵的微笑。因为他们渴望着战争早些结束,回到家园。

公元1918年—公元1940年

人物：希特勒 墨索里尼　地点：法国　关键词：凡尔赛和约

祸起凡尔赛

一战结束以后，战败国德国受到了协约国有力的制裁，也为自己带来了10亿英镑的外债。外界看来，这将给德国带来很大的压力，短时间内很难翻起身来。但结果出人意料——德国经济快速复苏，对外争霸的野心再度升起。因为它从战胜国那里得到了比外债更多的贷款。

◆《凡尔赛和约》期间的四国元首

《凡尔赛和约》签订期间，与会的四国元首在一家旅馆门前留下了这张珍贵的合影。从左至右分别是：英国首相劳合·乔治、意大利总理维托里奥·奥兰多、法国总理乔治·克里孟梭和美国总统伍德罗·威尔逊。

凡尔赛和约

战争就像潘多拉魔盒一样，一旦开启，将给人类带来巨大的灾难。1918年11月11日，持续4年多、造成3600万人伤亡的一战落下了帷幕。第二年，战争中的胜利者——

◆墨索里尼和希特勒视察军队

英国、法国、美国、意大利、日本等协约国在巴黎近郊的凡尔赛宫召开和平会议,单方面制定并迫使德国、奥匈帝国等战败国签署了《凡尔赛和约》。根据该和约的规定,德国失去了1/8的国土、1/10的人口和300万平方千米的全部殖民地,并承担10亿英镑的战争赔款。同时,德国废除义务兵役制,解散德军总参谋部,陆军总人数不得超过10万人,海军不得超过1.5万人,舰只总数不得超过36艘,不得拥有主力舰和潜艇,不得建立空军,不得建立军校,不得拥有军用飞机、坦克和重炮等进攻性武器,拆除德国在西线的军事工事,莱茵河左岸德国领土由协约国占领15年,德国不得在莱茵河左岸及右岸50千米内设防。德属非洲的殖民地由英、法两国瓜分,德属太平洋地区的殖民地则由英、日两国瓜分。

《凡尔赛和约》在极大程度上满足了战胜国的要求,但在德国国内却被称作"耻辱的和约",由此埋下了引发日后更大规模战争的种子。

战后的德国虽然背上了沉重的战争债务,但由于英、法、美等国在对待德国问题上存在的巨大分歧而使德国获益不少。英国出于保持欧洲大陆势力均衡的考虑,并不希望德国就此一蹶不振而让法国在欧洲大陆称王称霸。而且此时共产党已在俄国建立起了社会主义政权,英国十分担心它会在欧洲蔓延,而让德国保持强大则是阻隔其向西发展的有效手段。法国则与英国的想法相反,时刻都在想方设法置德国于死地,如此才能安享欧洲霸主的地位。另外,一战中最大的赢家——美国，出于开拓欧洲市场尤其是德国市场的缘故，非常慷慨地给予德国巨额贷款，同时加大了对德投资的力度。就这样，德国在英、美两国的支持下，不仅逐步减少了战争赔款的支付，还获得了大量英镑、美元的投资，国力开始迅速恢复，战争机器不断获得增强。而就在这时，一个名叫阿道夫·希特勒的德国国防军下士开始登上历史舞台。

恶魔登场

希特勒于1889年出生在奥地利与德国接壤的边境小镇布劳瑙，其父是奥地利海关的一名普通职员。少年时期的希特勒性格叛逆，中学没毕业就辍学了，以打零工为生。一战爆发后，已经25岁的希特勒突然发现战争对于他来说是最好的展示舞台，于是自愿加入了德国军队。1918年，能言善辩的他加入了一个法西斯组织——"德国工人党"，并很快在这个组织中获得了领导地位。1920年2月，希特勒将该党更名为"民族社会主义工人党"（即"纳粹党"），并在不久后成为该党主席。1923年11月8日，希特勒在慕尼黑的比格布劳凯勒啤酒馆发动了暴动，妄图推翻现政府并建立法西斯政权。很快，这次暴动就被镇压下去，希特勒也被判入狱。在监狱服刑期间，希特勒口述、其追随者鲁道夫·赫斯执笔撰写了臭名昭著的《我的奋斗》一书，详细阐述了征服全世界并建立由雅利安民族领导的世界的规划。

1932年7月大选，希特勒极力煽动德国人寻求"新的生存空间"，宣扬"强权国家是改善经济的前提"。这些激进主张赢得了许多希望德国能走出经济困境的选民的支持，纳粹党最终获得了37.3%的选票，一举成为国会第一大党。1933年1月30日，希特勒被德国总统兴登堡任命为总理。1935年3月，希特勒宣布建立国防军，不久又颁布了国防法令，同时恢复普遍义务兵役制。这一系列措施已经从实质上废除了《凡尔赛和约》，战争的脚步越来越近了。

在意大利，贝尼托·墨索里尼同样在进行着庞大的扩军备战行动。墨索里尼于1883年出生在意大利普雷达皮奥的一个铁匠家庭，从小就崇尚以暴力解决问题的行事方式。1919年3月，墨索里尼在米兰组建了一个名为"战斗法西斯"的组织，开始在意大利国内推行法西斯主义。1921年11月，墨索里尼又组建了正式的法西斯政党，并广泛招揽党徒。一战之后，意大利国内经济极度困难，政局也动荡不安，墨索里尼的法西斯宣传得到了大多数人的拥护。1922年10月15日，墨索里尼纠集4万名全副武装的法西斯党徒从那不勒斯出发，向首都罗马进军，企图以武力夺取政权。1922年10月29日，在经历了一场不流血的政变之后，墨索里尼成为意大利总理，法西斯专政开始在意大利确立。

战争策源地

1924年，意大利以武力威逼南斯拉夫割让了亚得里亚海北岸的港口阜姆，该港在一战后被划归南斯拉夫。墨索里尼于1935年发动侵略埃塞俄比亚的战争，次年又和德国一道干涉西班牙内战，扶植佛朗哥建立独裁政权。1936年10月25日，意大利与德国签订了《德意轴心协定》，两国在埃塞俄比亚、西班牙等问题上达成了一致。11月1日，意大利与德国结成了"罗马-柏林轴心",墨索里尼成为希特勒在二战中的主要帮凶。

在远东和太平洋地区,美国、英国和日本之间的利益冲突也不断加剧。为了抑制日本的扩张,1921年11月,美国、英国、法国、日本、意大利、比利时、荷兰、葡萄牙、中国在美国华盛顿召开会议,共同签署了关于中国问题的《九国公约》。这一公约让日本人极度不满,也让日本国内军国主义势力的战争野心开始不断膨胀。1940年9月,日本、德国和意大利签订了《德意日三国同盟条约》。该条约规定当美国为了英国的利益而加入欧洲战争时,日本有为轴心国参战的义务,实际上日本已正式加入了轴心国联盟。至此,由德、意、日组成的轴心国成了二战的策源地,人类历史上最惨烈的一次大浩劫很快就要来临。

◆ 啤酒馆外的聚会

希特勒一手叉腰,一手紧张地抓着自己的礼帽,他的双眼怒视着前方,仿佛那里是他夺权的障碍所在。站在他左边的是被称为纳粹党"思想领袖"的阿尔弗雷德·罗森堡,右边则是他当时的助手弗里德里希·韦伯。

公元1938年3月—9月

◎ 人物：希特勒 张伯伦 达拉弟 墨索里尼　◎ 地点：德国　◎ 关键词：绥靖政策

慕尼黑阴谋

德国人的扩张野心日益膨胀，将《凡尔赛和约》早已弃之脑后，在莱茵非军事区大摇大摆地走着。此时，他们已经锁定目标，就是位于欧洲中心、军工业发达、矿产资源丰富、战略地位重要的捷克斯洛伐克。而英法的绥靖政策，也促成了《慕尼黑协定》的产生。

◆ 维也纳的阅兵式

希特勒的脸上洋溢着一种衣锦还乡的快乐，这个维也纳的流浪汉终于能以一种前所未有的方式报复曾经轻视他的祖国——他将奥地利从世界地图上抹去，然后又在德国地图中将它加入，奥地利这个有着古老历史的国家就这样变成了纳粹德国的东方省。

吞并奥地利

1936年3月7日，德国军队大摇大摆地进入了莱茵非军事区，《凡尔赛和约》变成了一纸空文。英法两国政府获知这一消息后极为震惊，立即向德国提出了强烈的抗议。希特勒立即使用惯用的伎俩，向英法保证这次行动只是象征性的，并不对任何国家构成威胁。当时英国上下对这件事情的普遍看法是"息事宁人"。但英国的软弱表现让德国占领莱茵河地区成了既成事实，也让希特勒在德国国内获得了前所未有的支持，可以放心大胆地拟订更大规模的战争计划。

在成功干涉西班牙内战之后，希特勒将目光投向了昔日奥匈帝国的中心——奥地利。1938年2月12日，希特勒向奥地利政府发出了最后通牒，命令其承认奥地利纳粹党的合法性,对所有在押的奥地利纳粹党人实行大赦,并任命纳粹党人为内阁保安部长。奥地利政府断然拒绝了这些无理要求。希特勒于是决定动手。在德国的武力威慑之下,奥地利政府同意德军进驻奥地利,随即希特勒的部队占领了奥地利全境。3月13日,希特勒宣布解散奥地利共和国,其全部领土并入德国。就这样,希特勒兵不血刃地吞并了奥地利。这一次,英法两国还是照旧对德国发出了强烈抗议,但也仅限于抗议,并未采取任何实质性的行动。希特勒经过两次的试探之后,发现英法等国并没有实施真正意义上的制裁,于是胃口变得越来越大,捷克斯洛伐克也顺理成章地成了他的下一个目标。

◆ 1938年9月29日,英国首相张伯伦(右一)、法国总理达拉第(右二)、意大利总理墨索里尼(左一)和德国总理希特勒(左二)在德国慕尼黑会面,照片上,墨索里尼正和达拉第握手言欢。

染指苏台德

希特勒之所以对捷克斯洛伐克如此关注,一是希望将所有德国国土之外的日耳曼民族都并入德国,然后向东方扩张谋求更大的生存空间,二是认为捷克斯洛伐克可能会成为未来苏联进攻德国的空军基地,或者是英法两国的军事支持力量。

◆ 1938年9月，在《慕尼黑协定》签订几小时后，苏台德小镇普拉纳的街道上就挂满了纳粹旗帜，小镇也被更名为普拉。

一战之后，为了维持多瑙河流域和巴尔干半岛的政治格局，捷克斯洛伐克、罗马尼亚和南斯拉夫在法国的影响和支持下相互签订了同盟条约。罗马尼亚拥有丰富的石油资源，南斯拉夫有丰富的矿石，两个国家都有庞大的军队，而他们的军火供应主要依靠捷克斯洛伐克。这三个欧洲小国联合起来就结成了一个强大的国家联盟，被称作"小协约国"。1924年至1927年，法国先后与上述三国签订了政治、军事协议，确立了对小协约国的领导地位，在南欧形成了与意大利抗衡的局面。

捷克斯洛伐克西部与德国接壤的边境有一个名叫苏台德的地区，那里居住着320万德意志人，他们大多能与当地居民友好相处。但自1935年开始，苏台德德意志党在德国的幕后指使下，开始谋求苏台德地区的独立。1938年4月24日，受德国吞并奥地利行动的鼓舞，德意志党党魁汉莱因公开叫嚣苏台德地区应实行自治，脱离捷克斯洛伐克成立一个纳粹国家。同时，希特勒也攻击捷克斯洛伐克政府正在有组织地虐待苏台德地区的德意志人，宣称"德国有责任去保护这些日耳曼同胞，应该为他们争取一般的自由，包括人身的、政治的和思想的自由"。一时间，捷克斯洛伐克国内局势骤然紧张起来。害怕战争的英法两国再次对强硬的德国进行了让步，敦促捷政府采取和平的方式解决苏台德争端。

迫于德国强大的军事压力以及来自英法两国的"规劝"，捷克斯洛伐克政府与汉莱因开始了谈判。由于双方分歧太大，谈判没有持续多久，汉莱因就单方面宣布终止与捷政府的谈判，并煽动苏台德地区的纳粹分子不断制造骚动。高度警惕的捷政府动用军队迅速平息了这些骚动。希特勒随即放出即将对捷克斯洛伐克政局进行干预的风声，并于1938年5月19日调动军队向德捷边境集结。

捷政府也不示弱，立即宣布局部动员，向捷德边境增兵，与德国军队形成了对峙。眼看着德捷两国就要兵戎相见，英法两国顿时慌了手脚。因为他们一直采取忍让策略就是为了防止战争的爆发，战争不符合它们在欧洲的利益。英法两国随即向"不听话"的捷克斯洛伐克政府施加了强大的压力，声称如果捷政府不听劝阻执意与德国对抗的话，英法将不会履行之前与捷克斯洛伐克签订的互助防御条约中所规定的义务。在这种压力之下，捷政府不得不同意在英法两国的调停之下，和德国就苏台德地区的地位问题进行谈判。同时，英法两国向希特勒明确表示"承认苏台德地区脱离捷克斯洛伐克的原则"，请求德国不到万不得已不要轻易动武。为此，英国首相张伯伦专程飞赴德国柏林会见希特勒，提议召开英、法、德、意四国首脑会议，商讨捷克斯洛伐克割让苏台德地区的相关事宜。张伯伦的建议正中希特勒下怀，后者立即就同意召开四国会议进行协商。

慕尼黑协定

1938年9月29日，英国首相张伯伦、法国总理达拉第、德国总理希特勒、意大利总理墨索里尼在德国慕尼黑举行会谈，商讨捷克斯洛伐克割让苏台德地区的事宜。捷政府代表虽然准时到达慕尼黑参加会议，但却被禁止入场，就这样眼睁睁地看着自己的国家被肢解。

9月30日，四国政府最终签订了《关于捷克斯洛伐克割让苏台德领土给德国的协定》，这就是历史上臭名昭著的《慕尼黑协定》。按照该协定，捷克斯洛伐克将苏台德地区及同奥地利接壤的南部地区一起"转让"给德国。捷克斯洛伐克丧失了近1/5的领土（1.8万平方千米）、半数以上的工业设施和资源以及坚固的边境防御工事。

如愿吞并苏台德地区之后，希特勒的野心膨胀到了极点，1939年3月10日，德国军队开始向捷克斯洛伐克首都布拉格进军。随即，长期暗中接受德国支持的斯洛伐克人，宣布脱离捷克斯洛伐克建立斯洛伐克国，并接受德国的保护。很快，捷克人也宣布停止抵抗，于是德军不费吹灰之力就成功占领了捷克斯洛伐克。而面对希特勒的再次挑衅，英法等国政府的首脑依旧沉湎于"欧洲即将迎来黄金时代"的幻想之中，没有对德国进行任何实质性的制裁。

◆ 张伯伦手中挥舞着《慕尼黑协定》，发表了热情洋溢的讲话，宣称绥靖政策成功。

公元1940年7月—10月

人物：戈林　　**地点**：英国　　**关键词**：最大规模空战

鏖战不列颠

1939年9月，德军闪击入侵波兰。随后，英法联手对德宣战，但法国遭到重创。经历了波兰和法国的溃败后，英国成了欧洲战场上的孤军。它犹如希特勒的眼中刺、肉中钉，不断刺激着希特勒的神经。希特勒原本以为英国会接受和谈，但他想错了。这只孤军在丘吉尔的带领下，丝毫不给希特勒面子。这样，一场世界上最大规模的空战即将上演。

◆ 1943年6月，一个纳粹军官正在向希特勒（中）和戈林（右）介绍Me—262喷气式战斗机的研制情况。在希特勒的"衬托"下，戈林的身材更显得臃肿无比。

大战前的阴云

第二次世界大战爆发以后，英法联军被迫向德宣战。1940年5月27日，比利时投降，40万英法联军被困敦刻尔克。为了保存实力，英法联军上演了人类战争史上的伟大奇迹——敦刻尔克大撤退。英国远征军虽然大多数士兵都从敦刻尔克幸运地返回了祖国，但还是元气大伤。

在海峡另一侧，希特勒的自信已达到了极点。他判断英国在强大的军事压力之下很快就会投降，于是将关注重心转到了东线，开始谋划进攻苏联。但他发现有美国在背后撑腰的英国根本就没有向德国投降的打算，于是气急败坏地批准了入侵英国的"海狮计划"。按照该计划的设想，德军会在多佛尔海峡法国一侧使用重炮对英国海防工事实施毁灭性打击，同时出动作战飞机夺取该

◆ 在不列颠空战最激烈的阶段，英国皇家空军的飞行员们必须全天保持警惕，有时他们一天要起飞三次到四次迎击德军。尽管身心疲惫，但这些飞行员依然坚持战斗，因为他们明白一旦空战失败，后果将不堪设想。

地区的制空权，从而在英吉利海峡最便捷的一条通道上开辟一条狭窄的走廊，再用水雷将这条走廊的两侧围起来，同时由潜艇提供保护。准备妥当之后，德国陆军会坐渡船通过该走廊抵达英国本土。最后，陆军在空军的掩护之下占领英伦三岛。

随后，在敦刻尔克没有捞到多少油水的德国空军元帅戈林，再次向希特勒打包票称——他可以在4个星期内将英国皇家空军从英伦三岛的上空给抹去并迫使英国投降，而不需要动用陆军。因为此时戈林的手中，已拥有2669架作战飞机。而英军作战飞机的数量则不到800架。虽然双方空军的实力相差悬殊，但英国此时拥有自己的秘密武器——雷达。它与战斗机、高射炮、探照灯、防空气球等构成了一套十分有效的防空体系，再加上英国完善的地面预警机制，都让德国人在后来的进攻中吃尽了苦头。

空中战争打响

从1940年7月10日至8月初，德国空军动用2400余架作战飞机对英国实施猛烈空袭。在第一阶段的攻击中，德国空军的首

看得见的世界史·

◆ 1940年，伦敦市民捐献出自家的铝制锅碗瓢盆，给英国皇家空军制造飞机零件。实际上，英国的物资还没有紧缺到这种程度，政府之所以号召这么做，是为了激发起英国民众的爱国之心。

要攻击目标是多佛尔到普利茅斯之间的英国南部港口以及英吉利海峡中的英国护航舰队，以期清除渡海通道上的障碍，同时诱使英国战机出战并寻机将其消灭。英国皇家空军为保存实力，只派出小批战机与德机巧妙周旋。即便如此，在这一阶段的战斗中英国皇家空军共击落德机227架，自己仅损失96架，有效打击了德国人的嚣张气焰。

8月1日，希特勒签发第十七号作战指令，要求德国空军"尽快打垮英国空军"。于是戈林制订了代号为"鹰"的空中作战计划，并将德国空军开始全面出击的日期命名为"鹰日"。戈林希望这样能够在空战中尽快歼灭更多的英国作战飞机，为即将到来的渡海登陆作战提供有效的空中掩护。8月2日

至9月6日，英国东南部和伦敦周围的军用机场、补给设施、雷达观测站以及飞机工厂等成为德国空军打击的重点。最初戈林将"鹰日"定在8月8日，后来由于天气问题而推迟至13日。此时德国空军一流的Bf—109战斗机由于受作战半径的限制，不能为庞大的轰炸机群提供远距离的护航，于是不得不冒险使用航程较长但作战性能稍逊一等的Bf—110双发双座战斗机。8月15日，英德双方迎来了开战以来最大规模的一次空战。这一天，大约100多架德国轰炸机在完成对英国轰炸任务返航途中，遇到了英国皇家空军大批"喷火"式战斗机的拦截。很快，灵活的"喷火"式战斗机就将担任护航任务的40多架机体庞大笨拙不堪的Bf—110战斗机打得七零八落，并击落了大量的德军轰炸机。在这一天的所有战斗中，德国空军共出动作战飞机2000多架次，英国皇家空军则出动了所有的22个战斗机中队进行拦截，许多中队一天出动了两次，有些甚至出动了三次。最终英国人大获全胜，共击落76架敌机，其中大部分是重型轰炸机，自己仅仅损失了34架战斗机。从那天开始，德国空军的轰炸机如果没有Bf—109这样的一流战斗机护航，是不敢在白天对英国进行轰炸的。

8月28日，英国皇家空军首次对德国首都柏林实施了空袭，这让希特勒大为恼火，命令戈林立即对伦敦实施报复性空袭。希特勒相信这样做不仅能让这个当时欧洲最大的城市陷入混乱和瘫痪之中，而且可以使英国政府和人民产生畏惧心理，从而屈服于德国的意志。于是从9月7日开始，德国空军的攻击重点改为伦敦。这一天傍晚，德国空军共投入了625架轰炸机和648架战斗机，首次对

伦敦实施了大规模空袭，造成了极大的人员伤亡与破坏。在接下来的57天里，伦敦平均每天晚上都会遭到德国空军200多架轰炸机的狂轰滥炸，许多无辜市民被炸死炸伤，城市建筑大多都被炸弹夷平。虽然伦敦遭受了前所未有的巨大损失，但这段时间却给英国皇家空军赢得宝贵的喘息之机，战争胜利的天平开始逐渐向英国人倾斜。

不列颠的胜利

1940年9月15日，可以说是不列颠空战的转折点。这天中午，当德国空军200多架轰炸机在600多架战斗机的掩护下，气势汹汹地再次向伦敦扑来的时候，迎接它们的是已经做好充分准备的英国战斗机。这一战德军共损失183架作战飞机，英军的损失则不到40架。当天，英国皇家空军庞大的轰炸机群袭击了从布洛涅到安特卫普的各个港口，对在那里停泊的德军登陆船舶实施了毁灭性打击。两天之后，面对长时间无法掌握制空权的局面，希特勒决定无限期推迟"海狮计划"，直到10月12日才正式宣布将入侵时间推迟到第二年的春天。

从10月开始，眼见夺取制空权和渡海登陆已经没有了希望，德国空军开始完全转向对伦敦和其他英国大城市实施夜间轰炸。尽管11月14日对考文垂和12月29日对伦敦的空袭都造成了英国重大的人员伤亡，但此时德国空军的进攻已经是强弩之末，英国人马上就要展开反击了。到了1941年7月，希特勒再次将"海狮计划"的时间推迟到1942年春，因为"到那时对苏联的战争就将结束了"。1942年2月13日，深陷东线战场泥潭的希特勒终于同意完全搁置"海狮计划"。从那以后，英国皇家空军先后对科隆、埃森、不来梅、柏林等德国大城市实施了战略轰炸，不列颠的上空又恢复了往日的平静。

不列颠之战是二战中英国对德国取得的第一次重大胜利，难怪丘吉尔在英国议会下院的一次演讲中深情地说："在人类战争的历史上，从来没有过这么少的人对这么多的人做过这么大的贡献。"不列颠之战之后，盟军开始筹划反攻欧洲大陆的计划。

◆ 英伦空战期间躲在战壕里的孩子

面对纳粹德国对英伦三岛的狂轰滥炸，英国政府一方面组织力量保卫国家，一方面利用地下铁路、战壕和人员疏散等，尽可能地将人员伤亡降到最低。

公元1941年—公元1942年

人物：朱可夫　地点：苏联　关键词：致命寒冷

莫斯科保卫战

哈尔德曾在日记中写道："只要能有相当良好的指导，再加上中等的好天气，则我们对于莫斯科的包围战是一定能成功的。"然而事实却并非如此——德军在风雪中功亏一篑，而苏联却借助风雪赢得了莫斯科战役的最终胜利，创造了风雪中的神话。

"台风"呼啸而来

自从二战爆发以来，在希特勒的带领之下，德军在欧洲的战斗就势如破竹。正如其所标榜的"闪击战"这个名称，德军如同闪电般凌厉而迅速的攻势，使得各个抵抗国的军队节节败退，毫无招架之力。短短的时间之内，欧洲一半的领土都掌控在德军手里。战事发展到1941年4月，以德军为代表的法西斯轴心国完全控制了巴尔干半岛，解除了欧洲东南部的后顾之忧，此时希特勒决定放心地征服苏联。1941年6月22日，德军发起对苏联的攻击。

1941年8月，希特勒向陆军总司令下达指令，要求暂停中央集团军群向

◆ 1941年，两辆被翻过来的苏联轻型坦克躺在列宁格勒（今圣彼得堡）通向莫斯科的公路上。苏联二战前生产的许多步兵坦克在面对德军坦克时实在是不堪一击。这张照片从未在苏联的媒体上刊登过。

◆ **沮丧的德国士兵**

莫斯科没有成为纳粹胜利的天堂,却成了埋葬纳粹的地狱。一名德国士兵沮丧地坐在地上,将头深埋两手之间,头发凌乱。而在他身旁就躺着战友的尸体。所有这一切,都成了莫斯科之战残酷一面的具体表现。

莫斯科的推进,调整军队部署进攻重点转向南方以夺取粮产丰富的乌克兰、经济繁荣的克里木,与此同时也抽调部队支援北方集团军群对列宁格勒的包围,并实现德军与芬兰军队的会合。这样的指示源于希特勒对于德国军队获得更多的经济和政治成果的考虑。然而这样的军事部署,打破了德国陆军总部攻陷莫斯科的计划,延误了战机,为苏军组织军队保卫莫斯科提供了时间。

直到1941年9月30日,德军才继续了对莫斯科的攻击。希特勒明白,莫斯科是苏联的政治中心、铁路交通网的中心,更是军事中心,能否占领莫斯科是此次对苏战争成败的关键所在。正如陆军总参谋长哈尔德上将所说的"最好的解决办法是直接进攻莫斯科"。因此9月份的时候,希特勒将战争重点重新放回到莫斯科方向,这时也是攻陷莫斯科取得决定性胜利的最后时机了,德军必须在这个秋天取得战争的胜利。一旦冬天降临,德军没有冬日作战的装备,战争取胜就很难了。

1941年9月30日,德军开始实施进攻莫斯科的"台风行动",第2装甲集群首先在布良斯克方向实施突击。两天后,第3、第4装甲集群则在维亚济马方向开始了攻击。虽然苏军进行了顽强抵抗,但依然阻挡不了德军装甲部队的推进。从10月3日开始,奥廖尔、斯帕斯杰缅斯克、基洛夫和尤赫诺夫在两天之内相继被德军占领。至10月7日,德军从南北两个方向突破维亚济马防线,苏军西方面军和预备方面军的大部分部队被包围，最终只有一部分突出重围。此时，莫斯科的第一道防御阵线已告失守，苏军被迫退守莫扎伊斯克防线，德军已从西、北、南三个方向包围了莫斯科。10月10日，苏军最高统帅部大本营将西方面军和预备方面军的残余部队合并整编为新的西方面军，朱可夫大将临危受命担任该方面军司令。莫斯科开始紧急疏散政府机关和重要企业，并开始在近郊地区构筑防御工事，组建新的民兵师，并做好与德军进行巷战的准备。为构筑防御工事，总计动员了45万莫斯科市民，其中75%为女性。

抗争中的胜利

1941年10月14日，北翼德军突入加里宁市，形成从东北方向迂回莫斯科的态势。苏军随即以西方面军的右翼部队组成加里宁方面军，对来犯德军实施了有效的阻击，粉碎了其从加里宁向东南发展并前进至西北方面军和西方面军后方的企图。10月15日，苏联政府的部分机构撤往距离莫斯科800千米的古比雪夫。但斯大林仍然坚持留在莫斯科，亲自指挥莫斯科保卫战。此时，天气开始转冷，道路变得异常泥泞，德军被迫全线停止前进，等待大地封冻。利用这一宝贵的战场间隙，苏军最高统帅部开始调动后方部分预备部队赶往莫斯科参战。

11月15日，经过短暂休整后的德军重新向莫斯科发动进攻，希望能在冬季最恶劣的天气到来之前占领莫斯科。但德军的进攻遇到了苏军的顽强抵抗，每向莫斯科前进一步，就会付出惨重的代价。11月底，德军在付出了惨重伤亡之后，在亚赫罗马地区进抵莫斯科运河，在纳罗福明斯克以北及以南地区强渡纳拉河前进至卡拉希。但此时德军的进攻已尽显疲态。苏军根据战场态势的变化，在亚赫罗马、卡拉希、图拉等地区对德军组织了强有力的反突击，战场主动权开始转到苏军手中。仅11月16日至12月5日这段时间，德军在莫斯科附近就死伤15.5万人，损失坦克约800辆、火炮300门，其作战官兵的士气受到了严重的打击，苏军转入全面反攻并消灭莫斯科附近德军的条件已经成熟。

绝地反击

1941年12月5日苏军开始展开全面的反攻，凌厉的攻势让疲惫不堪的德军已没有了还手之力。当天，德军中央集团军群司令博克元帅在向德军总参谋部发去的报告中称，他"已经到了山穷水尽的地步"。此时的莫斯科已是寒冬季节，气温下降到了-20℃以下，原打算在两个月内灭亡苏联的德军严重缺乏越冬准备。士兵没有足够的冬衣和防寒设备，坦克和汽车的水箱在严寒中被冻裂，发动机也难以启动，日常的后勤补给也由于恶劣天气的原因变得困难重重。12月8日，希特勒签发了第三十九号作战指令，命令苏德战场上的德军转入全线防御。固执的希特勒要求德军必须死守每一个阵地，一步也不能后退，直到最后一兵一卒、最后一枚手榴弹。

1942年1月5日，苏军最高统帅部根据德军已无力进攻莫斯科的有利局势，决定乘胜发动全线反击作战。至4月下旬，苏军取得了一个又一个的胜利，迫使德军后撤数百千米，解除了莫斯科和北高加索的危险，改善了列宁格勒的处境，收复了加里宁州、

◆ 莫斯科严寒中的德国士兵

图拉州、梁赞州、斯摩棱斯克州、奥廖尔州、库尔斯克州、哈尔科夫州等地区。在整个战役中,德军约有50个师被歼灭,共伤亡50多万人(其中冻死冻伤的人数就有十几万人),损失1300辆坦克、2500门大炮、1.5万辆汽车和大量的其他装备。战役结束后,为了挽回德军低落的士气,德军的军事法庭以临阵脱逃、擅自退却、违抗军令等罪名给6.2万官兵判刑,希特勒还将博克元帅、布劳希奇元帅、古德里安上将、施特劳斯上将等高级军官撤职。

莫斯科保卫战的巨大胜利极大提升了苏联在军事、政治方面的国际地位,使得世界反法西斯联盟更加巩固,更重要的是这

尽管德军士兵用衣帽将露在外面的头和脸紧紧地裹住,眉毛和胡子上还是结了冰,连眼睛似乎也睁不开。－40℃的气温使得德军的推进彻底停止。同样的环境下,苏军却穿着厚厚的棉衣,应付自如,战争胜负的天平随着时间的流逝正悄悄地发生着变化。

次胜利宣告了德军自入侵波兰以来屡试不爽的"闪电战"的彻底失败,由此苏联开始转入战略反攻的阶段。战役结束之后,连德军总参谋长哈尔德也不得不承认,莫斯科战役有力地证明"德国陆军常胜不败的神话已经破灭"。

公元1941年12月

人物：山本五十六　**地点**：美国　**关键词**：对日宣战

偷袭珍珠港

"或是大获全胜，或是输个精光。假如我们袭击珍珠港失败了，这仗就干脆不打了。"山本是个军人，又是个赌徒。突袭珍珠港无异于一场豪赌，而这场冒险却直接改变了第二次世界大战的进程和结果。

扫除"眼中钉"

日本自1940年后开始不断向东南亚发展自己的势力，此举引起了涉足此地的其他强国的不安，尤其是强大的美国。为了遏制日本的强劲势头，美国冻结了与日本的经济贸易。这样的举措，也引起了日本国内的争执。最终经过一番争论、尝试、实验后，日本决定给美国一致命打击——袭击驻扎在夏威夷、被日本视为"眼中钉"的美国太平洋舰队。

1941年7月2日，日本御前会议通过一份名为《帝国国策纲要》的文件，宣称"不论世界形势如何演变，帝国均将以建设大东亚共荣圈为方针"。10月18日，好战分子东条英机出任日本首相，并兼任陆军大臣、内

◆ 日本航空母舰"翔鹤"号上停满了战斗机，稍后这些战斗机将飞往珍珠港，对这座美军在太平洋的军事基地发动第一波攻击。它们的主要任务是袭击机场和占据制空权。

◆ 被日军鱼雷击中的正在起火燃烧的"西弗吉尼亚"号战舰。它的内侧就是"田纳西"号。

务大臣。

11月4日,日本陆海军最高参谋会议确定了对美开战的最后日期——定于12月初对驻扎在珍珠港的美国太平洋舰队实施打击。此次偷袭行动代号为"Z作战"。同一天,为了掩盖战争意图,日本派遣特使前往大洋彼岸与美国政府高层进行和谈。在接下来直到日美开战的20多天里,日本特使装模作样与美国人进行了多次和平谈判,每一次都强调日本无意在太平洋与美国开战,有效地麻痹了美国。

1941年11月23日,日本第一航空母舰舰队司令南云忠一指挥准备袭击珍珠港的30多艘海军舰艇(包括6艘航空母舰)。11月26日,这支偷袭舰队起航,秘密驶往目的地——珍珠港。12月2日,日本联合舰队司令山本五十六大将通知南云忠一攻击日期为东京时间12月8日,夏威夷时间12月7日。当天是星期日,也是美军的休假日,太平洋舰队大部分舰艇会停泊在港内,日军不会扑空。而且当天半夜到日出前会有下弦月,便于空军偷袭。

夏威夷时间12月6日23时,在距离珍珠港入口以南7海里的海面上,5艘日本海军伊级潜艇的艇员们借着月光正有序地将5艘袖珍潜艇(容纳2名作战人员)放入大海之中。一个小时之后,这几艘袖珍潜艇成功潜入了美军太平洋舰队的锚地,港口的灯光已清晰可见。12月7日3时,日本联合攻击舰队

◆在日军开始轰炸十几分钟后,珍珠港的美军机场变成了一片火海,浓烟直冲云霄。然而照片中的美军士兵似乎还不敢相信眼前发生的一切,仍旧呆呆地注视着火光。

30余艘战舰航行到了距离珍珠港北面约220海里的海域。此时6艘航空母舰上担任攻击轰炸任务的飞行员被叫醒,吃完一顿米饭加鲷鱼的早餐之后,快速奔向飞行甲板上已经载满了炸弹和燃油的战机。6时许,第一攻击波的182架飞机开始一架接一架地起飞,这其中包括49架九九式俯冲轰炸机、40架九七式鱼雷攻击机和43架担任护航的"零"式战斗机。一个半小时之后,日本第一波攻击战机到达了珍珠港上空,毫无戒备的美军雷达操作员竟然把它们当作了美军战机。此时珍珠港内共有94艘美国海军舰艇(其中有8艘战列舰),它们即将成为日本飞机攻击的活靶子。

日本第一攻击波指挥官向所有担任攻击任务的飞行员发出了事先约定好的"虎!虎!虎!"攻击信号,珍珠港立即变成了一片火海。由于是周末的缘故,港内美军战舰上的人员不到3/4,而且很多防水密封舱门都被打开。面对日本人的突然袭击,美国人一时乱了阵脚。停在港口外侧的"西弗吉尼亚"号战列舰最先被数颗鱼雷直接命中,舰体开始倾斜,很快海水就将甲板淹没。与此同时,"亚利桑那"号战列舰的前部弹药舱发生了剧烈爆炸,舰体被生生撕裂,黑红色的爆炸烟柱瞬间就蹿到300多米的高空。很快,"亚利桑那"号沉入海底,1000多名舰员阵亡。"俄克拉荷马"号战列舰同样不走运,由于整体防水密封性较差,在遭受鱼雷攻击之后,海水很快就灌满了该舰的所有防水密封舱,400多名舰员随着这个"水棺材"沉入了海底。

此次攻击持续了半个小时,美军损失惨重,但噩梦还没有结束。8时40分,日军第二攻击波的176架战机飞临珍珠港上空,"内华达"号战列舰成为主攻目标。稍微缓过劲的美军艇员使用各种对空武器拼命向着日军轰炸机射击,日本人的攻击势头被有效地抑制住了。为了防止"内华达"号战列舰被日军击沉而阻塞珍珠港的主航道,几艘美军拖船成功地将其拖到了港口外围。日军轰炸机转而开始攻击停靠在船坞中检修的"加利福尼亚"号战列舰,很快就将其击沉。

日军攻击机群离去之后,珍珠港内到处都是熊熊的火焰和黑色的烟雾,死亡随处可见。在历时1个小时50分钟的袭击中,美军战列舰被击沉4艘、重创1艘、炸伤3艘,巡洋舰、驱逐舰和各类辅助舰被炸沉、重创10艘,188架飞机被炸毁在机场上。美军伤亡人数高达4400多人,其中死亡人数就达2403人。经此一役,美军太平洋舰队几乎全军覆没,只有"企业"号航空母舰由于在港外而得以幸免。与此形成鲜明对比的是,日本只损失了29架飞机和5艘袖珍潜艇。

美国对日宣战

获知日军偷袭珍珠港成功的消息之后,东条英机于12月8日上午对全国发表了广播讲话,号召全体国民竭尽全力打败西方列强:"为了消灭这些敌人,为了建立稳定的东亚新秩序,全国必须做好长期战争的准备。"当天晚些时候,日本全国广播系统开始播放战争宣言:"列祖列宗未竟之功必将继续完成,罪恶的根源必将迅速被铲除,持久和平必将在东亚牢固建立起来,由此保持我帝国的光荣。"

同一天,美国总统罗斯福向国会两院发表战争咨文时说道:"昨天,1941年12月7日——必须永远记住这个耻辱的日子——美利坚合众国受到了日本帝国海军突然的、蓄意的进攻。"很快,美国国会正式批准对日宣战。当英国首相丘吉尔听到珍珠港遭袭的消息之后激动万分,说出来的第一句话居然是"好了,我们总算赢了",因为他知道,美国参战将会彻底改变这场世界大战的战略格局。随后他立即和罗斯福通了电话,罗斯福对他说:"现在,我们已经是风雨同舟了。"丘吉尔难掩心中的兴奋之情回答道:"有了美国在我们这一边,这对我来说,是最高兴的事。"

日本在偷袭珍珠港的同时,还袭击了菲律宾和马来西亚。在随后的半年时间内,日军迅速占领了香港、马来西亚、新加坡、印度尼西亚、缅甸、菲律宾、新几内亚、新不列颠岛、新爱尔兰岛和所罗门群岛等地,越南和泰国也相继被日本控制。在很短的时间里,日本的领土面积就增加到386万平方千米。日本的攻击行动让英美两国的利益受到了严重的损害,迫使这两个国家携起手来共同对付日本。

偷袭珍珠港,从战术层面来说日本人获得了巨大的成功,但从战略层面来看却是彻头彻尾的失败。把美国这个"庞然大物"拉入战争,导致日本不得不陷入多个战场同时作战的境地,令日本已经捉襟见肘的国力更加难以承受巨额的战争消耗,为其日后的覆灭埋下了伏笔。

◆ 美国总统罗斯福签署对日宣战声明

珍珠港遇袭的消息传到华盛顿之后,美国民众群情激奋。随后,总统罗斯福在国会做了历史性的演说,决定对日宣战。

公元1942年—公元1943年

○人物：斯大林 希特勒 ○地点：苏联 ○关键词：苏联决定性胜利

斯大林格勒战役

《进军斯大林格勒》一书中曾写道："敌我双方为争夺每一座房屋、车间、水塔，甚至每一堵墙等，都要展开激烈的战斗。其激烈程度是前所未有的。"是的，这场战役的胜负对两大阵营至关重要，双方都得打起足够的精神来应对。这就是艰苦的斯大林格勒战役。

废墟中的战斗

尽管身后的大楼已经被德军的炮火炸得千疮百孔，但英勇的苏军战士仍然在废墟中坚持战斗。这样的场面在斯大林格勒城内的一号火车站、红十月工厂和伏尔加河码头等，几乎随处可见。可以毫不夸张地说，斯大林格勒城内的土地已被双方官兵的鲜血染红。

转攻斯大林格勒

1941年6月，法西斯德国及其附属国不宣而战，背信弃义地撕毁了《苏德互不侵犯条约》，突然入侵苏联。大约在一年的时间里，苏联沿列宁格勒、莫斯科和基辅三

个方向都遭到了德军的大举进攻。但由于苏军进行了顽强的防御作战,德军的进攻基本上被阻止在了列宁格勒、莫斯科和罗斯托夫一线。

1942年4月初,眼看德军攻占莫斯科已经没有希望,希特勒不得不开始考虑在自己兵力占优势的苏德战场南线做文章。德军将在这一年的夏季集中优势兵力进攻苏联的南翼,推进至高加索各石油区和顿河、库班河以及伏尔加河下游地区,夺取斯大林格勒之后迂回北上,从东面包抄莫斯科,并进逼乌拉尔和西伯利亚。在这一作战计划中,斯大林格勒成了德军的进攻重点。斯大林格勒位于伏尔加河下游西岸、顿河河曲以东,是苏联内河航运干线上的重要港口和南北铁路交通的枢纽,也是苏联南部的工业重心。在德军占领基辅之后,斯大林格勒就成了苏联中央地区通往南部经济区的交通咽喉,因此其战略地位非常重要。

担任主攻斯大林格勒任务的是由德军B集团军群调来的第6集团军,下辖13个师约27万人、各种火炮3000门、坦克约500辆、作战飞机约1200架,集团军司令为保卢斯上将。针对德军在南线的异动,苏军最高统帅部于1942年7月12日组建了斯大林格勒方面军,下辖12个师约16万人、各种火炮2200门、坦克约400辆、作战飞机700架,司令为铁木辛哥元帅。斯大林格勒方面军的任务就是在长达520千米的顿河防线上,对进攻斯大林格勒的德军实施阻击,防止德军强渡顿河并沿最短的路线突击斯大林格勒。

1942年7月17日,德军第6集团军果然首先对顿河大弯曲部实施了攻击。但在苏军第62、第64集团军的顽强阻击下,德军进展并不顺利。德军最高统帅部不得不将由霍特上将指挥的第4装甲集团军(原第4装甲集群)从高加索方向紧急调至斯大林格勒方向。8月2日,其先头部队已逼近科杰利尼夫斯基,在西南方向对斯大林格勒构成了威胁。8月5日到8月10日,由崔可夫中将指挥的苏军突击集群与第4装甲集团军展开了激战,最终将德军赶回了外围防线,迫使其转入防御。

1942年8月10日,苏军主动退至顿河东岸构筑新的防线。8月19日德军再度发动了进攻,力图从西面和西南面同时实施突击以攻占斯大林格勒。苏军调集后方预备兵力,会同斯大林格勒方面军从北面对德军侧翼实施了反突击,迫使德军第6集团军分兵北上进行支援,斯大林格勒西面和西南面的压力得到缓解。这之后,德军多次向斯大林格勒方向增兵,至8月底,围攻斯大林格勒的德军总数已达80多个师。

9月12日，德军从西面和西南面攻至斯大林格勒城下，第62、第64集团军退入城内与德军展开了激烈的巷战。苏德两军不断向城内增兵，每一个街道、每一栋楼房甚至是每一层楼面、每一个房间都成了双方争夺的焦点。仅是对斯大林格勒火车站的争夺，在一周时间内就13次易手。

9月26日夜，一位名叫雅科夫·费多托维奇·巴甫洛夫的苏军中士率领一个侦察小组坚守斯大林格勒市中心的一栋四层楼房长达3昼夜，击退德军多次猛攻，使得该建筑成为苏军防御体系中一个重要的支撑点。战争结束后，这栋建筑物被命名为"巴甫洛夫楼"。

另外，斯大林格勒的工人们也为战争的最后胜利贡献出了自己的力量。红十月冶金厂的工人们在巷战打响之后仍然坚持生产，即使在德军坦克距离工厂只有几百米的危急情况下，一部分工人拿起武器阻击敌人，其他工人则冒着炮火继续生产。在战斗最激烈的9月份，该厂共制造了200辆坦克和150辆牵引车，通常情况是苏军驾驶刚刚装配好的坦克冲出厂门，就直接投入对德军的战斗。

9月底，德军再次向斯大林格勒增派了20万援兵，苏军也调来了6个步兵师和1个坦克旅与德军对垒，双方的激战更加惨烈。10月15日，德军调集重兵对斯大林格勒拖拉机厂实施了猛攻，守卫的苏军对其予以坚决的反击。

直至胜利的反攻

为了减轻德军对斯大林格勒市区的压力，苏联顿河方面军于1942年10月19日在北部转入进攻，苏联第64集团军于10月25日从南面对德军侧翼实施了反突击。11月11日，德军对斯大林格勒发动了最后一次进攻。从这之后，德军就再也没有踏入这座英雄的城市半步。11月19日清晨，苏军在谢拉菲莫维奇、克列茨卡亚两地的顿河登陆场，以及斯大林格勒以南的萨尔帕群湖实施了代号为"天王星"的反攻行动，总计投入西南方面军、顿河方面军和斯大林格勒方面军共110.6万兵力、各种火炮1.55万门、坦克和装甲车辆1463辆、作战飞机1350架。苏军的强大攻势让德军难以招架，迅速向西溃退。11月23日，西南方面军和斯大林格勒方面军在卡拉奇、苏维埃茨基、马里诺夫卡地区胜利会师，从而对德军第6集团军和第4装甲集团军一部完成了合围，包围圈中总共有德军22个师约33万人。

希特勒得知第6集团军陷入重围之后焦急异常，一面命令保卢斯不惜一切代价死守，一面调集各路兵力组成顿河集团军企图解救被围德军。1942年12月12日，德军救援部队开始执行"冬季风暴"救援行动，不顾一切向第6集团军靠拢，企图前出至科杰尼科夫斯基一线从而突破苏军包围圈。19日救援德军突破苏军重重防线，抵达梅什科瓦河，距离第6集团军只有40千米。这时，苏军大胆穿插至救援德军的后方，对其形成合围态势。救援德军为求自保，不得不向南撤退，同时电告保卢斯自行突围。29日苏军收复科杰尼科夫斯基，彻底粉碎了德军的解围计划，第6集团军等德军部队已成瓮中之鳖。与此同时，苏联空军已夺取战区上空的制空权，被围德军赖以生存的空中补给被彻底切断。寒冬之中，冻死饿死的德军不计其数，包围圈也在不断缩小。

1943年1月8日，苏军向被围德军发出

◆ 斯大林格勒郊外的德国士兵和装甲车

远处是轰炸后的残垣断壁，近处是一辆装甲车和4个德国士兵。他们衣衫不整，早已失去了当年进军华沙时的嚣张气焰。他们目光没有神采，剩下的仅是战争带来的疲惫。

了最后通牒，敦促其立即投降，但保卢斯遵照希特勒的命令拒绝投降。10日凌晨，苏军发起了大规模攻势，在6天之内再次将包围圈缩小了一半。24日，眼看形势已难以支撑，绝望中的保卢斯向希特勒发出了请求准许向苏军投降的电报，以挽救余下官兵的生命。希特勒接到保卢斯的电报后怒不可遏，立即回复道："不许投降！死守阵地，战至最后一兵一卒一枪一弹！"同时，希特勒提升保卢斯为德国元帅，其他117名军官各升一级。他在发给保卢斯的晋升电报中强调，在德国的历史上还没有任何一位德国元帅向敌人投降的先例，也就是让保卢斯在最后时刻选择自杀。

希特勒的这次加官晋爵并没有起到任何效果，被围德军的防线越来越小，至1943年1月27日，德军成建制的抵抗几乎停止，苏军开始了消灭残敌的战斗。2月2日，被围德军全部被歼灭，生俘9.1万人，其中包括24名将军。保卢斯在斯大林格勒中心百货公司的地下室内被苏军俘获，他并没有如希特勒所希望的那样选择自杀。2月3日，希特勒宣布全国为在斯大林格勒阵亡的几十万官兵致哀4天，最后还不忘挖苦保卢斯，"他还是没有能够跨进永垂不朽的门槛"。

德军在这次会战中被打死、打伤、被俘和失踪的官兵约150万，占苏德战场总兵力的1/4。从此以后，苏军开始了全面反攻，直至最终攻克柏林。斯大林格勒保卫战的胜利不仅是苏德战争的转折点，也是第二次世界大战的重要转折点之一。

公元1942年6月

○人物：山本五十六 尼米兹　○地点：中途岛　○关键词：美国决定性胜利

中途岛海战

美国少将斯普鲁恩斯曾说："中途岛之战的胜利，主要在于得到了一流的情报，其次还在于尼米兹将军的判断和安排。"中途岛海战是一场极具戏剧性的战役，是美国海军以少胜多的著名战例。在这次海军史上成败瞬息万变的战役中，情报信息和战略要术的重要性，同样不可忽视。

美日战争开始

日本自从1941年12月发动了太平洋战争后，不得不与美国正面为敌。在之后的几个月里，日本趁着重创美国之际加紧扩张步伐，相继占领了东自威克岛、马绍尔群岛，西至马来半岛、安达曼和尼科巴各岛，南至俾斯麦群岛地区的广大区域，几乎完全控制了整个西太平洋。但在这些胜利的背后，日本海军联合舰队司令山本五十六总是忧心忡忡。因为他知道树立美国这样的强敌是很危险的。

在偷袭珍珠港成功之后，山本五十六曾冷静而清醒地指出：我们只是唤醒了一个巨人，必须在巨人尚未起身之前完成袭击任务，彻底击毁美太平洋舰队。因此，山本五十六仔细研究了接下来的作

◆ 美国海军将领尼米兹

美国海军著名将领、五星上将，最高职务曾任美国海军作战部部长。二战期间，在珍珠港事变后，尼米兹被派往太平洋战场担任美军太平洋舰队总司令。许多经典战役如中途岛大海战、莱特湾大海战等均出自于他的手笔。

战计划——认为对付美国,必须速战速决,在其没来得及准备之前,给其致命一击。这样,新的一场美日大战又将来临。

1942年5月5日,日军大本营海军部发布第十八号命令,决定在6月上旬由日本联合舰队协同陆军发动对中途岛和阿留申群岛西部要地的攻击,并最终占领这些地区,同时伺机全歼美国海军太平洋舰队主力。此战的主攻方向为中途岛,它是太平洋中部的一个岛屿,也是美国在太平洋上一座极其重要的海空军基地。

为了确保此次攻击能取得成功,日本联合舰队司令山本五十六决定投入他所能调集的最大兵力——计划出动舰艇200多艘,其中战列舰11艘、航空母舰8艘、巡洋舰23艘、驱逐舰65艘、潜艇21艘,以及大约700架飞机。这支庞大的舰队被分为6个战术编队,其中:山本五十六亲自率领第一舰队在中途岛西北600海里处坐镇指挥,包括旗舰"大和"号在内的战列舰7艘、轻巡洋舰3艘、轻型航空母舰1艘;第1机动编队由南云忠一中将指挥,包括"赤城"号、"加贺"号、"飞龙"号和"苍龙"号航空母舰,搭载有舰载俯冲轰炸机34架、鱼雷攻击机93架、战斗机120架;中途岛进攻编队由近藤信竹中将指挥,包括战列舰2艘、重巡洋舰8艘、轻巡洋舰2艘、轻型航空母舰1艘、水上飞机母舰2艘,并编有运输船12艘,共搭载陆军登陆部队5800人;北方进攻部队由细萱戎四郎中将指挥,担任攻击阿留申群岛的任务,其中包括以"龙骧"号和"隼鹰"号航

◆ 从美军"约克城"号航母上起飞的"无畏"式舰载俯冲轰炸机。在中途岛海战中,这种飞机击沉了包括"赤诚"号、"加贺"号、"苍龙"号和"飞龙"号在内的4艘日本航空母舰,为美军的胜利立下了汗马功劳。

空母舰为主力的第2机动编队、阿图岛和基斯卡岛进攻部队(陆军登陆部队2400人);攻击先遣编队配置5艘潜艇,作战开始之前在夏威夷和中途岛之间海域散开,防止来自珍珠港美国海军编队的反击;岸基第24航空队配置鱼雷攻击机、战斗机各72架,在南太平洋各岛屿上分散布置,协助联合舰队完成中途岛作战任务。

就在日军进行大规模部队调动的同时,美军已通过海空侦察、破译密码等渠道几乎完全摸清了日军下一阶段的作战意图。太平洋舰队司令尼米兹上将决定动用所有可以调动的力量抗击日军对中途岛的攻击,并亲临中途岛视察,对守岛部队的人数和装备以及防御工事进行了增强。与此同时,尼米兹命

◆中途岛海战中的美国"大黄蜂"号航母。甲板上正在准备起飞的是SBD—3"无畏"式俯冲轰炸机。

令第16、第17特混编队秘密驶向中途岛。其实,日军的实力要远强于美军,但由于情报工作不力,日军的作战计划仍然建立在"美军只能在中途岛遭到攻击之后才能做出反应"的基础上,完全没有估计到美军舰队实施突然袭击的可能性。

6月3日,日本联合舰队各个攻击编队到达指定位置,作战潜艇也进入伏击海域,但美军航母编队早已通过这些海域。当天上午,由中途岛起飞的美军巡逻机在该岛以西600海里的地方发现了日军输送登陆部队的船队,中途岛美军立即派出9架B—17"空中堡垒"轰炸机对其实施轰炸,击沉运输船和巡洋舰各一艘。6月4日凌晨,美军巡逻机在中途岛西北约200海里海域发现了日军联合舰队第1机动编队的踪迹,随即向岛上发出了紧急战斗警报。6时45分,由日军第1机动编队航母上起飞的108架作战飞机(其中鱼雷攻击机、俯冲轰炸机和战斗机各36架)飞临中途岛上空,美军战斗机立即起飞实施拦截。空战进行了约30分钟,美军共损失15架战斗机,而日军飞机仅被击落6架。

由于岛上提前做好了防空袭的诸多准备，日军飞机的轰炸效果不太理想，再加上日军自身受到由中途岛基地起飞飞机的巨大威胁，南云忠一下令再次出动攻击机群对中途岛进行轰炸。由于这些作战飞机已经装配好了鱼雷，准备对可能出现的美军舰艇编队实施攻击，因此南云忠一下达了一个决定命运的命令——立即给这些作战飞机改挂炸弹。就在日军进行雷弹换装的关键时刻，从中途岛起飞的美军轰炸机群出现了。

全方位的胜利

1942年6月4日7时45分，日军侦察机在中途岛以北240海里处发现了美军多艘舰艇的踪迹，南云忠一随即命令停止雷弹换装工作，准备对这些美军舰艇实施攻击。半个小时之后，日军侦察机再次发回情报，称这批美军舰艇中至少有1艘航空母舰。此时，"赤城"号和"加贺"号的大部分鱼雷攻击机都已换上炸弹，而且所有战斗机都已起飞升空。于是，南云忠一决定首先收回已在舰队上空盘旋多时的第一波攻击机群，然后收回第二波攻击机群。至9时18分，这两批作战飞机全部成功降落。就在这个时候，美军特混编队派出的攻击机群突然出现在日军的视野中。美军头两批共41架鱼雷攻击机的攻击效果较差，均没有给日军造成多大损失，自身却被击落35架。10时24分，南云忠一命令攻击机群开始起飞，准备对美军航空母舰实施打击。就在这个关键时刻，美军50多架俯冲轰炸机突然从云层中出现，对日军航空母舰进行轰炸。由于日军航空母舰上满载装好炸弹准备起飞的飞机，因此在美军的这次打击之下损失惨重。第1机动编队的旗舰"赤城"号先后被2枚炸弹命中，当即引起飞行甲板上的大爆炸。大火很快蔓延开来，"赤城"号很快就失去作战能力变成了一堆废铁，南云忠一不得不下令弃舰，6月5日凌晨该舰被日军使用鱼雷炸沉。"加贺"号更不走运，接连被4枚炸弹命中，舰长被当场炸死，到下午火势已难以控制，不得不弃舰，该舰于19时25分沉没。"苍龙"号也被3枚炸弹命中，大火迅速燃烧到油库和弹药库并引起大爆炸，于19时13分沉没。

美军攻击机群成功完成攻击任务之后返回各自的航空母舰，特混舰队继续向西航行。12时，在"约克城"号以北20海里处担任护航任务的美军舰载战斗机发现了从"飞龙"号起飞的18架俯冲轰炸机和6架战斗机，随即对它们进行了拦截。虽然美军战斗机成功将大多数日机击落，但仍有6架俯冲轰炸机躲过了拦截，对"约克城"号实施了攻击，投下的炸弹中有3枚先后命中目标。经过紧急抢修，"约克城"号扑灭了炸弹爆炸后引起的大火，重新恢复了作战能力。但好景不长，14时26分从"飞龙"号起飞的10架鱼雷机和6架战斗机对"约克城"号再次实施了攻击。"约克城"号侧舷被两枚鱼雷直接命中，大量海水立即涌入造成船身倾斜。15分钟之后，倾斜越来越严重的"约克城"号宣布弃舰，次日被日军潜艇击沉。就在日军飞机对"约克城"号实施攻击的同时，美军侦察机发现了"飞龙"号，于是"企业"号航母立即起飞24架俯冲轰炸机前往攻击。下午5时，还在回味攻击"约克城"号得手后喜悦的"飞龙"号遭到了美军俯冲轰炸机的攻击，先后被4枚炸弹击中，并引发冲天大火，次日凌晨被美军击沉。

看得见的世界史●

公元1942年10月—11月

人物：蒙哥马利 隆美尔　地点：埃及　关键词：北非战争主动权

阿拉曼反攻

阿拉曼战役是轴心国集团在北非战场辉煌战绩的终结。此次战役以后，德意法西斯军队开始在北非地区节节溃败，直至完全被逐出非洲。正像英国首相丘吉尔所说："此战之前，我们战无不败；此战之后，我们战无不胜。"

◆阿拉曼战场上的蒙哥马利

经阿拉曼一战，蒙哥马利名声大震，被人们称为"捕捉'沙漠之狐'隆美尔的猎手"。阿拉曼战役后，他受封为爵士，获巴斯骑士勋章，并被提升为陆军上将。

蒙哥马利的威力

阿拉曼是埃及北部的滨海城镇，距亚历山大港约100千米。它的南面60千米处是难以通行的盖塔拉洼地，战略地位十分重要。英军在阿拉曼的防线始于阿拉曼车站，直到南面的盖塔拉。这条防线主要由若干个互不相连的工事组成，另外再配以部分半永久性的堡垒。

1942年6月21日，重兵守卫下的图卜鲁格要塞被隆美尔的非洲军团攻克，此时对于英国人来说，北非的形势已经变得岌岌可危。为了阻挡德军向亚历山大港的前进，英军第8集团军在阿拉曼开始构筑工事防御德军的进攻。

在随后的一个半月里，英军第8集团军和德军非洲军团在阿拉曼展开了激烈的争夺，双方陷入僵持状态。8月15日，从英国本土调来了两位新司令官，一位是接任英军中东总司令的哈罗

德·亚历山大爵士,另一位则是第8集团军新任司令伯纳德·蒙哥马利。蒙哥马利1887年出生于英国的一个贵族家庭,21岁时参军入伍,从此开始了充满传奇色彩的军旅生涯。第一次世界大战中,蒙哥马利由于作战勇敢和善于利用战术而崭露头角。希特勒发动对西欧的闪电战时,蒙哥马利担任英国远征军第三师师长,正在比利时和法国北部地区作战。后来英军节节败退,蒙哥马利也随大部队从法国的敦刻尔克撤回英国。这一年的8月,新任命的第8集团军司令戈特的座机,在一次飞行侦察中被地面防空火力击中,戈特随机坠毁身亡。在这种情况下,蒙哥马利临危受命赶往埃及赴任。

蒙哥马利到任后立即改变战略,不再持续向德军突击,而是坚持固守阿拉曼。1942年8月31日,隆美尔下令对阿拉曼发动一次大规模进攻,企图一举将其攻克,结束这场消耗战。此时正值夏季,是沙漠地区一年中最热的时候,非洲军团的攻势被英军第8集团军一一化解,无法再向东前进一步。至9月3日,在付出了惨重的人员和装备损失后,隆美尔不得不中止了这次进攻,全线转入防守。这个月的月底,身心俱疲的隆美尔向希特勒申请病假。而非洲军团由施登姆将军代为指挥。

此后,北非德军的境况越来越糟糕,尤其是通过地中海海上运输线的运输已经变得越来越困难。不仅汽油、弹药严重缺乏,有时连吃上一顿饱饭都是一件很奢侈的事情。而驻阿拉曼的英军第8集团军的实力却是越

◆ 阿拉曼战役中英军俘虏的意大利战俘

阿拉曼战役的胜利,保证了盟军从中东通往苏伊士运河这条供应线的畅通。而在士气上对盟军的意义更是非同小可。

来越强大——第8集团军兵力总数已达23万人,几乎是德意联军的3倍。英军装甲部队已增加至7个旅,坦克总数约1200辆,其中半数是由美国援助的M—3"格兰特"坦克以及最新式的M—4"谢尔曼"中型坦克。而德意联军的坦克数量只有540辆,其中一半以上是意大利生产的老式或轻型坦克。空军方面,英军已在北非、马耳他等地集结了约1200架作战飞机,远远超过德意联军的350架。此外,英军还在阿拉曼防线上调集了庞大的炮兵群。

与此同时,盟军开始加紧准备实施"火炬"登陆作战行动,以夺取北非大片地区作为反攻欧洲大陆的跳板。根据盟军的安排,美英军队6个师的兵力将在1942年11月8日乘坐650艘运输船分别在摩洛哥、阿尔及利亚西部的奥兰、阿尔及尔三地登陆。为了配合"火炬"行动,第8集团军决定在10月23

日对当面的德意军队实施大反攻,行动代号为"捷足"。

蒙哥马利式的胜利

1942年10月23日晚21时40分,圆月当空,蒙哥马利下达了实施"捷足"行动的命令。英军集结在前沿阵地的近1000门大炮同时向敌军开火。德意军队的前沿阵地陷入了一片火海。英军的炮击持续了几十分钟,炮击一结束,地面部队就开始实施强攻。至第二天拂晓,第30军的先头部队已深深楔入敌军防线之内,但仍然无法为跟进的装甲部队打开向西突击的通道。特别是在一个名叫腰子岭的地方,德军两个装甲师完全挡住了英军前进的路线,还不断实施反突击,英军的形势不容乐观。但德军非洲军团指挥官施登姆在英军反攻开始后不久,就因心脏病突发而猝死,使得德军的处境不妙。

10月24日下午,希特勒急召远在维也纳休养的隆美尔返回北非。25日傍晚,隆美尔乘专机返回北非,重掌非洲军团的指挥权。此时德意联军的处境已万分危急,其控制的防线变得异常脆弱,英军只要突破一点,德意军队就会全线崩溃。隆美尔将一切可以调动的部队派至前线,不停地填补漏洞,算是勉强稳住了防线。10月26日双方继续激战。德国空军在这一天大规模出动,在空中与英国人打得难解难分。在南线战场,德军终于发现第13军是在实施佯攻,于是将两个装甲师向北调动。但这批德军在北调的过程中遭到了英国皇家空军的毁灭性打击,损失过半,几乎丧失战斗力。此时,蒙哥马利开始调整部署,调动重兵准备在腰子岭方向集中攻击,为装甲部队打开缺口。这次作战将于11月2日实施,行动代号为"增压"。

11月2日清晨,英军300门大炮首先对腰子岭方向的敌军实施了猛烈炮击,随后步兵与装甲部队一同向敌军阵地冲去。最终突破了敌军的防线,大批英军部队从这个缺口突入。当天晚上,自知大势已去的隆美尔向希特勒发出了一封电报,请求向西撤退到65千米外的富卡,否则部队可能会被英军

包围。第二天，固执的希特勒回复隆美尔，称希望北非部队能"坚守阵地，绝不后退一步"。但这样的坚守并没有维持多长时间，11月4日晚，隆美尔在下属的强烈建议下冒着被送上军事法庭的危险，做出了向富卡撤退的决定。在随后的15天时间里，隆美尔率领非洲军团残部狂奔1140多千米，一直撤到班加西以西的地区，此时德意军队只剩下3.5万人，坦克60辆。至此，英军获得了阿拉曼战役的巨大胜利，从此完全掌握了北非战场的主动权。

◆ 德军坦克兵向英军步兵投降

1942年10月到11月，英国第8集团军和德国非洲军团在北非展开了激烈战斗。最终，英军统帅蒙哥马利凭借自己在火力、兵力和后勤补给上的巨大优势战胜了隆美尔。

公元1943年7月—8月

人物：曼施坦因 朱可夫　**地点**：苏联　**关键词**：苏军大获全胜

库尔斯克大会战

德军在库尔斯克遭遇惨败之后，有记者向崔可夫中将询问德军失败的原因，后者用两句话做了精彩分析："德军在战术上并没有什么错误，只是他们把希特勒当作统帅，就犯了战略上的巨大错误。"

◆ 与同僚分析进攻计划的曼施坦因

曼施坦因向希特勒提出著名的"镰刀计划"而成为其心腹爱将，后又因在斯大林格勒战役、库尔斯克大会战中的失利而与希特勒产生矛盾，并被解除元帅职务。

突出部反击

苏军在斯大林格勒保卫战之后乘胜追击，于1943年2月15日，收复乌克兰第二大城市哈尔科夫。此时，苏联南部的德军士气低落，而且德国在仆从国中的威信一落千丈。为了扭转不利局面，希特勒撤销了受到严重打击的B集团军群的番号，重新组建了南方集团军群，任命战功卓著的曼施坦因元帅为司令。2月19日，曼施坦因指挥南方集团军群向顿涅茨河与第聂伯河之间的苏军发起反击，并在一个月后重新夺回了哈尔科夫。苏军被迫后撤至库尔斯克南面的奥博扬一带，形成了一个以库尔斯克为中心的突出部。在突出部的北面，德军中央集团军群控制了奥廖尔附近地区；在突出部的南面，南方集团军群控制了别尔哥罗德地区；在突出部的中央是苏军中央方面军和沃罗涅日方面军，处于南北两路德军夹击的态势。

考虑到德军在库尔斯克突出部的有利局势，德军最高统帅部决定从南、北两个方向对该突出部实施向心突击。担任此次突击任务的是德军中央集团军群和南方集团军群，共编有50个精锐德军师和许多独立部队，总兵力达到90余万人、各种火炮约1万门、坦克等装甲车辆2700辆、飞机2050架。为了确保此次作战的胜利，德军投入当时苏德战场上70%的装甲师、65%以上的作战飞机。此外，在战役阶段，德军还投入大量新研制出来的武器，包括"虎"式重型坦克、"豹"式重型坦克等，妄图凭借这些新式武器一举击垮苏军。

1943年7月4日晚，苏军近卫第6集团军的前沿侦察部队捕获了一名德国步兵，从他的口中得知德军将在次日凌晨发起进攻。指挥库尔斯克突出部作战的朱可夫元帅和华西列夫斯基元帅决定先发制人。7月5日凌晨1时，苏军对德军各突击集团开始实施猛烈炮击，打乱了德军原定计划，迫使其进攻推迟了3个小时。7月6日，苏军中央方面军开始对突入的德军实施反突击。苏联空军也对地面部队提供了强大的空中支援，德军的进攻势头受到有效遏制。至7月11日，德军在付出极大伤亡之后，仅仅突入苏军阵地10千米至12千米。

激烈的交战

面对僵持的战局，曼施坦因决定动用德军最精锐的装甲部队，对南线苏军发动新的攻势。随后，德军装甲部队在普罗霍罗夫卡地区遭遇苏军近卫第5坦克集团军和近卫第5集团军一部，双方共投入1500余辆坦克，成为二战中规模最大的一次坦克会战。这一天，苏军出动约850辆坦克，德军则以约650辆坦克迎击，双方在15平方千米的战场上狭路相逢，展开一场坦克"肉搏战"。虽然德军有"虎"式坦克冲锋在前，但由于它的行驶速度不过20千米/小时，导致大部分德军坦克都拥挤在一起无法展开。苏军则利

◆库尔斯克大会战期间，苏军第62集团军的一个班正在使用37毫米反坦克炮攻击德军坦克。士兵们身上背的是莫辛-纳甘步枪，这种枪出现在20世纪的几乎所有战场上。

用T—34坦克的灵活性大胆实施穿插战术，开足马力冲入德军坦克群中进行近战。此战德军装甲部队遭受前所未有的重创。此战之后，德军几乎全线转入防御，仅在普罗霍罗夫卡以南地区继续保持攻势。

同一天，苏军西方面军第11集团军和布良斯克方面军对防守奥廖尔的德军第2装甲集团军和第9集团军发动突然反击。7月15日，苏军中央方面军右翼也对奥廖尔德军南翼实施了突击。德军急忙从战线其他地段抽调出部分兵力增援奥廖尔的德军。为了加强攻势，苏军决定将战役预备队投入战斗。7月16日，冲入苏军阵地的德军开始向出发阵地撤退，苏军立即展开追击。8月5日，布良斯克方面军在西方面军和中央方面军两翼配合之下，收复了被德军占据两年之久的奥廖

尔。同一天，南线苏军收复了别尔哥罗德。这天晚上，为向在库尔斯克会战中表现出色的苏军官兵表示祝贺与敬意，经斯大林提议，120门大炮在莫斯科午夜零点时分齐鸣12响，这是卫国战争爆发以来苏联第一次鸣放礼炮庆祝战斗胜利。

8月11日，苏军沃罗涅日方面军推进至博罗姆利亚、阿赫特尔卡、科捷利瓦一线，坦克第1集团军则切断了哈尔科夫—波尔塔瓦铁路，并从西面攻至哈尔科夫城下。同日，苏军草原方面军也逼近了哈尔科夫外围防御阵地。德军最高统帅部立即从顿巴斯调来战役预备队投入哈尔科夫的防御作战，企图由博戈杜霍夫以南地区以及阿赫特尔卡地区实施反突击。但在苏军强大的攻势面前均未奏效。8月22日下午，处处碰壁的德军被迫从哈尔科夫后撤。第二天中午时分，苏军部队开进哈尔科夫，再次解放了这座城市。至此，库尔斯克大会战以苏军的辉煌胜利而结束，为解放乌克兰全部领土并前出至第聂伯河创造了有利条件。德军在这次战役中总共损失30个师50余万人（其中7个装甲师）、坦克和装甲车辆1500辆，完全丧失苏德战场上的战略主动权，再也无力发动进攻作战。库尔斯克大会战的胜利，也为随后美英盟军在意大利的登陆作战创造了十分有利的条件。

全线大反攻

库尔斯克大会战之后，苏军继续全线反击。1943年9月，苏军收复新罗西斯克和塔曼半岛，彻底肃清了高加索地区的德军。同月，苏联重要的工业区顿巴斯被解放，苏军从陆路上封锁了盘踞在克里米亚半岛上的德军。9月25日，苏军收复斯摩棱斯克。10月25日，苏军收复第聂伯罗彼得罗夫斯克，进抵第聂伯河河口附近，并于11月6日收复乌克兰首府基辅。

在整个1943年的战斗中，德军总共损失400多万名官兵，其中被打死的就有180万

军。这一年，苏军在中部战线推进500多千米，在南部前进1300多千米，收复将近100万平方千米的领土。1943年也是苏联国防力量全面恢复的一年，在这一年新建立78个师，生产3.5万架作战飞机、2.4万辆坦克和装甲车辆，为苏军的全线大反攻提供了坚实基础。

◆ "虎"式坦克

1944年7月，一位美军士兵正在检查一辆被德军遗弃在法国的"虎"式坦克。在此前6个小时的战斗中，这辆"虎"式坦克在身中47发炮弹的情况下，摧毁美军17辆M4坦克，再次成为纳粹杀戮的工具。

公元1944年6月

○ 人物：艾森豪威尔　○ 地点：法国　○ 关键词：开辟第二战场

诺曼底登陆

在1943年底的德黑兰会议上，罗斯福、丘吉尔和斯大林最终确定于1944年5月，在法国大西洋沿岸实施大规模战略性登陆战役，以开辟欧洲第二战场的行动计划，其代号为"霸王行动"，最高统帅由艾森豪威尔担当，地点定在了诺曼底。

◆ 在被任命为盟军最高司令后，艾森豪威尔于1944年1月中旬抵达伦敦，组建了盟国远征军最高司令部。照片中艾森豪威尔和盟军将领们在伦敦司令部为即将开始的诺曼底登陆商讨作战计划。

开辟第二战场

1943年11月，代号为"尤里卡"的德黑兰会议正式拉开序幕。美、英、苏三国首脑确定了"霸王行动"的计划，制定了开辟欧洲第二战场的时间表以及盟军登陆的地点——诺曼底。为了投入更多的兵力进行攻击，盟军还将

原定于1944年5月实施的登陆作战延迟到6月初。为实施这一大规模的战役，盟军共集结多达288万人的部队。

盟军计划首先在诺曼底登陆场的右翼空降2个美军伞兵师，切断德军从瑟堡出发的增援，并协同登陆部队夺取犹他滩头。同时在登陆场的左翼空降1个英军伞兵师，夺取康恩运河的渡河点。然后首批登陆部队共8个加强营分别在5个滩头登陆，迅速建立登陆场。在巩固和扩大登陆场后，后续登陆部队上岸，其右翼先攻占瑟堡，左翼向康恩运河至圣洛一线发展，掩护右翼部队的进攻。接下来登陆部队将攻占卡昂、贝耶、伊济尼、卡朗坦、布勒塔尼等地，最终直取巴黎。为了掩盖真正的登陆地点，盟军实施了大量的欺骗行动，例如在英国东南部地区制造部队和船只集结的假象、运用双重间谍向德军提供假情报等。这些欺骗行动让德军最高统帅部将西线大部分的德军配属在加莱方向，而对诺曼底方向完全放松了警惕。

大西洋壁垒

此时，德军在东线战场上部署了179个师的兵力，约占德军总兵力的65%。而在西线的法国、比利时、荷兰只有58个师约74万人（由龙德施泰特元帅指挥），包括33个海防师、15个步兵师、8个装甲师、2个伞

◆诺曼底登陆的指挥者艾森豪威尔上将

兵师。西线德军被编为2个集团军群：B集团军群驻守在法国北部，共39个师，是西线德军的主力，由从北非战场铩羽而归的隆美尔元帅指挥；驻守加莱的是该集团军群下辖的第15集团军，集结了23个师的重兵。G集团军群驻守在法国卢瓦尔河以西地区，共19个师，由布拉斯科维兹上将指挥。此外，西线战场还有2个作为战略预备队的装甲师，由希特勒亲自指挥。

为了防备盟军从英国本土发动对欧洲大陆的反攻，早在1942年7月20日希特勒就下令开始修建从挪威北部至西班牙海岸的由1.5万个坚固支撑点构成的防线，即所谓的"大

◆ 登陆之后向德军阵地进行炮击的盟军炮兵

西洋壁垒"。希特勒要求防线在1943年5月1日之前完工,但实际上直到1944年5月盟军发动进攻前夕,大部分地区的防御支撑点都还没有完工。倒是隆美尔就任B集团军群司令后,督促完善了部分沿海地区的防御体系,在深海中布设水雷,浅海中设置斜插入海的木桩(被盟军称作"隆美尔芦笋"),海滩上修筑了锯齿状的混凝土角锥、坦克陷阱。其间还布设了大量地雷。此外,德军还在能俯视海滩的制高点构筑隐蔽火力点,在海滩后面的开阔地区布设大量防机降的木桩。这些防御工事使盟军在此后的登陆中遭受了不小的损失。

跨海大反攻

1944年6月1日,盟军登陆部队开始在英国南部15个港口上船。原定登陆日期为6月5日,但由于登陆海域气象条件十分恶劣而被推迟24小时。6月5日午夜时分,盟军轰炸机群开始对法国海岸沿线的德军实施大规模空中打击。与此同时,盟军空降部队开始在登陆滩头两侧距海岸10千米至15千米的纵深地带实施空降,扰乱守军的部署并阻止其可能实施的反突击。6月6日0时16分,英军第6空降师被空投至登陆场的左翼地区,顺利夺取佩加索斯桥,防止德军装甲部队经由此处向海岸方向实施增援直到登陆先头部队的到来。但美军第82、第101空降师就远没有英国人那么幸运,他们乘坐的运输机和滑翔机由于偏离航线而无法在预定区域空降,因此许多士兵着陆之后都失去建制,陷入独力作战的不利境地,伤亡惨重。

5时30分,盟军海军舰艇开始实施炮火准备。一个小时后,盟军部队开始从五个滩头阵地实施登陆作战。剑海滩是一段低矮的沙质陡壁下长约3千米的海滩,紧邻奥恩河口的韦斯特朗港,也是五个登陆滩头中最东边的一个,法国北部的航运中心卡昂位于该海滩南边的15千米处。负责剑海滩登陆的是英军第3步兵师及第27装甲旅,他们在抢滩成功之后很快就突破德军防御阵地,并于当日午后与先前空降内陆的伞兵部队会合。当天在剑海滩登陆的2.9万名英军中,仅有630人伤亡。

朱诺海滩正面为沙丘地带,宽约10千米,德国守军部署在沙丘后方的村落中,对盟军登陆部队构成巨大威胁。朱诺海滩的登陆部队是加拿大第3步兵师及第2装甲旅。他们在登陆开始时就遭受重创,但还是登陆成功。此战加拿大部队官兵共有2.14万人,伤亡人数约为1200人。

金海滩是整个登陆行动的中心点,位于贝辛港和拉里维埃之间,此处海滩海岸的坡度较缓,对于英军第50步兵师及第8装甲旅的登陆十分有利。德军在海岸不远处设置4门155毫米重炮,在登陆过程中给英军制造了极大的麻烦。僵持一段时间之后,英国皇家海军舰艇的炮火将这些重炮摧毁,扫清了英军前进道路上的障碍。临近傍晚的时候,已有2.5万名英军顺利登岸,期间只有413名官兵伤亡。

在盟军登陆之前,隆美尔将战功赫赫的第352步兵师调至奥马哈海滩,成为五个滩头中德军防守最严密的一个滩头。奥马哈海滩位于卡朗坦河口以东,正面宽10千米,德军第352步兵师驻守在高30米的滩头峭壁之上,地势十分险要。负责在这里抢滩登陆的是美军第1步兵师及第29步兵师。在这里,美军遇到德军的猛烈攻击,伤亡率高达50%以上,奥马哈海滩附近的海水被鲜血染红。中午的时候,成功登陆上岸的美军在海军舰艇炮火的支援下,终于突破守军防线,建立登陆阵地。当天美军登陆人数为3.4万人,而伤亡人数达到2400人。

犹他海滩位于卡伦坦湾西侧,由一片低矮沙丘组成。美军在3个小时之内就越过滩头阵地,控制沿海公路,并与此前空降于敌后的空降部队胜利会合。犹他海滩登陆是诺曼底登陆战役中伤亡人数最少的抢滩登陆作战,2.3万名美军官兵中只有197名伤亡。

在1944年6月6日的登陆作战中,德军几乎没有组织起任何像样的反击。6月12日,盟军各登陆地点成功地连接成登陆场,大批盟军部队源源不断地从英国本土运来。6月21日,美军部队攻占瑟堡,为盟军开辟海上运输通道。至7月24日,诺曼底登陆战役胜利结束,盟军已在法国沿海地区构筑了一个正面宽150千米、纵深13千米至35千米的登陆场,为随后展开的大规模战略反攻奠定了坚实基础,并加速纳粹德国的溃败。

公元1945年2月

人物：丘吉尔 斯大林 罗斯福　**地点**：苏联　**关键词**：如何处置战败国 联合国

雅尔塔会议

1945年2月，在苏联克里米亚半岛举行的雅尔塔会议上，美、苏、英三国首脑在协调对德作战、战后处置德国、波兰边界划分、苏联对日作战、建立联合国等重大问题上达成共识，人类历史由此翻开新的一页。

◆ 雅尔塔会议期间的三巨头

这张照片恰如其分地说明了3个大国之间的微妙关系：拿着雪茄的丘吉尔（左）冷静地看着罗斯福（中），斯大林（右）也兴致勃勃地斜身听着两人的话题，而事实上苏联的最高领导人根本听不懂两人使用的英语。

齐聚雅尔塔

第二次世界大战进行到1945年1月底，希特勒的军队除了在匈牙利和意大利北部有一些脆弱的据点之外，实际上已经全部被美、苏、英三国军队赶回其国境以内。对美、苏、英三国来说，德国失败已成定局，战后欧洲乃至世界如何重组的问题开始被提上议事日程。其中包括：如何处置战败后的德国，在最后对日作战中三国如何进行协作，战后的世界应该如何进行和平而有效的管理等。此时，苏联已在波兰问题上与美英两国产生巨大矛盾，迫切需要召开一次类似德黑兰会议的三国首脑会议，对这些问题与矛盾进行沟通和解决——三国最终确定于1945年2月4日至11日，在苏联的雅尔塔举行首脑会议，会议代号为"阿尔戈"。

1945年2月2日早晨，罗斯福乘坐的"昆西"号重巡洋舰横渡大西洋抵达马耳他，与先期到达的丘吉尔一行会合。当天晚上，美英两国代表团一行700多人搭乘25架军用运输机从马耳他起飞前往雅尔塔。第二天中午，两国代表团的飞机降落在雅尔塔附近的萨基机场，前来迎接他们的是苏联外交部部长莫洛托夫。罗斯福被安排在末代沙皇的避暑行宫——利瓦吉亚宫下榻，为了照顾行动不便的他，三国全体参加的大会都被安排在这里举行。

最后的战争

在为期8天的会议里，全体会议、领导人的私下会晤、参谋长或外长的分组会、午宴和晚宴穿插进行，三国首脑和随行人员对许多问题展开了激烈而又不失友好的讨论。在这种良好的会议氛围下，一向沉稳的罗斯福有一次竟口无遮拦得罪了斯大林，差点引发一次严重的外交事件。在一次午餐会上，兴致极高的罗斯福用诙谐的口气向斯大林"坦白"说，他和丘吉尔常在密电中称呼斯大林为"约大叔"。罗斯福说出这番话之后，现场所有的人都立即陷入尴尬之中，斯大林则愤怒地问道："我们什么时候可以离席？"幸好此时美国国防动员局局长贝尔纳斯讲了一句很巧妙的话才挽救了尴尬的局面，他笑着对斯大林说道："谈到山姆大叔，你毕竟是不介意的，那么约大叔又有什么不好呢？"斯大林听了他的话立即平静下来，还表示罗斯福的这个玩笑开得有创意。

三国首脑首先讨论了最终击败德国的计划，以及战后对德处置的问题。经过激烈讨论，三方最终商定由苏军占领德国东部、美军占领西南部、英军占领西北部。而在德国首都柏林的分别占领问题上，三方同意由苏军管理该城的东北部，美英军队则将其西南部纳入自己的控制之下。此外，根据丘吉尔的建议，三国同意将美英军队控制下的德国的某一个地区划由法军占领，并邀请法国戴高乐政府参加盟国对德管制委员会。会议还规定，战后德国必须解除武装、拆除一切军事设施、取缔纳粹党、惩办战犯等。在德国战争赔款问题上，斯大林强烈主张以实物的形式要求德国拿出战争赔款，并根据"谁对战争胜利贡献大"和"谁在战争中遭受的损失多"为原则来进行分配。苏联的建议是德国战争赔款总额为200亿美元，其中一半应划归苏联。鉴于第一次世界大战后德国战争赔款的偿付能力问题，丘吉尔认为赔款数额和分配方案应该在计算出此时德国实际偿付

◆在里瓦几亚宫召开的雅尔塔会议。照片中有罗斯福、斯大林、背对的丘吉尔,还有其他与会人员。

能力之后再确定。罗斯福则表示美国除了没收德国在美的所有财产之外,不会要求德国的任何赔款。在这个问题上,三国直到会议结束都没有形成统一的决议,只是决定在莫斯科成立一个德国损害赔偿委员会,专门对德国战争赔款的数额与分配方法进行研究。

波兰问题是雅尔塔会议上另一个争论的焦点。在确定波兰边界的问题上,与会三方爆发了激烈的争论。大家都按照自身的利益来发表意见,最终确定波兰东部边境按照寇松线(1920年由英国外交大臣寇松提出的苏俄与波兰的停火线)来划定,但在若干区域苏联会给予波兰5千米至8千米的溢出部分。波兰将在北部和西部从德国获得领土补偿,其范围应征询波兰统一政府的意见,并在此次会议结束后确定。对于未来波兰政府的组成,苏联再次和美英发生激烈的争论。此时苏联支持的波兰临时政府已开始在全国范围内行使权力。而战争爆发以来一直流亡在英国伦敦并受到英国支持的波兰前政府,则希望能在未来的波兰事务中发挥更大的作用。尽管英国希望能在波兰问题上发挥更大的主动性,但由于波兰是由苏军解放的,因此最终不得不接受波兰临时政府成立的现实。

促成苏联对日作战是罗斯福雅尔塔之行的重要目的之一。此时美军在太平洋战场上与日军打得异常激烈,一系列岛屿争夺战已让美军损失惨重。根据美国军事当局的估计,在德国投降之后还需要约18个月才能打败日本。麦克阿瑟指挥的美军在雅尔塔会议的第二天才攻入菲律宾首都马尼拉,被寄予厚望的第一颗原子弹则还要再等5个月才能最终制成。如果苏联继续保持中立，日本就会将驻扎在中国东北的关东军调回本土，加入到抗击美军登陆的行动中，到时美军的伤亡数字将是非常巨大的。急于要求苏联做出对日作战承诺的美国最终"大方"地将中国部分地区的主权利益赠予了苏联，这其中包括：蒙古现状予以维持，战后如果蒙古公民投票决定独立，中国政府应承认其独立并以现有边界为国界；大连商港国际化，指定码头及仓库租给苏联，保证苏联在该港的优越权益；中苏共同使用旅顺口为海军基地，其防护委托苏联执行；通往大连的中东铁路和南满铁路由苏中合办的公司共同经营等。最终，苏联在如此优厚条件的诱惑下同意"在德国投降及欧洲战争结束后两个月或三个月内"参加同盟国对日本的作战行动。在没有中国政府代表参加并征得中国政府同意的情况下，美苏两国就将中国的主权作为筹码进行了交易。罗斯福让斯大林放心，他将在会议结束后亲自向被蒙在鼓里的蒋介石进行解释，并最终说服他接受在雅尔塔会议上达成的有关中国的决议。这件事充分暴露了大国的强权政治，是雅尔塔会议上的不和谐声音，为日后国际争端的产生埋下了种子。

联合国的诞生

在雅尔塔会议上，三国代表还讨论了建立联合国组织以解决国际争端的议题。联合国组织这一概念首先于1944年8月在美国首都华盛顿附近的敦巴顿橡树园举行的美、英、苏三国会议上被提出，该组织将由大会、安全理事会、托管理事会、国际法院和秘书处等组成，协调和处理国与国之间的纠纷与争端。在雅尔塔会议上，三国代表着重讨论解决敦巴顿橡树园会议上遗留下来的关于联合国的若干问题，其中包括由安理会确定接纳和开除会员国、停止和恢复会员国权利、选举秘书长等。会议还决定，联合国安全理事会的5个常任理事国是苏联、美国、英国、中国和法国。6月26日，51个国家的代表根据雅尔塔会议上形成的决议在《联合国宪章》上签字。同年10月24日，《联合国宪章》生效，联合国就此成立。次年1月10日，上述51个国家的代表在伦敦举行了第一届联合国大会，自此联合国开始正式工作。在随后的60多年时间里，联合国为全世界的和平与发展做出了不可磨灭的贡献，这是雅尔塔会议所取得的又一伟大成果。

1945年2月12日，美、苏、英三国首脑在《英、美、苏三国克里米亚（雅尔塔）会议公报》上签字，标志着雅尔塔会议胜利结束，人类历史即将翻开新的一页。

◆ 1945年4月25日至6月26日，联合国成立大会在美国旧金山召开。

公元1945年5月

◎ 人物：希特勒 朱可夫　◎ 地点：德国　◎ 关键词：德国投降

日耳曼战车投降

　　1945年5月7日，德国电台宣布德国无条件投降。5月8日，在柏林城郊的卡尔斯霍尔特苏军司令部，苏、美、英、法四国代表出席德国无条件投降仪式，德国武装部队最高统帅部长官凯特尔元帅等3名德军高级将领在投降书上代表德国签字。至此，纳粹德国宣告正式投降，第二次世界大战欧洲战场的战斗也宣告结束。

最后一击

　　1945年4月中旬，德军在东西两条战线上都已经陷入最后的挣扎，东面苏军距纳粹德国的巢穴柏林只有短短的60千米，西面的美英军队距离柏林也只有100千米。即将走向末日的纳粹德国仍将德军主力集中用来对付苏军，并与美英两国进行秘密接触，妄图在阻挡住苏军进攻的同

◆ 1945年4月10日，美军第7军士兵冲入德国维尔茨堡，在被炸得面目全非的德军基地里惊喜地发现一门德国274毫米铁道炮。士兵们纷纷站在炮管上摆姿势照相，巨大的炮管足足站上了22名美国大兵。

时，只向美英军队投降。于是德军最高统帅部在柏林附近区域集中部署了"维斯瓦"集团军群和中央集团军群的庞大兵力，包括48个步兵师、9个摩托化师和6个装甲师约80万人，1.04万门各类火炮，1500辆坦克和装甲车及3300架作战飞机。此外还在柏林市内组建200多个国民突击队，守军总兵力超过200万人。在柏林外围的奥得河—尼斯河地区精心构筑了纵深达20千米至40千米的三道防御阵地，在市内则修筑大量街垒地堡，甚至在大部分临街房屋的窗户上都建立射击点，使得整个柏林变成一个巨大的阵地。

针对纳粹德国的部署，苏军最高统帅部大本营决定攻占柏林，迫使德国无条件投降。为此苏军投入最精锐的部队，包括白俄罗斯第1、第2方面军和乌克兰第1方面军，并配以波罗的海舰队、第聂伯河区舰队、远程航空兵第18集团军、国土防空军及波兰第1、第2集团军，总计250万人，各类火炮4.2万门，坦克和装甲车6250辆，作战飞机7500架。按照行动计划，苏军将兵分三路进攻柏林：朱可夫元帅指挥的白俄罗斯第1方面军突破奥得河东西两岸防线和附近若干地段，从东面执行主攻柏林的任务；科涅夫元帅指挥的乌克兰第1方面军前出至尼斯河东岸的南部直到苏台德山麓，从南面实施攻击；罗科索夫斯基元帅指挥的白俄罗斯第2方面军则前进到奥得河下游，从北面展开攻势。为了与美英军队争分夺秒地抢进度，苏军最高统帅部要求柏林战役应尽早结束，力争在12个至15个昼夜内结束战斗。

惨烈攻坚战

1945年4月16日凌晨5时，朱可夫元帅

◆ 盟军组织"希特勒青年团"的成员参观纳粹集中营遇难者的尸体，进一步揭露纳粹分子的暴行。

一声令下，白俄罗斯第1方面军首先对柏林德军发动进攻。苏军的各类火炮对德军前沿阵地进行了约20分钟的火力准备，空军轰炸机机群也对德军进行了狂轰滥炸。随后，苏军在前沿布置的140多架高空探照灯同时亮起来，照得对面德军睁不开眼。苏军步兵和坦克乘机发起冲击，很快就突破德军的第一道防线。与此同时，乌克兰第1方面军强渡尼斯河，也顺利攻下德军第一道防御阵地。

当白俄罗斯第1方面军先头部队推进到第二道防御地带枢纽的泽洛夫高地时，已经缓过神来的德军开始进行殊死抵抗。德军凭借有利地形，顽强地扼守每一条战壕、每一个伞兵坑，给苏军带来较大伤亡。朱可夫不断增加突击力量，并将两个坦克集团军投入战斗，但随后的战斗进展仍然不是很理想。4月17日晨，朱可夫集中白俄罗斯第1方面军所有火炮再次向德军进行猛烈炮击。这之后，数千辆苏军坦克对德军阵地发起总攻。一天之

后，德军终于扛不住了，开始向柏林市区方向退却。与此同时，乌克兰第1方面军完全突破尼斯河防御地带，白俄罗斯第2方面军于次日成功强渡东奥得河。至此，苏军已从东、南、北三个方向对柏林完成合围。

4月20日清晨，白俄罗斯第1方面军先头部队第3集团军攻至柏林近郊，并于当日下午1时50分首次对柏林城内实施炮击，揭开柏林攻坚战的序幕。这一天，希特勒召集最后一次纳粹高层会议，讨论如何与苏军作最后战斗的问题。会后，戈林和希姆莱仓皇逃出柏林，前往德国南部地区。次日，苏军第3集团军、近卫坦克第2集团军和第47集团军所属部队突入柏林郊区，与德军展开激烈交战。4月22日，希特勒决定要留在柏林直到最后。戈林获知希特勒的决定之后，立即请求应该由他以继承人的身份来继续行使元首的权力，但得到的答复却是被撤销一切职务。4月24日，白俄罗斯第1方面军左翼部队与乌克兰第1方面军在柏林东南会合，切断德军第9集团军与柏林的联系，并合围该集团军。4月25日，白俄罗斯第1方面军从柏林北面迂回，与乌克兰第1方面军第4坦克集团军在柏林以西会合，从而完成对柏林的合围，纳粹德国首都此时几乎彻底断绝了与外界的联系。

攻克柏林的最后战斗于4月26日打响，苏联空军在这一天出动数千架次轰炸机，向柏林投下成千上万吨炸弹，苏军炮兵部队几万门火炮也对柏林市区实施高密度的集中射击。火力准备完成之后，担任最后攻坚任务的苏军地面部队对柏林市区发起冲锋。每个街区、每条街道、每幢房屋，甚至是地铁隧道、排水管道都成为苏德双方争夺的焦点，战斗进行得异常惨烈，苏军每前进一步都会付出重大的伤亡。

4月28日，苏军第3集团军和近卫第8集团军逼近蒂尔花园区，这里有德国政府办公机构、国会大厦、最高统帅部等纳粹德国重要机关，是柏林德军的指挥中枢。下午时分，近卫第8集团军占领德军的通信指挥中心，完全切断柏林守军与外界的通信联系。这一天深夜，第3集团军步兵第79军对国会大厦发起最后的强攻。守卫大厦的德军负隅顽抗，给苏军造成极大的伤亡，这幢大厦的每一条走廊、每一个房间几乎都经历了双方的激烈争夺。

帝国的末日

1945年4月29日凌晨1时，希特勒在苏军越来越近的隆隆炮声中与爱娃举行了婚礼。这之后，希特勒口述了自己的遗嘱，出人意料地指定时任德军北部最高司令官的邓尼茨元帅在他死后继任德国总理和武装部队最高统帅，同时决定自杀以免活着落在苏联人手里。这一天，墨索里尼被游击队处死并游街鞭尸的消息传来，希特勒知道留给自己的时间已经所剩无几。第二天，希特勒吃过午饭后，与此时还在身边的所有人一一握手道别。下午3时许，希特勒开枪自杀，结束了罪恶的一生，新婚妻子爱娃也服毒自杀。当天晚间21时50分，苏军终于攻占国会大厦，苏军英雄叶戈罗夫中士和坎塔里亚下士将胜利的红旗插上这幢已经千疮百孔的大楼顶端。之后不久，残余德军通过广播向苏军喊话，请求临时停火进行谈判。

5月1日凌晨3时55分，德国陆军总参谋长克莱勃斯打着白旗从德国政府办公机构的地下掩体里钻了出来,前往苏军近卫第8集团军的前线指挥所进行谈判。克莱勃斯首先通报了希特勒的死讯,然后希望苏军能先停止在柏林的军事行动,等到德国组成新政府后再进行谈判。德国的请求立即被发往莫斯科,斯大林很快就回复道:"德军只能无条件投降,不进行任何谈判,不同克莱勃斯谈,也不同任何其他法西斯分子谈。"9时45分,朱可夫元帅向柏林德军发出最后通牒:德军必须无条件投降,否则苏军将在10时40分对德军实施最后的进攻,消灭所有负隅顽抗的敌人。

在苏军的强大军事压力之下,柏林德军最后不得不答应无条件投降。5月2日7时,德军柏林城防司令官魏德林上将前往崔可夫的前沿指挥所签署投降书。至下午15时,柏林德军完全停止抵抗,至此终于宣告苏军成功攻克纳粹德国的心脏——柏林。此役,苏军共击溃德军70个步兵师、23个坦克师和摩托化师,俘虏德军38万人,缴获坦克和装甲车1500余辆。苏军也为此付出巨大的伤亡代价,共损失30.4万人、坦克和装甲车2156辆、火炮1220余门、飞机527架。

◆这张名为《攻克柏林的胜利旗帜》的照片由苏联摄影家哈尔杰拍摄。照片中,面对燃烧着的柏林,一名苏联红军将苏联国旗插在国会大厦的最高处,标志着第三帝国的灭亡。

公元1945年8月

○ 人物：罗斯福 裕仁天皇　○ 地点：日本　○ 关键词：日本投降 二战结束

日本上空升起蘑菇云

1945年7月27日，即在《波茨坦公告》发布后的第二天，日本政府做出"不予理会声明"，决意与盟军对抗到底。在这种情况下，美国总统杜鲁门下令对日实施原子弹打击，因为"唯一能说服天皇及其军事顾问们的办法，就是证明我们有能力摧毁他们的帝国"。

原子核恶魔

纳粹德国投降以后，日本成为美英两国最后一个轴心对手。针对这一问题，1945年7月26日，美、英、苏三国最终在打败日本问题上达成一致，签署了《波茨坦公告》。而在此之前，美国成功试爆了人类历史上第一颗原子弹，其产生的破坏力让世界为之震惊。原子弹的成功诞生，让时任美国总统的杜鲁门有了十足的底气——即使苏联不向日本出兵，美国也可以用原子弹促使日本投降。正如杜鲁门所说，原子弹是当时可以快速摧毁日本的唯一武器。

原子弹的研制最早起源于原子核物理学的研究，其奠基人是英国科学家卢瑟福。他在19世纪末至20世纪初发表多篇有关原子核物理学的论文，但当时的卢瑟福不可能预料到他

◆ 保罗·蒂贝茨和他的战友们在B-29轰炸机前合影。他们在接到向广岛投掷原子弹的任务时，就已经抱定必死的决心。出发当天，每个人都随身携带氰化物毒药，准备万一被俘后吞药自杀。

的这些研究成果会在日后成为杀伤力巨大的原子弹研制的奠基理论。进入20世纪二三十年代，意大利的费米、奥地利的梅特勒、法国的居里夫妇、英国的查德威克等人相继获得重大突破，使原子核物理研究进入应用实验阶段。1939年初，德国科学家哈恩和斯特拉斯曼发表有关铀原子核裂变现象的论文。在随后的几个星期里，许多国家的科学家都验证了这一巨大发现，并进一步提出有可能创造这种裂变反应持续进行的条件。这一重大科学发现本应为人类开发出一种高效的新能源，但却首先被用于军事目的。同年，纳粹德国率先建立归属于德国陆军的研制原子弹的机构，其代号为"U工程"。

曼哈顿工程

1939年9月1日，德军对波兰发动闪电战，第二次世界大战由此拉开帷幕。随着纳粹德国不断扩张，欧洲大陆的一

◆ 1945年8月6日8点16分，名为"小男孩"的原子弹在距离地面600米的高空爆炸。在千分之一秒的瞬间，广岛上空出现一个温度高达几千万度的巨大火球，强烈光照使半空中的飞鸟也化成灰烬。随后，巨大的气柱和尘埃腾空而起，形成一朵高耸天际的蘑菇云。

些第一流的核物理学家因不满希特勒的独裁统治而纷纷移居美国。此时德国在核物理方面的研究已经居于世界领先地位,这些客居美国的欧洲核物理学家对此深感忧虑,担心德国会首先研制出原子弹,并投入到战争之中,到那时人类将会遭受灭顶之灾。10月,西拉德等多位核物理学家联名写信给著名物理学家爱因斯坦,希望能由他出面致信美国总统罗斯福,向其阐明研制原子弹的重大意义以及美国应抢在德国之前研制成功原子弹的紧迫性。爱因斯坦随即向罗斯福写信,提请他注意德国在核物理研究方面的动向,希望美国能首先研制出原子弹,以避免战争的扩大化等。很快,罗斯福就复信同意爱因斯坦的建议,同时下令成立研究原子武器的专门委员会。

1941年12月6日,罗斯福批准一项研制原子弹的计划,即"曼哈顿工程",但当时下拨的科研经费只有6000万美元。十分巧合的是,就在"曼哈顿工程"开始实施的第一天,日本联合舰队就发动对珍珠港美国海军基地的突然袭击,导致美军损失巨大。数年之后,"曼哈顿工程"研制出来的原子弹被投向日本本土,从而结束第二次世界大战,当然这是后话。1942年6月,已经参战的美国决定投入更多的人力、物力到原子弹的研制工作中去。美国陆军开始在田纳西州的橡树岭(负责电力和热力生产)、华盛顿州的汉福德(负责钚的生产)、新墨西哥州的洛斯·阿拉莫斯等地,秘密筹建庞大的原子弹研究和实验基地,这些秘密机构被称作"曼哈顿工程管理区"。"曼哈顿工程"由陆军部的格罗夫斯少将领导,原子弹的设计与制造工作则由奥本海默(后来被称作"原子弹之父")全权负责。曼哈顿工程总部直属总统,对国会议员甚至对当时的副总统杜鲁门都严格保密。从1943年到1945年7月,美国总共为原子弹的研制投入10万名科技人员和工人,耗资更是高达25亿美元。

就在美国紧锣密鼓研制原子弹的同时,纳粹德国这边的研制速度却出人意料地降了下来。原因是希特勒在很短时间内占领整个西欧大陆之后,做出了很快就能结束战争的判断,因而就没有花大力气去研制尚无十足把握的原子弹。1943年2月27日深夜,挪威抵抗组织成员秘密潜入挪威维莫尔克重水工厂(纳粹德国唯一一家生产重水的工厂),使用爆炸装置成功将该工厂中的1.5吨重水及部分设备炸毁,导致德国原子弹研制工作一度陷入停顿。1944年2月,盟军轰炸机在汀斯约湖上炸沉一艘从维莫尔克重水工厂驶往德国本土的运输船,上面载有德国千辛万苦提炼出来的唯一一批重水。至此,德国制造原子弹的计划彻底破产。

升腾的蘑菇云

1945年7月16日清晨5时30分,美国第一颗原子弹在新墨西哥州的阿拉莫戈多沙漠爆炸成功。此时,美国手中还有两颗原子弹,将它们投向哪座日本城市成为一个棘手的问题。美国陆军部部长史汀生按照日本军需生产中心的标准,根据重要程度筛选出4座目标城市,它们分别是广岛、小仓、长崎和新潟。随后,杜鲁门召集马歇尔、史汀生等军队高级将领进行研究,最终确定将广岛列为第一颗原子弹的攻击目标。7月27日至8月1日,美国飞机在日本各大城市上空散发了150万张传单和300万张《波茨坦公告》,

传单警告日本市民他们所在的城市即将遭到盟军的猛烈轰炸。

1945年8月6日凌晨,美国空军第20航空队第509混合大队的蒂贝茨上校驾驶一架B—29"超级空中堡垒"轰炸机携带一颗名为"小男孩"的原子弹自太平洋上的提尼安岛起飞,前往广岛执行原子弹投放任务。8时许,蒂贝茨飞临广岛上空,简单观测了一下天气状况之后投下"小男孩"。这颗原子弹在降落伞的牵引下缓缓下降,在距离地面600米的地方被引爆。刹那间,爆炸点形成一个直径100多米的巨大火球,并伴随着震耳欲聋的爆炸声。随后,这个巨大的火球升腾为一团巨大的蘑菇云,整个广岛被淹没在恐怖的黑色烟尘之中。爆炸当天,这颗爆炸当量为2万吨TNT炸药的超级炸弹炸在片刻间杀死了约8万人。8月9日上午11时30分,美国又在长崎投下名为"胖子"的原子弹,由于长崎多山,损失相对减少,但也有7万人当即死亡,1.4万人受辐射。

1945年8月15日,日本天皇裕仁向全国颁布停战诏书,宣布日本无条件投降。9月2日上午9时,在日本东京湾的美军"密苏里"号战列舰上,盟国和日本代表在《日本投降书》上签字。至此,第二次世界大战正式宣告结束。

◆ "密苏里"号战列舰上的投降签字仪式

麦克阿瑟将军站在麦克风后,与盟军官兵一同注视着梅津美治郎在投降书上签字。之后,麦克阿瑟代表同盟国签字。

第八章 世界新格局

大规模的战争是一个时代的结束,但也是另一个时代的开始。

经历过两次大战后,世界翻天覆地——东欧剧变、苏联解体……冷战以苏联的覆亡宣告终结,美国因此成了世界上的超级大国。但在经济迅猛发展的局面下,美国的优势并不明显——中国、俄罗斯、日本、巴西及印度等后起之秀,在世界的瞩目中,逐渐成长起来。

两次大战后的世界,变化莫测;世界新的格局,百花齐放。

公元1947年3月

人物：杜鲁门　　地点：美国　　关键词：美苏冷战开始

杜鲁门主义

杜鲁门主义是美国总统杜鲁门任期内形成的美国对外政策，其核心是认为美国必须在全世界范围内承担起围堵共产主义运动的重任，化解任何可能威胁美国安全的危机，且为此不惜干涉他国内政。

杜鲁门主义从何来

1945年4月12日，罗斯福总统在任内逝世后，他的副手杜鲁门继任美国总统。和罗斯福总统积极倡导与苏联合作不同的是，杜鲁门逐渐走向了与苏联决裂、对抗的道路。二战结束后，原来威胁着整个世界的德日意法西斯都已经土崩瓦解，以美英为首的西方世界与苏联合作的基础已经不复存在。其次，美苏在具体问题上的矛盾和斗争也与日俱增。杜鲁门继任后，美苏围绕战后德国的处置和波兰等问题冲突不断，美国国内对苏强硬的呼声日益高涨。在这个时候，斯大林又发表演说，认为二战虽然已经结束，但是资本主义争夺世界市场的斗争必将引发新的世界大战，所以苏联接下来必须以发展重工业为首要任务，摆出了一副又要投入战争的架势。这在美国国内引起了不小的恐慌，当时的美国副国务卿艾奇逊认为斯大林此举否认了美苏和平共处的可能。

1946年2月22日，美国驻苏联使馆代办乔治·凯南向国内发出了著名的"八千字电报"，全面分析了苏联的情况，并提出了遏制苏联的政策。电报引起了杜鲁门和美国国会的高度重视。已经下定决心在美苏关系上放弃合作的美国决策层认为凯南的遏制理论是对抗苏联的有效手段，

◆掀起美苏对战的美国总统杜鲁门

这一理论也奠定了战后美国外交政策的思想基础。

1946年3月5日，在美访问的英国前首相丘吉尔在杜鲁门的陪同下来到密苏里州的富尔顿，在威斯敏斯特学院发表了题为《和平砥柱》的演讲。丘吉尔在演讲中宣称"从波罗的海的斯德丁到亚得里亚海边的的里亚斯特，一幅横贯欧洲大陆的铁幕已经降落下来"。铁幕后的东欧和中欧各国都是苏联的势力范围，而共产党的"第五纵队"则遍布世界各国，到处构成对"基督教文明日益严重的挑衅和威胁"。面对苏联的扩张，不能再奉行绥靖政策，西方国家尤其是英美应当团结起来，共同制止苏联的侵略。丘吉尔的"铁幕演说"在全世界引起轰动。很快，斯大林就此指出这是"号召同苏联开战"的危险举动。可以说丘吉尔的"铁幕演说"是杜鲁门借他人之口发表的冷战宣言，美国政府借丘吉尔这位"反布尔什维克老兵"之口说出了自己不便言明的主张。这一演说一般被认为是美英对苏联发动冷战的信号。

提出杜鲁门主义

在丘吉尔的"铁幕演说"为杜鲁门主义的出台拉开序幕后，为了统一美国政府在对苏问题上的立场，杜鲁门迫使坚持罗斯福总统和平缓进政策、反对与苏联公开决裂的"自由主义者"领袖商务部部长华莱士辞职，又争取到以共和党参议员塔夫脱为领袖的"保守主义者"的支持，使美国政府内部就与苏联决裂这一问题达成一致。

1946年9月24日，杜鲁门的特别顾问克拉克·克利福德草拟了一份关于美苏关系的报告，这个报告是绝密的，仅在美国最高决策层内部传阅。报告认为美国必须拥有强大的足以抑制苏联的军事力量，使苏联的势力范围限于目前所控制的地区，认为"一切目前尚不处于苏联势力范围之内的国家，在他们反抗苏联的斗争中都应得到美国慷慨的援助和政治上的支持"。这个报告沿着凯南的思路，系统阐述了美国在全世界范围内遏制苏联的战略构想。形势发展到这一地步，杜鲁门主义的出台只是时间问题了。

很快，希腊和土耳其的危机就为杜鲁门主义的出台创造了机会。当时，共产主义运动在希腊和土耳其风起云涌。虽然遭到英国

◆ 美国总统杜鲁门和副总统巴克利在华盛顿火车站接受人们欢迎

◆在1947年3月的一次国会会议上，杜鲁门总统宣布对外政策。

的不断镇压，但是两国的革命运动一直在蓬勃发展，对两国政府的援助成为英国无法承受的负担。1947年初，英国陷入严重的经济困境，已无力承担援助希腊政府镇压革命运动的种种开支，而希腊的革命力量却得到了南斯拉夫和苏联的支持。为了避免这两个具有重要战略地位的国家落入苏联手中，1947年2月21日，英国紧急照会美国国务院，坦承自己所面临的困难，希望美国能接手这个烂摊子。得到这一消息后，杜鲁门决定美国必须挑起这副重担，因为"历史的转折关头已经来到，美国现在必须挺身而出，取代没落中的英国成为自由世界的领袖"。同时杜鲁门也想抓住这一天赐良机，趁机公开美国的冷战政策。

1947年3月12日，杜鲁门在国会两院联席会议上宣读了要求国会批准援助希腊和土耳其的咨文，大肆渲染希腊和土耳其受到"共产主义的严重威胁"，并断言如果丧失希腊，土耳其就会成为共产主义海洋中的前哨阵地。同样，如果土耳其屈服于苏联，希腊的地位就会极端危险，最终会给欧洲乃至全世界造成灾难性的后果。据此，杜鲁门要求国会立即采取行动，在1948年6月30日前拨款4亿美元援助希腊和土耳其政府，以便美国在该地区建立"抵抗苏联侵略的屏障"和美国的前哨阵地。为了让国会接受这一要求，杜鲁门接受了范登堡关于必须使美国感觉到局势可怕的见解，于是亲自前往国会山提出了自己的主张,即"杜鲁门主义"。他在国会说:"我认为美国的政策必须支持自由国家的人民,他们正在反抗企图征服它们的武装少数派和外界压力。"美国国会两院对此迅速做出反应,于1947年5月15日通过了援助希腊和土耳其反对共产主义的法案。

杜鲁门主义出笼后,美国立即开始插手希腊内战。截至1949年年中,希腊获得了6.48亿美元的援助,其中5.29亿美元用于军事需要,以镇压希腊人民的反抗。由美国出钱出枪,重新训练了66%的希腊陆军,武装了20万名士兵、5万名宪兵、1.1万名水兵和8000名空军驾驶员。1947年11月,美希联合总参谋部成立,美军将领詹姆士·范佛里特成了希腊军队事实上的总司令。至1949年底,装备简陋的希腊民主军寡不敌众,只好放下武器,希腊人民革命的烈火被扑灭了。

与此同时,美国还控制了土耳其。1947年7月12日,美国和土耳其签订关于美国援助土耳其1亿美元的协定,美国军事代表团抵达伊斯坦布尔,改组了土耳其军队,为美军在土耳其获取了海军和空军基地。1948年,美土两国签订经济合作协定,1949年又签订文化合作协定。有大批美军坐镇的土耳其的国内局势迅速安定下来,土耳其政府也渡过了难关。

从美国在希腊和土耳其的所作所为来看,杜鲁门主义可以说达到了围堵共产主义的目的。从长远来看,杜鲁门主义也标志着美苏战时同盟的公开破裂和旷日持久的美苏冷战的全面展开,一场世界大战刚刚结束,又一场不见硝烟的东西方大较量已上演。

◆ 1951年1月8日,杜鲁门总统在美国国会发表国情咨文,宣布扩军备战的国策。杜鲁门要求国会"延长并修正兵役法",将现役兵力增加到350万人,并加紧军用战机、坦克等武器的生产。

公元1947年—公元1951年

人物：马歇尔　　地点：欧洲　　关键词：欧洲复兴计划

马歇尔计划

马歇尔计划是由美国国务卿乔治·马歇尔提出的，是杜鲁门主义逻辑上的延伸。杜鲁门宣称美国要承担在全世界范围内遏制共产主义的使命，而当时与共产主义阵营对抗的最前沿就是欧洲，特别是西欧。马歇尔计划正是美国为了扶植战后凋敝的西欧而提出的。

战后的欧洲

二战结束后，西欧国家面临的迫切问题并不是苏联的入侵，而是国内经济状况的极端恶化。1946年，西欧的工业产量不足战前的70%，农业产量则仅有战前的约60%。1946年底，西欧又遇上罕见的严寒天气，暴风雪过后又是洪水泛滥。由于天灾人祸，英国一半以上的工矿企业瘫痪，农业产量甚至低于19世纪的水平。1947年1月20日，英国政府不得不公开承认："不列颠处于极其危险的境地。"昔日的大帝国尚且沦落到这等田地，其他国家的情况也就可想而知了。

◆ 美国国务卿马歇尔与新内阁成员合影。

在经济衰退之外，战后西欧各国的政治局势激烈动荡，国民对政府的不满有增无减。法国、英国、意大利等国的工人运动发展迅速，各国共产党力量普遍增强。1947年4月，法国雷诺汽车厂的工人首先掀起罢工，随后迅速发展为全国性大罢工，法国的工业生产和铁路运输一时陷入瘫痪。与此同时，英国、意大利、比利时等国的工人运动也风起云涌。经过反法西斯斗争锻炼的法国共产党这时候已经成为法国最有影响力的政党，控制着拥有500万会员的工会，而拥有250万名党员的意大利共产党也在群众中享有很高的威望。左翼势力的大发展引起了西欧各国政府的极大恐慌，他们纷纷向大洋彼岸的美国求助。这种情况也使自诩为世界反共领袖的美国坐立不安，美国国务卿马歇尔警告说："要是美国不对欧洲进行资助，走向暴政统治很可能是不可避免的。"

马歇尔计划出笼

美国援助西欧首先当然是基于其战后的全球战略考虑，即以西欧作为对抗以苏联为首的共产主义运动的前沿阵地，同时也是由其自身的经济需求决定的。二战中，作为唯一本土未沦为战场的主要参战国，美国的战时经济发展到了极盛。战争一结束，虽然军事工业大量转入民用生产，但是美国工业的庞大生产能力远不是美国国内市场可以满足的，要想长期繁荣，必须扩大国外市场，而这其中又以西欧最为重要，所以西欧经济复苏对当时的美国至关重要。另外，援助也意味着美国资本和商品进入西欧的大门被打开了，这是美国占领西欧市场的绝佳时机。

1947年4月26日，美国国务卿马歇尔从莫斯科外长会议回国后，要求美国政府立即采取行动，对西欧进行援助。6月5日，马歇尔在哈佛大学毕业典礼上发表演说，提出援助欧洲经济复兴、夺取全球战略重点欧洲的方案。他首先号召西欧国家自行制订复兴计划，"这是欧洲人的事情……我国的作

◆ 被誉为"美国陆军史上最伟大的参谋军官"的乔治·马歇尔五星上将

用应该是在他们拟订欧洲计划时予以友好协助，并在今后加以支持……这项计划应该是得到欧洲相当多国家同意的共同计划，如果不是欧洲所有国家都同意的话"。马歇尔又说："我们的政策不是要反对任何国家或任何主义，而是要反对饥饿、贫穷、绝望和混乱。"这暗示当时极端困难的二战罪魁德国也在援助之列。这篇演说发表后，马歇尔计划在美国和世界各国的报纸和广播中立刻成了热门话题。一周后，马歇尔又表示这一计划也包括苏联和东欧。

◆ 1949年2月，运抵英国伦敦皇家维多利亚码头的食糖，这是马歇尔计划的一部分。

马歇尔的演说在欧洲引起强烈反响，连苏联也对马歇尔计划表现出了不小的兴趣。1947年6月底，英、法、苏三国外长在巴黎举行会谈，商讨响应马歇尔计划的问题。由于认为英法提出的欧洲统一计划有干涉别国内政之嫌，苏联外长莫洛托夫很快就退出会谈。会谈破裂后，苏联及东欧各国被排除在马歇尔计划之外。7月12日，英国、法国、奥地利、意大利、比利时、丹麦、希腊、冰岛、爱尔兰、卢森堡、荷兰、挪威、葡萄牙、瑞典、瑞士、土耳其16国在巴黎召开欧洲经济会议，这次会议决定成立欧洲经济合作委员会。9月22日，欧洲经济合作委员会拟定的总报告获得各国一致同意，要求美国在4年内提供援助和贷款224亿美元。12月9日，杜鲁门向国会递交了"美国支持欧洲复兴计划"的咨文。1948年4月3日，杜鲁门签署了国会通过的《1948年对外援助法》，以立法的形式保障马歇尔计划的实施。美国还设立了负责实施马歇尔计划的经济合作署，保罗·霍夫曼被任命为署长。

马歇尔计划期限为5年，自1948年4月3日至1952年6月底，美国共向西欧提供了131.5亿美元援助，其中以粮食和消费品为主，90%是赠予，10%是贷款。西欧各国中英国获益最多，得到的援助高达32亿美元；法国次之,为27亿美元;意大利15亿美元;西德13.9亿美元;冰岛最少,只有2900万美元。1951年底,由于介入朝鲜战争,美国军费开支日益增长,再加上一直对马歇尔计划持反对态度的共和党在1950年的国会选举中取胜后,对继续实施这一计划反应冷淡,马歇尔计划不得不于1951年底宣告结束,而代之以共同安全计划。

马歇尔计划的影响

马歇尔计划首先帮助西欧各国迅速走向经济复苏的道路,后来的统计数据显示,计划实施期间是西欧历史上经济发展速度最快的时期。马歇尔计划之后的1952年,西欧的工业产量比战前增长了35%,农业产量则增长了10%,战争结束之初的凋敝景象已经不复存在了,西欧各国迎来了长达20年的黄金发展期。

马歇尔计划还促进了西欧国家的联合和欧洲共同体的建立。美国为了抗衡苏联,从全球战略考虑,希望看到一个美国控制下的经济上发展、军事上强大、政治上稳定的统一的欧洲。因此,美国在提出马歇尔计划时,就鼓励和赞同西欧的联合。1948年接受计划的16个国家建立了欧洲经济合作委员会,后来改组为欧洲经济合作组织,1954年又成立了促进贸易和支付自由化的欧洲支付同盟,在一定程度上打破了西欧各国之间的贸易壁垒,使西欧各国经济上的联系日益紧密。这些都为20世纪50年代末西欧共同体的成立奠定了基础。

作为马歇尔计划的实施者,美国也从该计划的实施中获得了巨大的利益。首先当然是政治和战略上的,复兴的西欧处在与以

◆ 马歇尔将军陪同罗斯福总统为威尔伯将军授勋,背后系绶带者是巴顿将军。

苏联为首的共产主义阵营对抗的前线,为美国分担了相当大的压力,特别在美国陷入朝鲜战争难以自拔的局面下,这一作用尤其明显。从经济上说,美国资本与商品大量涌入西欧,缓解了美国国内生产过剩的问题,在一定程度上扩大了美国的市场,但是最终西欧复苏之后并没有沦为美国经济上的附庸,而是走上了独立发展的道路,如今成为可以和美国分庭抗礼的势力,这显然是美国没有预料到的,而这也成为美国国内反对马歇尔计划者竭力攻击的一点。

> **延伸阅读**
>
> ### 莫洛托夫计划
>
> 在1947年6月底的英、法、苏三国外长会谈破裂之后,苏联及东欧各国参与马歇尔计划的路被堵死了。然而战后的苏联和东欧地区也面临着非常严峻的经济形势,为了加强与东欧的经济联系,苏联与保加利亚、捷克斯洛伐克、匈牙利、波兰、罗马尼亚先后签订了贸易协定,以此来反制马歇尔计划,这就是莫洛托夫计划。

公元1950年—公元1953年

◎ **人物**：麦克阿瑟 金日成　◎ **地点**：朝鲜半岛　◎ **关键词**：抗美援朝

朝鲜半岛的恩怨

半个多世纪之前，社会主义阵营与资本主义阵营在朝鲜半岛进行了一场残酷的较量。这场席卷十多个国家，导致数百万人死亡的战争，如今虽几乎被人遗忘，但朝鲜半岛分裂成两个国家与半岛紧张的局势，却能时时引起世界的瞩目。今天让我们拨开历史的迷雾，走近那场在世界历史上留下浓重一笔的战事，聆听那隆隆的炮火声……

半岛上的两个政权

第二次世界大战后期，同盟国开始讨论战后各自殖民地的去留问题，以期建立新的世界格局。1945年8月，美国提出以北纬38度线（即三八线）为界，由美国和苏联分别占领朝鲜半岛南部和北部，苏联表示同意。

1945年12月29日，美国公布《莫斯科协定》，这是由美、英、苏三国外长会议签署的，旨在保证对朝鲜半岛进行托管和建立朝鲜半岛临时民主政府的协定。但美苏两国不断地各自经营，使托管委员会形同虚设，半岛统一选举遥遥无期。

1948年5月10日，南朝鲜率先举行了单独选举，李承晚当选南朝鲜总统。8月15日，大

◆ 麦克阿瑟返回美国后在国会发表演讲，主张继续扩大朝鲜战争，对中国实行经济封锁。

◆ 麦克阿瑟在三八线附近侦察朝鲜人民军的军事动向。

韩民国政府正式宣告成立。北方的单独选举中,金日成当选为北朝鲜最高领导人。1948年9月9日,他宣布了朝鲜民主主义人民共和国的成立。至此,两个意识形态上完全敌对的政权出现在朝鲜半岛。朝鲜整个民族迈向了分裂,走向了对抗的道路。

战斗的各方

从战前的准备来看,北朝鲜明显要比南朝鲜准备充分。北朝鲜经过精心准备,建立起了一个规模庞大的军队——有苏联提供的以T-34坦克为代表的大量现代化武器装备。相比之下,南朝鲜军队武器匮乏,没有重炮、坦克以及空军装备。1950年6月25日,朝鲜战争爆发。北朝鲜方面称,李承晚在美国操纵下突然向三八线以北地区进行了全面的武装侵犯。但南朝鲜军队根本没有招架之力,仅仅三天之后汉城(今首尔)便失守了。

6月26日,美国总统杜鲁门命令驻日本的美国远东空军协助南朝鲜作战。27日再度命令美国第七舰队驶入台湾海峡"巡逻",阻止中国人民解放军渡海夺回台湾。7月7日,在美国的操纵下,联合国安理会通过决议,要求联合国会员国派出军队组成"联合国军",以帮助南朝鲜抵抗北朝鲜军队的进攻。联合国军以美军为主导,其他15个国家也派小部分军队参战,由美国远东驻军司令麦克阿瑟上将统一指挥。与此同时,中国开始在东北集结军队。中共中央书记处的一次会议决定,一旦入朝作战,将使用"志愿

◆ 战争是残酷的。每天面对自己的战友相继离去，却无能为力。照片上参加朝鲜战争的美国士兵面对这样的"灾难"，痛哭流涕，相互安慰。

军"的称呼。

战争初期，北朝鲜军队节节胜利，到8月初，战火燃烧到了朝鲜半岛南部90%的地区，南朝鲜军队和美军被一直逼退到釜山。9月，麦克阿瑟亲自指挥的联合国军在朝鲜半岛中部的仁川登陆，将北朝鲜军队一分为二，战局发生逆转。这时，中国发出警告，称如果美军跨过三八线，中国就会出兵。但是这番警告被杜鲁门视为中国对联合国的"外交讹诈"而没有被重视。10月，美军和南朝鲜军队开始反攻并越过三八线作战。

中国虽然做出强硬声明，高层领导人内部意见却不一致。由于美军轰炸了中国丹东的文物市场，中国领土安全受到严重威胁；同时美军进入台湾海峡，迫使中国中止了夺回台湾的渡海战役。这些都让中国倍感来自美国的威胁。中国最终决定出兵朝鲜半岛。1950年10月19日，中国人民志愿军在彭德怀司令员兼政委的指挥下开始渡过鸭绿江入朝作战。

中国军队入朝后,马上发起第一次战役,迅速扭转战局。中国军队的进攻让联合国军始料未及,战斗失利后的联合国军全线撤退至清川江以南。中国军队则频频告捷。虽然遭受到面对中国战事的第一次惨败,麦克阿瑟依然坚持认为中国的出兵只是象征性的。11月24日,麦克阿瑟发动了对清川江以北中朝军队的进攻,并宣称要让美军士兵"回家过圣诞节"。中国人民志愿军采取诱敌深入的战术,于11月25日发动第二次战役,以图合围全歼美军。美军和南朝鲜军队被迫全线突围,南撤至三八线,并于12月5日弃守平壤。12月31日中朝军队发起第三次战役,推进至三八线以南约80千米处,汉城(首尔)也被中国人民志愿军第五十军与朝鲜人民军第一军团攻占。

而此时的杜鲁门政府与联合国军前方指挥官麦克阿瑟将军意见不一致。杜鲁门希望避免与中国或苏联产生直接冲突,不想引发第三次世界大战。麦克阿瑟则以军事上的胜利为优先,多次提出过针对中国大陆的攻击计划,如大规模轰炸东北、动用原子弹轰炸东南沿海大城市等。这些计划明显有悖于当时华盛顿政府外交政策的言论,最终激怒了杜鲁门。麦克阿瑟被免职,其最高司令官的职务由马修·李奇微将军接任。

朝鲜停战协定

美国在1951年1月13日提出停战建议,但是在顺利的战争形势面前,中国领导人认为中国有能力将美国军队逐出朝鲜半岛。事实上,中国军队在第三次战役结束时,由于缺乏军需用品,战争行动已经大受影响。

联合国军对中朝军队装备有绝对优势,在美国空军的威胁下,中国志愿军的后勤保障补给异常艰难。志愿军的士兵只能背负五天的粮食,到了第七天就弹尽粮绝,不得不停止进攻。联合国军则趁这时发动"屠夫作战"与"撕裂作战",志愿军在联合国军的炮火下挨打,损失惨重。1月25日发起的第四次战役过于仓促,中国人民志愿军不得不放弃仁川和汉城(首尔),被迫全线后退100多千米,撤回到三八线以北。

4月,朝鲜战场形势倒向联合国军。4月22日,中国人民志愿军发动第五次战役,至29日"礼拜攻势"结束,联合国军开始发动"第二次春季攻势",联合国军第二次跨过三八线,志愿军被迫全线后撤约40千米,勉强阻止住联合国军的进攻。志愿军遭受到入朝以来最大的一次损失。此后,双方转入对峙状态。

7月10日,双方终于同意停火,坐到了谈判桌前。谈判过程中美国一直对中方施加军事压力。为获得停战谈判的有利条件,美军先后发动了"夏季攻势"和"秋季攻势",在没有达到目的的情况下,又实行大规模的空中轰炸。上甘岭战役之后,美军没有能力再发动营以上规模的进攻,美军已意识到最后仍要靠谈判才能结束战争。但由于双方的条件过于悬殊,停战谈判整整谈了两年。

1952年11月,艾森豪威尔当选美国总统,其竞选口号之一就是要结束朝鲜战争。1953年3月5日,斯大林逝世,苏联方面首次呼吁和平解决战争,随后中朝方首先提出恢复和谈。4月26日,重开后的和谈进展很快,短短3个月后,7月27日,双方签署了《朝鲜停战协定》。

公元1949年—公元1991年

人物：北约与华约　　**地点**：比利时和苏联　　**关键词**：两大组织的对抗

北约、华约的针尖与麦芒

北大西洋公约组织（简称北约）和华沙条约组织（简称华约），是冷战中美苏双方为了对抗而分别联合自己的盟国成立的政治、军事联盟，是美苏两个超级大国实现其冷战战略的平台。

北大西洋公约组织的建立

美国在二战后一直非常重视欧洲，不仅是因为欧洲是资本主义的发源地，曾经是世界经济中心，更因为这里在二战之后成为东西方对峙的前沿阵地，是美苏冷战的主战场。在美国看来，这里的安全关系着整个西方世界的安危。所以美国实施了马歇尔计划，在经济上援助西欧。与此同时，拥有丰富政治军事资源的西欧对于美国有着特别重要的意义。基于此，美国把目光投向了西欧的共同安全防务问题，积极推动西欧的联合，试图建立以美国为首的军事政治集团，从而实现控制西欧、遏制苏联的目的——建立北大西洋公约组织就是美国为实现这一目的而采取的最重要的措施。

为了构建西欧共同安全防务网，美国首先以反共和复兴欧洲为口号，积极推动西欧联合的发展。在美国的支持之下，1948年1月，英国正式提出了建立西欧联盟的建议，得到积极响应。3月5日，英国、法国、荷兰、比利时、卢森堡5国在比利时首都布鲁塞尔举行谈判，缔结了一项以军事同盟为核心的集体防御条

◆ 1955年，北大西洋公约组织会议。

◆ 总统杜鲁门签署实施北大西洋公约组织文件

约,通称《布鲁塞尔条约》。3月17日,5国外长在布鲁塞尔正式签约,条约为期50年。根据规定,缔约国在受到侵略威胁时,有互相提供一切援助的义务,这明显是针对苏联的。8月25日,《布鲁塞尔条约》生效,布鲁塞尔条约组织正式成立,该组织设有外长协商委员会、西方联盟防务委员会、参谋部和司令官委员会等机构。

布鲁塞尔条约组织虽然成立了,但是当时的西欧各国和美国都认为这一组织有着很大的局限性,特别是在当时的情况下,如果没有美国的参与,西欧的共同安全根本无从谈起。美国也认为《布鲁塞尔条约》签约国过少,无法满足美国在这一地区的安全需要。因此美国国内要求与西欧国家签订共同防御协定的呼声日益高涨。1948年6月间,美国参议院通过了范登堡提出的议案,允许美国在互助、互援基础上,在涉及美国国家安全的情况下,通过宪法程序参加区域性的或其他性质的集体防务协定,从而为美国与西欧的联合确立了法律依据。紧接着的7月6日，美国、加拿大和布鲁塞尔条约组织成员国在华盛顿举行会议，讨论缔结集体安全条约。9月9日，会议通过了一份供与会各国政府讨论的备忘录，即所谓"华盛顿文件"。文件对即将成立的北大西洋公约组织的性质、范围、缔约国承担的义务及其与其他欧洲组织的关系等，做了明确规定。

1949年3月18日，《北大西洋公约》条文正式公布。4月4日，美国、英国、法国、意大利、荷兰、比利时、卢森堡、丹麦、加拿大、冰岛、挪威和葡萄牙12国外长在美国华盛顿的国务院会议大厅举行《北大西洋公约》签字仪式。8月24日，《北大西洋公约》正式生效，北大西洋公约组织随之成立。

9月17日，北约最高权力机构北大西洋理事会成立，由各成员国外长组成，另外还成立了由各国国防部长组成的防务委员会，由各国总参谋长组成的最高军事权力机构——军事委员会。

华沙条约组织的建立

北约建立之后，即成为美国对抗苏联的重要工具。1952年，深受杜鲁门主义之惠的希腊、土耳其加入北约。1954年10月，美国、英国、法国、联邦德国、比利时、荷兰、卢森堡、意大利、加拿大9国代表签订《巴黎协定》，批准联邦德国加入北约。这样一来，整个西欧除了西班牙和几个中立国外都成为北约成员，对苏联及其东欧各国形成了很大的压力。1954年11月13日，苏联照会美国、中国和欧洲23国，对《巴黎协定》表示坚决反对，并建议于11月29日在莫斯科或巴黎召开全欧洲安全会议，讨论建立欧洲集体安全体系。西方国家拒绝了苏联的提议。这年的11月29日至12月2日，在没有西方国家参加的情况下，苏联与波兰、捷克斯洛伐克、匈牙利、罗马尼亚、保加利亚、阿尔巴尼亚、民主德国代表在莫斯科举

◆ 1946年1月30日，联合国大会在伦敦召开首次会议，比利时政治家保罗·亨利·斯巴克被选为联合国主席。1958年，他成为北大西洋公约组织秘书长。

行欧洲和平与安全会议，宣布如果西方国家不顾反对将联邦德国纳入北约，那么他们不得不采取应对措施以确保自身安全。西方对此不予理会，1955年5月《巴黎协定》正式生效，联邦德国加入北约。苏联立即采取反制手段，不仅废除了与英国和法国的友好条约，更于1955年5月11日至14日在波兰首都华沙召开了第二次欧洲和平与安全会议，与会的八国在莫斯科签署了《友好合作互助条约》，即《华沙条约》。

根据《华沙条约》陆续成立了最高决策机构政治协商委员会、最高军事机构国防部长委员会，外交部部长委员会和联合武装力量司令部等机构。

两大组织的对抗

北约和华约两大组织的建立是美苏冷战的产物，而他们的成立也标志着以冷战为表现形式的军事对抗正式开始。所以，北约和华约从根本上说是美苏冷战和争霸的工具。在建立之初，他们的核心权力，尤其是军事指挥权分别被美国和苏联牢牢攥在手中。北约盟军最高司令由美国人担任，北约核打击力量的使用权操纵在美国总统手里。华约联合武装力量司令部的历任总司令都由苏联国防部第一副部长兼任，而其他成员国的国防部长或军事领导人则只能出任副司令。

对于两大条约组织下的各参与国来说，他们的命运或主动或被动地和美国或苏联联系在一起。他们虽然在集体防御下获得了安全庇护，但是美苏之间的长期对抗，也正是二战后欧洲乃至整个世界最大的不稳定因素，所以身处其中的各小国也只能是听命于各自的首领。

20世纪80年代末90年代初，世界局势风云突变，共产主义运动进入低谷，发生了一系列激烈变动。在这场变动中，华约逐渐走向解体——1991年7月1日，《华沙条约》缔约国在布拉格举行会议，宣布华沙条约组织正式解散。这场持续了三十多年的两大组织之间的对抗最终宣告结束。

北约在成立之后一直保持着扩张的趋势。东欧剧变、苏联解体后，北约开始向地区性防卫协作组织转变，积极介入对伊拉克、南斯拉夫、阿富汗等国的战争。同时北约积极东扩，将大批华约成员国和苏联加盟共和国吸收进来。时至今日，北约已经拥有了28个成员国，成为在地区安全和国际事务中举足轻重的一支力量。

◆ 1954年10月，法国、德国、英国、美国在法国巴黎签署《巴黎协定》。照片中从左至右分别为：法国总理皮埃尔·孟戴斯－弗朗斯、西德总理康拉德·阿登纳、英国外交大臣安东尼·艾登、美国国务卿约翰·福斯特·杜勒斯。该协定于1955年5月生效，根据协定，联邦德国结束被占领状态，成为主权国家并加入北约。

公元1948年—公元1949年

◎ 人物：杜鲁门　◎ 地点：德国　◎ 关键词：第一次柏林危机

哭泣的柏林

柏林，这座历史悠久的古城，曾经的纳粹德国的心脏，在第二次世界大战结束之后一分为二。虽然柏林位于苏占区内，可是美、英、法却分区占领了柏林的西半部分，在苏联的势力范围中深深钉入了一个楔子。在冷战的大背景下，柏林处在风口浪尖之上，常常成为东西方角力的舞台。多少政治交锋在这里上演，而以封锁与反封锁为主题的柏林危机就是其中最生动的一幕。

蓄谋已久的阴谋

1945年，在盟军和苏联红军的两线夹击下，德军步步败退。5月2日，柏林被苏联红军完全占领。5月8日，纳粹德国正式投降，第二次世界大战欧洲战场的战事终于宣告结束。

德国战败投降后，按照雅尔塔会议的协议规定，苏、美、英对德国实行分区占领政策，并邀请法国作为第四个占领国。同样，柏林市也实行四国共管。柏林西部由美、英、法三国占领，东部则由苏联占领。1947年6月，马歇尔计划出笼后，美国加强了对欧洲的攻势，但德国问题一直是美英与苏联矛盾的焦点。为了实现控制欧洲和对抗苏联的目的，美国采取了分裂德国的政策，准备把西占区打造成东西方对抗的坚强堡垒。

这一年美英占领区首先合并，美国还以萨尔地区并入法国为条件，促使法国同意法占区与美英占领区合并。1948年2月，美、英、法、比利时、荷兰、卢森堡6国召开了伦敦外长会议，宣布要召开德国境内西方占领区的制宪会议，准备成立一个西德政府。6月18日，美、英、法又宣

◆ 1948年，第一次柏林危机爆发时，西柏林每3分钟就有一架飞机进出。

布从6月21日起,在西占区实行单方面的货币改革,发行新的"B"记马克。此举奏响了德国分裂的序曲。

美英紧锣密鼓地扶植西德建立的同时,苏联也在苏占区采取积极行动。美英占领区合并后,苏联在苏占区成立德国经济委员会,独立管理苏占区的经济。在听闻美、英、法宣布货币改革后,苏联军事长官立即发表《告德国民众书》予以谴责。并于6月22日在苏占区实行了货币改革,发行了新的"D"记马克。而且在6月24日出兵,全面切断了西占区与柏林之间的水陆交通。柏林危机全面爆发。

举世瞩目的空运

西柏林位于大片苏占区的腹地,犹如"孤岛"。在这居住着250万居民以及盟国的管制委员会和西方国家的占领军。然而这座城市根本不生产食物或其他生活必需品,它的生存完全依赖陆路、水路运输。当时柏林西区的粮食和煤炭储备仅够250万西柏林人维持30天左右,而封锁的结束却遥遥无期。

封锁的消息传到华盛顿,美国可谓朝野震惊。如何应对危机,美国政府内部也是意见不一,最后,美国总统杜鲁门决定留在柏林。为了避免同苏联发生正面冲突,美国政府认为空运是危险较小的补救措施,于是调动运输机进行持续的大规模空运,在西占区和西柏林之间架起了一座"空中桥梁"。6月26日,美国空军的第一架C-54"空中霸王"式运输机从法兰克福将一批急需的物资运入柏林,标志着代号为"运粮行动"的空运作业正式开始。

◆ 西柏林机场的装卸工正从一架美制C-47运输机上卸粮食。

1948年10月15日,美国和英国正式建立了联合空中补给工作小组,由美国空军中将威廉·特纳负责,统一指挥"美英联合空运特遣队"的空运活动。

了解到西柏林居民面临的艰难情况后,越来越多的国家不再将柏林空运视作一场解决政治斗争的手段,而是当成一次人道救援。1949年起,澳大利亚、新西兰和南非等国纷纷派出运输机和机组人员参与柏林空运。1949年4月16日,西柏林上空异常繁忙,运输机倾巢出动。当天的空运量居然达到了12840吨,创下了柏林空运中单日最高空运量纪录。

分裂的德国

在苏联切断了通向美、英、法占领区交通的同时,美、英、法也对苏占区所缺乏的煤、铁、电力进行反封锁。尽管西方各国都加大了对柏林的空运力度,但是这时的美国人却更为担心,西方国家所处地位十分不利。美国政府认识到：空运只是一项权宜措施，最终通过外交途径解决危机是势所必然。因此，美苏双方开始积极寻求接触。

然而就在苏、美、英、法四国紧张进行外交谈判、谋求解决柏林危机的时候，柏林的分裂趋势却在加剧。8月，柏林市警察局、粮食、邮政、社会保险、劳工和财政等部门分裂。从9月起，市议会和市政会议均在柏林西区举行，其权力也仅限于西区。11月30日，柏林东区选出新市政府，前魏玛共和国第一任总理之子弗里茨·艾伯特出任市长。12月5日，柏林西部选举市政府，路透担任市长。美、英、法在三国基础上重新组织军政府，对西柏林实行占领管制。至此，柏林市的行政、立法和司法部门完全分裂，东西柏林成为两个独立的部分。

柏林分裂了，可是美国并不满足，还要在分裂德国的路上走得更远。杜鲁门政府紧紧抓着柏林问题不放，极力保持与苏联的紧张对峙局面，借机要挟西欧各国，以加强对西欧的控制，好方便自己建立西德政府和北大西洋公约组织。1949年，建立西德国家的准备工作就绪。4月8日，美国国务院发布对西德的《占领法》，北大西洋公约组织于4月4日成立。

在这种形势下，苏联政府认为，继续将封锁作为外交上施加压力的手段已无效，反倒成了西方攻击性宣传的口实。为号召德国人民争取国家统一，苏联转而发起了广泛的和平运动。苏联策略的改变使柏林问题通过和平谈判求得解决具备了条件。从1949年2月开始，美苏就解决柏林问题进行秘密谈判，双方代表秘密进行接触，经过几个星期的周旋，终于在5月4日达成协议。次日，四国宣布自5月12日起双方同时解除对对方的封锁，封锁解除十天后，召开外长会议讨论有关德国的各方面问题。战后第一次柏林危机宣告结束。

第一次柏林危机是战后美苏第一次孕育武装冲突危险的直接对抗，也是美苏两国争夺德国的首次较量，有着极其深远的影响。它促成了两个德意志国家的建立。1949年9月，德意志联邦共和国成立。10月，德意志民主共和国成立。从此，一个民族分裂为两个政治经济制度完全对立的国家实体。

勃兰登堡门

勃兰登堡门是柏林市区著名的游览胜地，是德国国家的标志和德国统一的象征。始建于1788年的勃兰登堡门是一座新古典主义风格的建筑，以雅典卫城的城门为蓝本。12根多立克柱式立柱支撑着平顶，前后立柱将门楼分隔成5个大门。大门内侧墙面浮雕刻画着罗马神话中的英雄海格力斯、战神玛尔斯、智慧女神米诺娃。门顶中央最高处是一尊胜利女神铜制雕塑，张开翅膀的女神驾着一辆四马两轮战车，右手拿着刻有橡树花环的权杖，花环内还嵌着一枚铁十字勋章，一只展翅的鹰鹫站在花环上，而鹰鹫头上戴着的正是普鲁士皇冠。

为纪念"七年战争"的胜利而建造的勃兰登堡门曾象征着普鲁士的崛起和德意志帝国的第一次统一。冷战时期，勃兰登堡门位于东柏林和西柏林的分界线上，东、西德统一后，勃兰登堡门又成了德国重新统一的象征。

◆ 德国柏林的美军检查站旧址

公元1962年10月

◎ 人物：卡斯特罗 肯尼迪　　◎ 地点：古巴　　◎ 关键词：美苏妥协

古巴导弹危机

　　由于苏联领导人的轻率冒险，1962年在美洲加勒比海地区发生了一场震惊世界的危机——古巴导弹危机。古巴导弹危机称得上是冷战期间，美苏两国之间最激烈的一次对抗了。虽然危机仅仅持续了13天，然而当时美苏双方剑拔弩张，常在核弹按钮旁徘徊，那一次人类空前地接近毁灭的边缘。可是到最后，危机却以双方的妥协而收场。

 1952年，苏联抨击美国外交政策的漫画。漫画中的美国人一边呼吁"和平、防卫、裁军"，一边准备打仗。当时希腊内战中共产主义阵营失败，漫画中的美国将军正策划在地图上希腊的位置建立基地。漫画中还表现了美国在东英吉利的强大势力，以及在那里建立的 B-29S 空军基地。

美古交恶

　　1959年的古巴革命，成功地推翻了巴蒂斯塔独裁政权，古巴共和国成立了。古巴新政权成立初期，美国曾积极地维持同古巴的友好关系。卡斯特罗出任总理后曾出访美国，当时他受到艾森豪威尔总统的热烈欢迎。但是在同年5月，古巴开始推行土地改革。6月，卡斯特罗宣布没收美国人在古巴的全部资产。美国对古巴新政权产生了怨恨和不满，开始着手对古巴进行贸易封锁，并支持古巴的流亡分子，以图颠覆古巴新政权。美国与古巴的关系日益恶化。

　　1961年1月，美国宣布同古巴断绝外交关系，并对古巴进行经济制裁。4月15日，在美国中央情报局的策划下，古巴流亡分

子空袭了古巴。4月17日，有1000多名雇佣军在古巴中部猪湾登陆，企图暴力推翻卡斯特罗政府。但是此次行动仅在72小时之后就以失败告终。

面对美国的多种"为难"，古巴进一步向苏联靠拢以寻求援助和支持——卡斯特罗宣布古巴是社会主义阵营的一员。古巴的求援，正是苏联求之不得的事。赫鲁晓夫认为古巴局势直接关系到苏联在拉美的影响力，关系到苏联在国际共产主义运动中的威信。苏联正好可以把古巴作为跳板，借机使苏联的影响逐步向拉丁美洲渗透。因此，苏联和古巴的关系迅速发展，两国很快便形成一种特殊的关系。

1962年7月，古巴国防部长劳尔·卡斯特罗访问苏联时请求获得更多、更直接的军事援助，双方通过协商达成秘密协议。此后的一个月内，苏联派遣大量军事技术人员到古巴。同时苏联还做出向古巴秘密运送中程导弹和远程喷气轰炸机的决定，并着手建造导弹基地，由此引发了美苏在冷战期间的又一严重危机。

一触即发

苏联领导人赫鲁晓夫之所以坚决要把导弹运进古巴，是基于多方面的考虑的。首先，苏联和古巴间隔万里，而美国与古巴却近在咫尺，虽然苏联可以向古巴源源不断地运送武器，但是难以抵御美国一次真正的大规模入侵。此时核导弹是再合适不过的震慑

◆ 苏联在古巴建造导弹基地位置图

武器，能够简单快捷地达到目标。当然，保卫古巴仅仅算是一个冠冕堂皇的理由，苏联有着自己的如意算盘。

美苏军备竞赛中，肯尼迪政府曾在20世纪50年代后期拼命扩充核武器，使美国在苏美核竞赛中始终处于领先地位。当时苏联仅有44枚洲际导弹和155架战略轰炸机，而美国同类武器分别有156枚和1300架，实力远胜于苏联。而且美国在土耳其、意大利和西德都部署有针对苏联的导弹，苏联境内所有的重要工业城市都处于美国核弹和战略轰炸机的直接威胁之下，等于是美国已经把苏联团团包围了。因此，在赫鲁晓夫看来，向古巴部署导弹显然是恢复苏美平衡的一个既快捷又便宜，同时又是千载难逢的机会。如果苏联把中程导弹安放在古巴，就可以避开美国的预警系统，加强直接打击美国本土的能力，改变苏联的战略地位，还可以造成不利于美国的政治影响。在必要的时候，这些导弹又可以作为讨价还价的筹码，迫使美国在其他问题上让步。

◆当得知苏联向古巴提供导弹时,肯尼迪惊讶不已,迅速召集美国国家安全委员会商讨对策,并决定采用封锁方案。大战一触即发。

1962年7月,苏联代号为"阿纳德尔"的计划开始实施。苏联将几十枚导弹和几十架飞机拆卸开来装到集装箱中,用商船分批运往古巴。同时有3500名苏联军事技术人员陆续乘船前往古巴。这是一个严格保密的、规模空前的、充满危机的计划。尽管当时的美国中情局也注意到有大批苏联船只驶向古巴的异常现象,但是美国政府对苏联在自己眼皮底下安置导弹的大胆行动始料未及,对于情报并未加以重视。同时在公开场合下,苏联一直否认在古巴拥有进攻性武器,声称苏联的船只是装运"给古巴人民的日用品和食物"。一直到9月2日,苏联终于宣布,根据苏古两国达成的相关协议,苏联将向古巴提供武器及技术专家。此时,苏联的运输计划基本完成,部署工作也已近尾声了。

1962年10月间,美国的U-2高空侦察机多次飞临古巴上空搜集情报,美国的专家们在仔细研究了数千张照片后,最终确认古巴正在修筑可以发射中程弹道导弹的发射架并部署了重型轰炸机。10月16日，美国中情局向肯尼迪提供的确切情报称：苏联部署在古巴的武器包括42架伊尔-28远程战略轰炸机，40枚SS-4型和SS-5型中短程导弹，24个地对空导弹发射场及42架当时超一流的米格-21战斗机等。苏联导弹已对美国造成了严重的威胁。

知情后的肯尼迪惊出一身冷汗，他迅速召集美国国家安全委员会商讨对策。经过紧张的研究讨论，肯尼迪和他的智囊团最后决定采用封锁的方案，这是既有效又少冒风险的办法，对美国最为有利，必要时还可以层层加码施压，同时也给了苏联比较容易下的台阶。总之，此方案有较大的回旋余地。10月22日晚，肯尼迪向全美发表电视讲话，通告了苏联在古巴部署核导弹的事实，宣布美国要武装封锁古巴，并要求苏联在联合国的监督下撤走导弹。

美国开始集中地面、空中和两栖作战部队。驻扎在世界各地的美军全都进入了最高戒备状态。美国50%的战略轰炸机保持在空中盘旋，满载核弹头的核潜艇在各大洋游弋。此时苏联也宣布实施军事动员，一场核大战似乎一触即发。

美苏妥协

美国的反应如此迅速和强烈，让苏联感到有点措手不及。最初，苏联的态度也很强硬，抗议美国的"隔离"政策。表面上，美苏双方针锋相对，实际上，双方都不敢发动核战争。两国领导人都十分谨慎地处理这场危机。两艘苏联货船在美国所设的"隔离线"处忽然停了下来，其他装载武器的苏联船只也都停驶或返航。考虑到苏联的军事力量仍然处于劣势，赫鲁晓夫开始寻求与美国妥协。

赫鲁晓夫和肯尼迪通过秘密渠道来往通信。通过这些信件以及其他秘密途径，经过一番激烈紧张的讨价还价后美苏达成妥协：苏联从古巴撤走导弹等进攻型武器，美国则承诺不入侵古巴。11月11日，苏联在未与古巴协商好的情况下撤走了全部42枚导弹。11月20日，在苏联同意30天内撤走伊尔-28远程战略轰炸机后，肯尼迪宣布取消对古巴的海上封锁。加勒比海又恢复了往日的平静。

对于此次危机的"当事人"古巴人而言，显然感觉他们被忽视、被背叛了，成了美苏斗争的牺牲品。他们感到失望、气愤和痛苦，然而国际关系形势是由大国所主导的，小国只不过是大国间角逐的棋子罢了。

> **延伸阅读**
>
> ### U-2高空侦察机
>
> U-2高空间谍侦察机是由美国洛克希德·马丁公司研发的，绰号"黑小姐"。1955年8月4日首飞，共生产了55架。U-2飞机被美国用来侦察敌对国家后方的战略目标，是冷战时期美国最重要的侦测工具之一。U-2飞机征战全球，曾侦察过苏联、古巴、朝鲜、中国、越南等国家。1962年，正是由于U-2飞机提供的侦察照片才使美国彻底搞清楚了苏联的底细，迫使苏联最终从古巴撤出导弹，避免了人类核冲突。从这个意义上来说，当时的U-2飞机是世界的"救星"。

看得见的世界史·

"铁娘子"撒切尔夫人

⊙早期参政 ⊙执政生涯 ⊙卸任以后

出身平民的撒切尔夫人，靠着刚强的意志，努力奋斗，1975年当选为英国保守党领袖，她也因此成为保守党历史上第一位女党魁。1979年撒切尔夫人出任英国首相，成为英国历史上第一位女首相。在1983年和1987年她又赢得两次连任。她在职期间的各项政策被称为"撒切尔主义"。

早期政治活动

撒切尔夫人1925年10月13日，出生于英格兰肯特郡的格兰瑟姆，和为人所熟知的科学巨人牛顿是同乡。她最初名为玛格丽特·希尔达·罗伯茨。父亲亚佛列·罗伯茨在镇内经营杂货店，却热心地方政治，而且是保守党的支持者。受父亲的影响，撒切尔夫人对保守派的观点和立场有一定的认识并对政治有了浓厚的兴趣。1943年，她从凯斯特文－格兰瑟姆女子中学毕业，并获得奖学金。1944年，她进入牛津大学萨默维尔女子学院攻读化学，先后获得牛津大学理学士和文科硕士学位。但她对政治的热情远远超过对化学的热情，到牛津大学不久她就参加了那里的保守党协会并成为主席。

大学毕业后，她到一家塑料制造公司工作，并曾参与研发了冰激凌。但她并没有放弃对政治的追求，每逢周末她都要乘车前往伦敦参加保守党的会议、辩论以及群众大会等活动。在1948年的保守党年会上，撒切尔夫人代表牛津毕业保守党协会发言，此发言在保守党内部引起巨大反响，她也因此被提名为达特福选区的议员代表。1950年和1951年，撒切尔夫人两次参加议员竞选，成为当时最年轻的保守党女性候选人，但结果都以失败而告终。不过在她不断努力、不断

◆ "铁娘子"撒切尔夫人

◆ 1986年1月20日，法国总统密特朗在里尔机场迎接英国首相撒切尔夫人到访。英法两国宣布将就在英吉利海峡建设英法海底隧道的问题达成协议。

演讲下，终于于1959年在她34岁的时候，成为英国历史上第一名女议员。

1961年，撒切尔夫人出任保守党政府年金和国民保险部政务次官，直至1964年保守党下台。1964年至1970年，她又在英国议会下院任保守党的前座发言人。1967年，撒切尔夫人进入保守党影子内阁，先后担任社会保险、住房和土地、财经、燃料和动力、运输和教育等方面的发言人。1970年6月，保守党上台执政后，她在内阁中担任教育和科学大臣，并且任枢密顾问官。1974年2月，保守党大选落败后，撒切尔夫人再次被聘进入影子内阁，先后任环境及财经事务的前座发言人。

1975年2月，撒切尔夫人参与角逐保守党党魁并胜出，从而成为英国政党史上第一位女领导人。1979年5月，保守党赢得大选，她遂成为英国历史上第一位女首相。

撒切尔夫人意志刚强，行事果断，作风还有些泼辣。1976年，她曾发表演说尖刻地抨击苏联扩张政策，招致苏联国防部的官方报纸《红星》称呼她为"铁娘子"。从此，"铁娘子"的绰号流传于世。

执政生涯

撒切尔夫人上台之际，正值世界石油价格暴涨、世界经济恶化之际，英国也笼罩在世界性经济危机之中，失业人数和通货膨胀率竞相攀升。撒切尔政府采取了一系列的措施调整经济，包括有选择性地在一些领域缩减公共开支、降低直接税、取消对商业活动的管制、推行私有化计划等。

在撒切尔夫人执政的头4年，英国失业人口增加了200万，1984年底的失业率高达12.8%。在这种情况下，1984年，英国爆发了一次煤矿工人大罢工，这是自1926年以来历时最长的一次罢工。

此时，北爱尔兰问题也困扰着撒切尔政府。由于民族及教派矛盾，北爱尔兰地区受到经济和政治压迫的爱尔兰人要求独立，但却遭到信奉新教的大不列颠移民的坚决反对，双方遂发生大规模冲突。北爱尔兰共和军在各地进行暴力活动。1984年10月2日，当保守党在布赖顿的格莱德旅馆举行年会时，遭到北爱尔兰共和军的定时炸弹袭击，当场炸死5名高级官员，但是撒切尔夫人幸免于难。尽管如此，她仍坚持主张北爱尔兰应继续留在联合王国内。

◆ 1979年5月3日，撒切尔夫人在唐宁街10号的首相官邸外向支持她的选民们挥手致意。

撒切尔政府根据弗里德曼的货币主义学说，控制货币发行量，提高银行利率，削减政府开支。此外还修改税率，降低直接税（即个人所得税），鼓励有钱人的消费积极性等。

撒切尔政府的经济政策取得了成效。英国经济从1982年起开始回升，通货膨胀率也有显著下降。但英国为此付出了很大的代价。况且紧缩政策使英国失业率有增无减，

1982年，撒切尔夫人的经济政策和强硬作风逐渐引起公众不满，保守党的执政地位岌岌可危。然而就在此时，遥远的南大西洋传来了枪炮声，阿根廷军队进攻马尔维纳斯群岛（英国称之为福克兰群岛）。马尔维纳斯群岛位于阿根廷南端以东的南大西洋水域，扼麦哲伦海峡要道，具有重要的战略地位。英国从1883年起就占领马尔维纳斯群岛，阿根廷要求对距离它只有550千米的马尔维纳斯群岛拥有主权。为此英阿举行多次谈判，但都没有结果。1982年4月2日，为了摆脱国内困境，阿根廷军政府决定出兵，并

迅速占领全岛。撒切尔夫人闻讯后，迅速组织起一支庞大的特混舰队开赴战场。10周之后，英国成功地将福克兰群岛夺取。福克兰群岛战争使英国重振国威，撒切尔夫人也一举成为民族英雄，赢得了更多的支持。

1983年6月，保守党又一次在大选中获胜，撒切尔夫人成功连任。接下来在1987年保守党赢得大选后，她遂成为英国在20世纪连任3届的首相。在第二个首相任期内，撒切尔夫人还同中国政府谈判解决了香港问题。1984年12月19日，中英在北京签署了《中英关于香港问题的联合声明》，规定1997年英国将香港归还中国。

此后，撒切尔夫人因决定征收人头税而引起民众不满，同时也引发保守党内部的政治危机。1990年11月22日，撒切尔夫人宣布辞职，结束了她长达11年之久的首相生涯。

卸任以后

在1991年的保守党大会上，撒切尔夫人史无前例地获得全场站立鼓掌致意的殊荣，但她礼貌地婉言拒绝上台发言。随后，在1992年的大选中，撒切尔夫人退出了下议院。

1992年，英王册封撒切尔夫人为终身贵族，她成了林肯郡的女男爵，但她没有为自己争取世袭贵族的地位。后来，撒切尔夫人解释说她不去争取是因为她认为自己没有成为世袭贵族的充足理由。1995年，撒切尔夫人获赠嘉德勋章，这是英国骑士勋章中最高的一种。

撒切尔夫人在卸任后写了一套两册的回忆录，分别名为《权力之路》和《唐宁街岁月》，另外还著有几本有关政治和外交事务的书。

◆ 老年的撒切尔夫人

2005年10月13日，撒切尔夫人在伦敦举办寿宴，庆祝她八十大寿。当时，600多位各国政要出席盛宴。2007年2月，英国下议院举行撒切尔夫人青铜头像揭幕仪式。她也成为首位在世时即获此殊荣的前首相。

公元1985年—公元1987年

人物：里根　地点：美国　关键词：反导弹系统建立

星球大战计划

星球大战计划即反弹道导弹战略防御计划，简称SDI。它是冷战后期，美国里根政府出台的一项国防高技术和国防经济发展战略，也是一项综合而全面的国家总体战略。美国想以此建立有效的反导弹系统，保证其战略核力量的生存能力和可靠的威慑能力，维持其核优势。同时想凭借其强大的经济实力，与苏联展开太空军备竞赛，借此拖垮苏联。

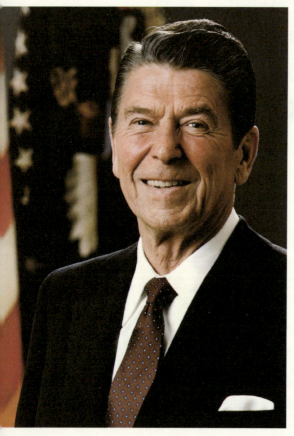

◆ 提出"星球大战计划"的美国总统里根

里根主义

里根总统上台时，美国正处于经济衰退期。里根总统上台后，推行了一系列政策，一改自尼克松以来对苏联缓和的对外战略，开始进行大张旗鼓的军备重振，采取积极的挑战性的姿态，重新确立了美苏之间的战略均势。里根政府大幅度提高军事预算，调整美国的全球战略，从而使美国在美苏争霸的斗争中重新占据优势。

在国际政治领域，里根政府不再承认尼克松政府提出的多极化世界的思想，推行"里根主义"。他认为真正能左右世界局势的仍然是美苏两国，而且认为世界上所有的矛盾都可以归结为美苏两国或两种社会制度的矛盾。里根还把苏联称为"邪恶帝国""现代世界的邪恶中心"，并且

发誓要"埋葬马列主义",搞垮"邪恶帝国"。总之,里根总统竭力强调东西方矛盾在当时世界的重要性,推动整个国际形势向"两极世界"方向发展,遏制苏联是其对外政策的中心目标。

1986年3月14日,里根发表的题为《自由、地区安全和全球和平》的国情咨文,首次提出了针对第三世界的施政方针,其主要内容就是强调要和苏联争夺第三世界。他认为苏联在20世纪70年代势力过度伸展,如今已经是内外交困,难以巩固取得的成果;美国恰好可以利用这个时机以"低烈度战争"的方式遏制苏联的扩张,企图把苏联取得的政治和军事进展推回去,从而阻止甚至反击苏联在第三世界对美国造成的威胁。另外美

◆ 1985年,里根总统和戈尔巴乔夫书记在日内瓦峰会首次会晤。里根认为真正能左右世界局势的只有美苏两国,美苏两国的矛盾就是世界的矛盾。

国还鼓励第三世界亲美的右翼政府,并加强对其他第三世界国家的经济和军事援助,帮助它们稳定国内局势。这可以说是一种比纯粹的军事战略更加灵活有效的综合性战略。从此,"低烈度战争"成为美国政府推行"里根主义"的重要手段。所谓"低烈度战争",就是指美国在不发动美苏核大战和大规模常规战争的前提下,在第三世界国家同苏联争夺势力范围的战略。

美国对外政策最为活跃的地区是在中美洲和加勒比海地区,重点是防止苏联扩大影

◆ 1983年3月23日,里根正式推出"星球大战"计划,开始美苏新一轮的军备竞赛。最终,美国在这场竞赛中取胜,苏联的经济则被拖垮。这是里根在推出"星球大战"计划的当天,向全国发表电视讲话的场景。

响。在中美洲,美国支持尼加拉瓜的反政府游击队,企图推翻革命政府。1979年3月,加勒比岛国格林纳达发生政变,亲西方政权倒台。苏联和古巴随即向格林纳达提供了大批援助,格林纳达新政权亲苏、古的倾向日益明显。为了遏制共产主义在这一地区的影响,1983年10月,美国借口保护侨民而悍然出兵格林纳达,颠覆了该国的左翼政权。

星球大战计划

20世纪70年代,由于美苏双方都拥有了"第二次报复力量"和同等的摧毁机会,美苏走入军备竞赛的死胡同。这时,美国提出了"高边疆"战略,开始寻找新的突破口以重建战略优势。

美国政府想凭借这一战略,利用它的高新技术优势,建立空间武器系统,形成面对战略核导弹的空间防御网,消除苏联核导弹对美国的威胁。同时也为了加速实施太空工业化,以便能够在宇宙空间获取丰富的资源。

1983年3月23日,美国总统里根发表了著名的"星球大战"演说。美国"战略防御计划"正式出笼,该计划于1985年1月4日立项开发,正式名称为"反弹道导弹防御系统的战略防御计划",并计划于1994年开始部署。这个计划的目的是建立一个多层次、多手段的反导弹综合防御系统,是美国继"阿波罗"登月计划之后,又一项重大的系统工程。该计划的核心内容是以各种手段攻击敌对方飞行在外太空的洲际战略导弹和航天器,防止敌对国家对美国及其盟国发动核攻击。

美国的战略防御计划由"洲际弹道导弹防御计划"和"反卫星计划"两部分组成。"洲际弹道导弹防御计划"是要在宇宙空间建立起多层次的防御网,按飞行轨道把来袭的导弹分为不同的阶段,分别采取不同的防御手段,而且用前级防御层减轻后级防御层的压力,后级防御层填补前级防御层的漏洞,依次达到全部摧毁来袭导弹的目的。"反卫星计划"则是研制、部署天基和陆基相结合的反卫星武器系统,以摧毁对方的卫星为目标。

"洲际弹道导弹防御计划"根据导弹自发射起,经飞行到命中目标过程中不同的特点,建立起4层防御网,针对弹道式导弹的助推段、后助推段、中段和末段分层拦截。拦截系统的第一道防线由天基侦察卫星和天基反导弹卫星组成,使用常规弹头或定向武器攻击处于发射和穿越大气层阶段的战略导弹;第二道防线使用陆基或舰载激光武器摧毁穿出大气层的分离弹头;第三道防线使用天基定向武器、电磁动能武器、激光武器攻击在再入大气层前阶段飞行的核弹头;最后用反弹道导弹、动能武器、粒子束武器等摧毁重返大气层后的核弹。经过上述拦截措施,对来袭核弹的摧毁率可达99%。

卫星在监视、预警、通信、导航等方面具有极为重要的作用,"反卫星计划"作为SDI计划重要的一部分,利用美军太空基地的监视系统监视敌方卫星,并在必要时指令系统摧毁敌人卫星,使对方卫星失去作用。

美国的"星球大战"计划,意图利用其经济和技术优势,打破美苏核均衡,挑起新一轮的军备竞赛,从而拖垮苏联的经济,并通过该计划带动经济、军事、科学技术等方面的发展,保持美国的领先地位。

而苏联此时经济困难,科技发展已渐难跟上美国的步伐。美国及其盟国对苏联实施技术封锁,使苏联的处境变得更为恶劣。即便如此,苏联仍投入相当大的财力、物力尝试自行建立一套类似的反导系统,以缩小与美国的军事差距。

由于试图追赶美国,苏联投入了过多军事支出,终致无法负担,使原本已不稳固的经济再受重创,再也无力继续与美国争霸全球。

◆ 1987年12月8日,美国总统里根和苏联领导人戈尔巴乔夫签署了销毁导弹计划,正式结束了苏美军备竞赛。"星球大战"计划也结束了它的使命。

公元1955年—公元1975年

人物：胡志明　　地点：越南　　关键词："冷战"下的实战

越南丛林决战

出于对共产主义的仇视和恐惧，美国卷入了一场后来被认为是根本不该闯进去的战争。作为冷战中的一次"热战"，越南战争是二战后美国参战人数最多、持续时间最长、影响最大的战争。越战改变了冷战的格局，使美国在冷战中由强转弱，并且还加剧了美国的国内矛盾。

 ◆ 1966年10月，就在美国在越南的军事行动急速升级的时候，美军与北越军队在南越一个非军事化区相遇，双方为了争夺一个标高为484米的小高地爆发了激烈战斗。在这场战斗中，北越军队有1397人死亡，27人被俘，美军的伤亡也达到了1400余人。

阴云不散

越南在二战前曾是法国的殖民地，二战中被日本占领。1945年二战结束前后，胡志明领导下的越南独立同盟发动总起义。9月2日，越南民主共和国在河内宣告成立。但是法国拒绝承认越南独立，企图重建法属"印度支那联邦"。1945年9月23日，在英国的支持下，法国殖民军占领西贡，并挟持保大皇帝极力恢复殖民政权。北越和法国都积极争取控制越南全境，双方为此进行了长达9年的战争。最后北越在中华人民共和国的军事援助下，于1954年的奠边府战役中赢得了对法军的决定性胜利，法国从此撤出越南北部。

1954年，日内瓦会议关于《印度支那停战协定》签订后，南北越暂时以北纬17度线为界分

治。此后，法国军队从印支三国撤退。但与此同时，美国开始把印度支那看作遏制"共产主义扩张"的重要组成部分，美国拼凑"东南亚军事集团"，鼓吹所谓"多米诺骨牌"理论，声称如果失掉印支三国，将会在东南亚和整个远东地区引发灾难性的后果。

尽管日内瓦会议规定越南统一国家的选举将于1956年7月举行，但是这场选举根本就不会举行。1955年，吴庭艳在西贡发动政变，废黜了保大皇帝，成立越南共和国（简称"南越"）。美国公开破坏日内瓦协议，扶植吴庭艳政权。美国希望通过全方位的援助，把南越建成"政治民主、经济繁荣稳定"的反共堡垒和样板。可惜吴庭艳集团发动"控共""灭共"战役，屠杀南越爱国者，其血腥、残暴的统治，非但没有建成美国所希望的民主繁荣的样板，反而招致南越人民普遍的不满和反抗。与此同时，北越开始大力支持并领导南方的武装斗争，北越通过老挝和柬埔寨境内的"胡志明小道"向南方游击队输送武器弹药及人员。中国和苏联也向北越提供了大量援助。

美国不得不更深入地介入南北越之间的冲突。1961年，美国肯尼迪政府发动了一场不宣而战的"特种战争"。这是由美国出钱出枪派顾问、南越出军队的代理人战争。美国帮助南越军队制定和实施"反游击战"和

◆ 1964年"东京湾事件"发生之后，美军士兵们回家的渴望越来越强烈，而希望却越来越渺茫。照片里一个披着雨衣的美国士兵躺在用树干搭成的工事上酣睡，雨打在他的脸上，他仍睡意十足。不远处坐着他的战友，正在为他放哨。不知道他在梦中是否回到了家乡，但现实中他还需要坚持起码7年的时间才能回家。谁都无法预计，他是否还能活着回家。

"反叛乱"。即以反革命的"游击战"对付人民的游击战。1962年2月，美国又在西贡设立"军援司令部"，并派遣了特种部队。

这一时期美国在南越强制推行"战略村"策略，把农村居民赶进四面围着铁丝网、壕沟和碉堡的"战略村"，妄图割断游击队与人民之间的联系。越南南方乡村中人民以及部分部队采取灵活机动的战术，打击了这种策略，捣毁了许多"战略村"，一些"战略村"甚至还变成了人民的战斗村。与此同时，南越城市中人民的反抗斗争也不断

高涨。南越政权内部斗争不断，使美国背负了沉重的负担，1963年，吴庭艳被美国策划的军事政变推翻，随后杨文明、阮庆等军人相继执政，继续实施美国的反共堡垒和样板政策。尽管如此，到1964年初，美国的"特种战争"战略还是宣告破产。此后面对南越风雨飘摇的政局，美国只好担负起更多的"责任"。

局部战争

1964年8月2日，美国声称其"马多克斯"号驱逐舰在靠近北越领海的中立海域执行支援任务时，遭到北越鱼雷艇的袭击。8月4日，往偏北方向行驶的"滕纳·乔埃"号又宣称遭到雷达信号追踪并受到北越船只的攻击。美国随即以轰炸北越海军基地作为报复。这就是著名的"东京湾事件"（又称"北部湾事件"）。

"东京湾事件"是越战的分水岭。北越和美国都把这一事件看作对方的蓄意攻击，并都做出了强硬反应。越共游击队攻击了多处美军基地，而北越的一支部队进入南越集结，标志着北越正规军（越南人民军）对南越的公开进攻。美国国会则通过了"东京湾决议案"，授权总统可以采取包括武力在内的一切手段对付这一挑衅行为。这等同于授予了林登·约翰逊总统发动战争的权力。随后，战争被大大升级。1965年3月7日，3500名美国海军陆战队士兵在岘港登陆，直接参战。短短数月之后，美军在越作战人数已高达22万。约翰逊总统还批准了旨在对北越进行大规模战略轰炸的"轰雷行动"。从此，越南战场开始了以美军为主力、以"南打北轰"为特点的"局部战争"。

然而，美国对北越的所有轰炸目标都直接由华盛顿进行严密的控制，由于担心伤及中国或苏联派驻在北越的顾问从而引发冲突，扩大战争范围，美国国防部和白宫对于轰炸目标的选择有非常多的限制。因此，美军的"轰雷行动"在这种束手束脚的限制下，根本无法发挥其最大功效。

1968年1月底，北越发动的"新春攻势"规模空前。有超过8万的北越正规军和越共游击队对几乎所有的南越大小城市发起了进攻。虽然"新春攻势"致使北越部队遭受到约3万余人阵亡、4万人负伤的沉重打击，但是军事上的失败，却无碍它成为精神上以及宣传上的大捷。"新春攻势"成为越战的转折点。美国公众认为"新春攻势"表明北越依然拥有巨大的军事实力，战争的结束还会遥遥无期。美国政府高层内部也有人因之而失去战意。1968年3月，约翰逊发表演讲，宣布终止"轰雷行动"，并表示美军将逐步撤离越南。5月，美越巴黎谈判开始。11月，美国宣布完全停止对北越的轰炸。至此，美国在越南发动的"局部战争"也以失败而告终。

战争"越南化"

看着渐渐陷入越南战争泥沼的趋势，美国国内民众的反战运动一浪高过一浪，美国社会甚至发生了严重的分裂危机。在这种情况下，美国政府不得不谋求"体面"地结束战争的方法。

1969年，尼克松当选为美国总统，表示要推行"越南化"政策。所谓"越南化"就是让美军逐步撤出越南，当年6月份即有首批2.5万名美军撤离越南，但是战争仍在继续。1969年3月,美军开始秘密轰炸柬埔寨境内的北越军事基地;5月,又爆发了汉堡高地战役。1970年3月18日,柬埔寨亲美的朗诺将军发动政变,推翻了西哈努克亲王政权;5月,美军"入侵"柬埔寨,进攻那里的北越基地。然而,美军的行动无法挽救其失败的命运。

1973年1月27日,美国终于同越南在巴黎正式签订了《关于在越南结束战争、恢复和平的协定》。美方表示尊重越南的主权、统一和领土完整。随后美军在两个月内全部撤出越南。这场美国历史上最漫长的战争就此告终。

在越南战争期间,美军死亡5.8万人,受伤30.4万人,另有2000多人失踪。美国在这场战争中耗费了数千亿美元,承受了巨大的伤亡,到头来却又不得不面对北越统一越南的现实。

美国军事力量的撤退,为印支三国人民的最终胜利创造了条件。1975年越南人民发动总进攻,经过西原、顺化—岘港、西贡三大战役,彻底打垮南越傀儡政权,解放了西贡,完成了南北统一。就在同一年,柬埔寨和老挝的共产党也先后夺取了本国政权。

◆ **越南战争中牺牲的美国士兵的纪念碑**

美国在这场战争中耗费了数千亿美元,承受了巨大的伤亡,到头来却又不得不面对北越统一越南的现实。

公元1972年2月

人物：尼克松　　**地点**：中国　　**关键词**：中美交往初步恢复

尼克松访华

在20世纪60年代末70年代初，由于国际国内形势的变化，尼克松总统提出"尼克松主义"作为美国全球政策的指导原则。基于此，美国结束了旷日持久的越南战争，改变了反华政策，走上了两国关系正常化的道路。

◆ **尼克松庆祝竞选成功**

1968年的美国大选中，尼克松击败了民主党人休伯特·汉弗莱和独立竞选人乔治·华莱士，成功当选美国总统。

尼克松主义

早在1967年，尼克松就曾指出："美国将来作为世界警察的作用可能是有限的。" 1968年总统竞选期间，他又提出"我们已到了美国必须重新估量它在世界上的作用和责任的时候了"，表达了收缩美国全球义务的意愿。就任

总统后，尼克松于1969年7月25日在关岛就亚洲政策接受记者采访时，提出了"关岛主义"。他在谈话中指出："在我们同所有亚洲友邦的关系方面，现在是着重强调下列两点的时候了：第一，我们将恪守我们的条约义务；第二，在国内安全问题上，在军事防卫问题上，除非存在某个核大国的威胁，否则美国将鼓励并有权期望逐渐由亚洲国家自行来处理，逐渐由亚洲国家自行来负责。"尼克松在表明美国收缩意图的同时，强调美国将继续在亚洲和太平洋地区承担已有的条约义务和发挥"重大作用"。后来，尼克松又在1969年11月3日的全国电视讲话和1970年对外政策年度报告中，提出了以"伙伴关系、实力和谈判"为三大支柱的新和平战略，把关岛讲话从对亚洲的政策推广为美国的全球战略，成为美国处理与盟友关系和对苏、对华关系的总方针，这就是"尼克松主义"。

中美关系解冻

由于中美华沙大使级会谈已经中断，缺乏交流渠道的美国采取迂回战术，借道与中国友好的巴基斯坦和罗马尼亚。1969年5月24日，美国国务卿罗杰斯访问巴基斯坦，请叶海亚总统向北京传递美国愿与中国改善关系的信息。7月21日，美国国务院发表公报，开放某些美国公民去中国旅行，并允许他们购买一定量的中国商品，向中国摆出了友好的姿态。8月1日，尼克松在访问巴基斯坦时，向叶海亚总统表示希望巴基斯坦能在中美之间起桥梁作用。随后，他又在罗马尼亚要求齐奥塞斯库总统向中国转达美国对改善中美关系的兴趣。这一消息迅速传到北

◆ 访华期间，尼克松和夫人在中国有关人士的陪同下，游览长城。

京，引起了中国方面的极大关注。

除此之外，尼克松还于9月9日命令美国驻波兰大使沃尔特·斯托塞尔设法与中国外交人员取得联系，争取重开华沙会谈。斯托塞尔经多方努力，于这年年底与中国临时代办雷阳在一次时装发布会上进行了接触。1970年1月8日，中美在华沙重开大使级谈判，美国方面第一次默认台湾问题应由中国人自己解决，并表达了派特使去北京访问的愿望。这年2月，尼克松在世情咨文中阐述："我们采取力所能及的步骤来改善同北京的实际关系，这肯定是对我们有益的，同时也有利于亚洲和世界的和平与稳定。"

◆ 尼克松和夫人访华之行

中国方面对美国伸来的橄榄枝也做出了积极的反应。1970年12月28日,毛泽东在会见埃德加·斯诺时表示:"目前,中国和美国之间的问题要同尼克松解决",如果尼克松访华,自己"高兴同他谈,不论作为旅游者还是作为总统都行"。1971年4月6日,在日本名古屋参加世界锦标赛的中国乒乓球队主动邀请美国乒乓球队来华访问。美国方面认为这是难得的机遇,马上表示同意。4月10日,美国乒乓球队抵达北京。14日,周恩来在接见美国乒乓球队时说:"你们在中美两国人民的关系上打开了一个新篇章!"仅仅过了几个小时,尼克松即发表声明,宣布放松对华禁运等一系列新规定。当中国经巴基斯坦正式向美国表示"愿意在北京公开接待美国总统的一位特使(例如基辛格先生)或者美国国务卿,甚至美国总统本人"

后,尼克松在4月29日向记者发表谈话宣称"我们已经打开了坚冰","我希望,并且事实上我希望在某个时候以某种身份……访问中国"。不久,他通过巴基斯坦复信周恩来,表示他接受访问中国的邀请,建议首先由基辛格与周恩来或中国政府的另一位高级官员进行初步的秘密会谈。

7月6日,尼克松在堪萨斯提出了美国、西欧、日本、苏联和中国是世界五大力量中心的"五极均势论",他强调中国作为五强之一的重要性,宣称把中国排斥于国际社会之外的做法是不能被接受的,有必要采取步骤结束这种状态,美国政策的目标从长期来看,必须是同中国关系正常化。7月8日,从南越回国途经巴基斯坦的基辛格佯称腹痛避开新闻界的注意,于第二天凌晨直飞北京,与周恩来举行秘密会谈。7月16日,中美两国根据秘密会谈达成的协议同时发表公告,宣布尼克松总统已接受周恩来总理的邀请,将于1972年5月以前的适当时间访问中国。公告指出：中美两国领导人的会晤，是为了谋求两国关系的正常化，并就双方关心的问题交换意见。

中美关系新篇章

1972年2月21日至28日，尼克松访问中国，揭开了中美关系史上新的一页。在尼克松访华期间，毛泽东会见了他，双方就中美关系和国际事务认真、坦率地交换了意见。周恩来和尼克松还就两国关系正常化和共同关心的其他问题进行了会谈。

2月28日，中美双方在上海发表联合公报指出：中美两国社会制度和外交政策有着本质的区别。但是双方同意，两国不论社会制度如何，都应根据尊重各国主权和领土完整、不侵犯别国、不干涉别国内政、平等互利、和平共处的原则来处理国与国的关系，双方"准备在他们的相互关系中实行这些原则"。双方声明，"任何一方都不应该在亚洲—太平洋地区谋求霸权，每一方都反对任何其他国家或国家集团进行建立这种霸权的努力"。

关于台湾问题，中方认为：台湾问题是阻碍中美两国关系正常化的关键问题；中华人民共和国政府是中国的唯一合法政府，台湾是中国的一个省，早已归还中国，台湾问题是中国的内政，别国无权干涉；全部美国武装力量和军事设施必须从台湾撤走；中国政府反对任何旨在制造"一中一台""一个中国、两个政府""两个中国""台湾独立"和鼓吹"台湾地位未定"的活动。美方认为：美国认识到在台湾海峡两岸的所有中国人都认为只有一个中国，台湾是中国的一部分，美国对这一立场不提出异议。美国重申美国对由中国人自己和平解决台湾问题的关心。考虑到这一前景，美国确认从台湾撤出全部美国武装力量和军事设施的最终目标。在此期间，美国将随着这个地区紧张局势的缓和逐步减少在台湾的武装力量和军事设施。

尼克松访华是中美关系史上的一个重要里程碑，标志着中断达20多年之久的中美交往的初步恢复，访华期间双方共同发表的《上海公报》，为中美关系的正常化和进一步发展奠定了基础。

◆ 在罗宾斯空军基地，尼克松接受他的支持者们热烈的欢迎。

公元1961年—公元1990年

人物：戈尔巴乔夫 科尔　**地点**：德国　**关键词**：德国分裂

推倒柏林墙

　　1990年10月3日，分裂长达45年之久的德国再一次得到统一——没有战争，没有使用暴力，没有流一滴血，这不能不说是人类历史上的一个奇迹。统一后的德国拥有近8000万的人口，成为世界第三的经济实体。德国从此进入了一个新的历史时期。

◆ 柏林墙空中鸟瞰图

柏林墙始建于1961年，1990年被拆除。柏林墙全长155千米，初以铁丝网和砖石为材料建成，后又进行加固，以瞭望塔、混凝土墙、开放地带以及反车辆壕沟组成边防设施。柏林墙是德国分裂的象征，是冷战的标志性建筑。

两德并立

　　1949年，德意志联邦共和国和德意志民主共和国先后建国。冷战期间，东西方特别是美苏之间的长期、全面对抗，使德国统一问题迟迟得不到解决。相反，德意志民族在分裂的道路上越走越远。1955年，联邦德国和民主德国分别加入北约和华约，1973年又同时加入联合国，1975年又一起参加"欧安会"首脑会议最后文件的签字——民主德国和联邦德国并存的局面进一步得到国际社会的承认。

　　二战结束后初期，美英由于担心德国工业的强大和军事复苏，曾拆走德国工厂的机器以摧毁德国的工业，防止潜在的战争危险，但是西方盟国很快就意识到，位居东西方对抗前沿的德国西部，对欧洲安全至关重要，而欧洲的强大又在冷战中至关重要。因此，西方开始努力重建西德。西德地

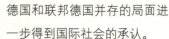

区原本就是德国发达的工业区,加之"马歇尔计划"的资金支持,联邦德国经济发展迅速,取得了引人瞩目的成就。到1955年,联邦德国的工业产值超过了英法,重新成为资本主义世界的第二工业大国,这个地位保持了将近20年。进入20世纪70年代后,德国才逐渐被日本超越,退居第三位。到90年代,联邦德国已发展成为高度发达的工业化国家,经济实力居欧洲首位,在国际上成为仅次于美国和日本的第三大经济强国,以及美国之后的第二大贸易国。

反观民主德国,由于地处德国传统的农业区,经济底子薄弱,又要支付给苏联巨额战争赔款,经济发展举步维艰。与联邦德国相比,起步阶段即已落后了。尽管如此,民主德国仍然是东欧集团中工业产值以及生活水准最高的,曾经是世界十大发达工业国家之一。但是它的人均国民生产总值仅及联邦德国的一半。

东、西德之间越来越大的经济差距,致使大量东德技术工作人员不断通过西柏林逃往西德,自东德成立之后的12年间,大约有200万东德人逃往西德。这严重影响了东德的经济生活和社会稳定,同时也造成了苏联的外交困境。为了制止东德居民西逃,从1961年8月13日开始,东德政府修筑了历史上著名的柏林墙。

被推倒的柏林墙

德国统一问题一直是个十分敏感的话题,牵动着欧洲全局乃至冷战的格局。在建

◆ 1989年11月10日,人们聚集在勃兰登堡门附近的柏林墙前,参加纪念活动。

国初期,东、西德都把恢复国家统一作为最高目标,但随着东西方局势的发展变化,双方的态度也都作了调整。总之,两德对统一问题各执己见。民主德国坚持"两个国家、两个民族",认为东、西德因不同的社会制度形成了社会主义民族和资本主义民族,提出两个德国长期并存,并且矛盾不可调和。联邦德国强调"两个国家、一个民族",虽

然承认民主德国是拥有独立主权的国家，但强调两德关系属于民族内部的特殊关系。进入20世纪80年代后，由于东欧各国经济持续滑坡，实行的改革又未能扭转危机局面，东欧各国共产党的威信急剧下降。日益加剧的内部危机使东欧的社会主义政权摇摇欲坠。民主德国在80年代以来，以昂纳克为首的德国统一社会党未能采取有力的改革措施，导致国内社会矛盾日益突出。

1989年，波兰、匈牙利相继出现政治动荡，但是尚未波及较为保守的民主德国。然而到了5月，匈牙利放宽了匈德边界限制，此举为民主德国公民逃往西方提供了便利。大批民主德国人通过匈牙利和奥地利涌入联邦德国。在9月和10月，两个月内就有十多万名东德青年逃往联邦德国。这进一步加剧了民主德国的社会动荡，各种势力粉墨登场，形形色色的反对组织纷纷涌现，政治局势更加紧张。

10月7日，苏联领导人戈尔巴乔夫前来参加民主德国的40周年国庆活动，在活动上对记者发表谈话，批评民主德国领导人的僵化思想，呼吁民主德国尽快进行改革。戈尔巴乔夫此举无疑是煽风点火，促使民主德国局势进一步紧张。之后东德的各大城市包括莱比锡、波茨坦等地都爆发了不同规模的反政府示威，东德形势迅速激化。10月18日，连续执政18年之久的昂纳克被迫辞职。克伦茨继任为德国统一社会党总书记，此后民主德国的局势更加混乱，政权已呈倾危之势。

局势的变化完全出乎人们的意料，11月9日，民主德国宣布开放柏林墙，并允许居民自由过境。午夜时分，在数万群众的冲击下，柏林墙的所有关卡全被人群冲破，大批民主德国的公民涌入西柏林。短短两天就有超过400万人的民主德国公民，涌向西柏林和联邦德国。建造已28年的柏林墙终被拆毁。

统一的时刻

在民主德国政权更迭、局势动荡之际，联邦德国总理科尔敏锐地觉察到这是统一德国的良机。1989年11月28日，科尔提出实现德国统一的"十点计划"，主张民主德国进行"根本的政治和经济改革"，两德之间发展"联邦结构"，最后通过自由自决实现统一。

民主德国的领导人拒绝了科尔的计划，认为该计划"不符合现实"，无视"两个德国的主权和独立性"，他们认为统一问题还尚未提上日程。美、苏、英、法四国和其他欧洲国家也大多认为德国统一"为时尚早"。但科尔并未放弃统一的努力，他继续利

用东德民众的情绪,促使事态朝着有利于统一的方向发展。后来由于东德局势的持续动荡,迫使东德政府转而接受统一。

1990年1月29日,东德总理莫德罗访问莫斯科,戈尔巴乔夫在会谈中明确表示"德国统一是毫无疑问的",德国人"有权统一"。这表明苏联为德国统一开了绿灯。回国后的莫德罗当即提出实现德国统一的"四阶段方案"。

1990年5月8日,两德签署了关于建立货币、经济和社会联盟的第一个"国家条约"。7月1日,条约正式生效,民主德国放弃了国家经济和财政主权,在货币、经济和社会领域全面引入西德的现行法律制度。1990年9月12日,苏、美、英、法四国外长和两德外长在莫斯科举行第四轮"2+4"会谈并签署《最终解决德国问题的条约》。条约规定了德国统一后的边界以及军事政治地位,并宣布结束四大国对德国的权利和责任,表示统一的德国将享有完全的主权。

1990年10月3日,民主德国正式加入联邦德国,经过了45年的分裂,德国终于又一次实现了统一。

◆ 1990年10月3日,黑、红、黄三色的德国国旗在柏林国会大厦前飘扬。

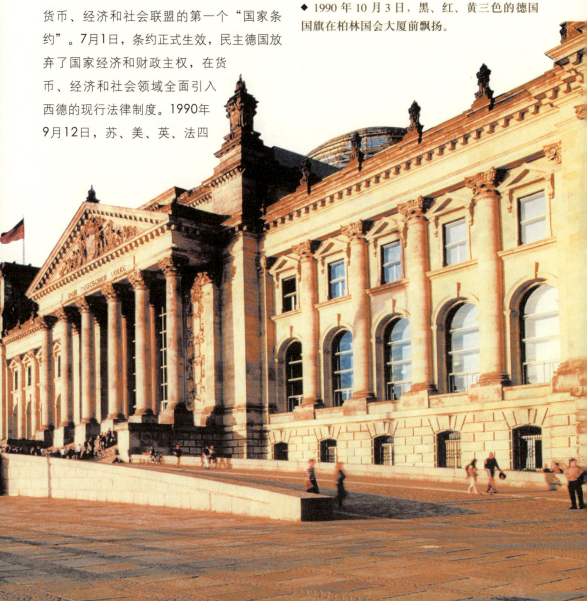

公元1991年12月

○**人物**：戈尔巴乔夫 叶利钦　○**地点**：俄罗斯　○**关键词**：超级大国消失

苏联解体

在1991年12月25日晚7时38分，已在克里姆林宫上空飘扬了68年之久的饰有镰刀、斧头和红五星的苏联国旗，在茫茫暮色中缓缓降下。7时45分，一面代表俄罗斯的三色旗徐徐升起。这一降一升，标志着人类历史上第一个社会主义国家从此在世界地图上消失了，同时也标志着冷战的终结和雅尔塔体系的瓦解。

◆ 戈尔巴乔夫2004年10月在纽约接受采访时的照片。

戈尔巴乔夫"新思维"

1982年11月10日，执政已18年的苏联领导人勃列日涅夫病逝。其后先后继任苏共中央总书记的安德罗波夫和契尔年科都是老态龙钟、体弱多病的老人，不久即分别于1984年2月和1985年3月病逝。1985年3月11日，苏共中央召开非常全会，选举年仅54岁的戈尔巴乔夫为党中央总书记。

戈尔巴乔夫生于苏联南部斯塔夫罗波尔边疆区的一个农民家庭，1952年加入苏联共产党，1955年以优异成绩毕业于莫斯科大学法律系。作为当时苏联最高领导层中最年轻的一员，思路敏捷、能言善辩的戈尔巴乔夫给多年来颇为沉闷的苏联政坛带来了活力。

当戈尔巴乔夫踌躇满志地入主克里姆林宫之时，苏联实际上已经处于内外交困的境地。在国内，经济增长率降至战后最低点，农业又连年歉收，生活必需品日益匮乏，居民生活水平逐年下降。政治生活中思想僵化，教条主义和官僚主义盛行，贪污腐败问题严重，党和政府的威信不断下降。在国际上，由于苏联推行全球攻势战略，长期与美国开展军备竞赛，进行

◆ 叶利钦和戈尔巴乔夫

与自身综合实力并不相符的扩张，消耗了大量财力和人力，又使国民经济不堪重负。

为了应对日益严峻的国内外形势，戈尔巴乔夫决心在苏联进行一次全面的社会主义改革。改革首先从经济领域开始。戈尔巴乔夫提出加速社会经济发展的战略方针，即所谓的"加速战略"。但是"加速战略"并未取得预期的效果，一系列政策上的失误最终使经济改革处于"空转状态"。

1988年6月，苏共召开第十九次代表会议，决定把改革的重点由经济改革转向全面的政治体制改革。戈尔巴乔夫在会议上作了长篇报告，首次提出"人道的、民主的社会主义"概念。政治改革的另一个重要内容，是为20世纪30年代至50年代的冤假错案平反昭雪。然而随着平反工作的展开，对斯大林的批评也越来越激烈。随之而来的是苏共中央对舆论的失控，苏联思想界出现极度的混乱。

对外关系上，苏联根据"新思维"对其外交政策作了调整，外交实践全面倒向西方，积极改善同美国的关系。在东欧实施所谓"自由选择"原则，不干涉东欧国家的政治动荡，致使东欧剧变。而东欧剧变反过来又进一步加剧了苏联国内的思想混乱。

"八一九"事件

苏联的政治体制改革使国内潜伏已久的民族矛盾再次浮出水面，尖锐的民族矛盾像火山一样喷发，苏联社会出现前所未有的动乱。1990年3月，苏联召开第三次非常人民代表大会，大会决定修改苏联宪法，正式取消宪法中关于"苏共在国家政治生活中绝对领导地位"的条款。为了使党和国家分开，大会还决定在苏联实行总统制和多党制，并选举戈尔巴乔夫为苏联第一任总统。从此，苏联政局发生翻天覆地的变化。

随着在政治体制上取消了共产党的法定领导地位，苏联在意识形态领域也开始放弃马列主义的思想指导地位，实行多元化；经济上，取消了社会主义公有制，实行私有制并向市场经济过渡。这时，苏联的政治、经济和意识形态领域都发生了根本性的变化，政治、经济和民族关系等方方面面均出现全面危机。

苏联的国内局势在1991年全面恶化。由于政府大幅度提高消费品价格，引起群众不满，在3月还爆发了全国煤矿工人大罢工。国民经济迅速走向崩溃的同时，苏联各地的民族独立也愈演愈烈。6月，俄罗斯联邦发表主权宣言，声称本共和国法律"至高无上"。不久，白俄罗斯、乌克兰等加盟共和国也纷纷发表主权宣言。苏联面临被解体的危机。在3月举行的苏联全民公决中，绝大多数人赞同保留苏维埃社会主义共和国联盟。但是迫于压力，戈尔巴乔夫在同9个加盟共和国领导人反复协商后，同意削弱联盟中央的权力，签署新的联盟条约。根据新条约，苏联将变成一个松散的联邦制国家。

随着政治局势的动荡，苏联国内的各种政治力量也加速分化和重组，传统派和激进派的矛盾越来越不可调和。为了挽救濒于瓦解的联盟，1991年8月19日，传统派发动了一场不成功的政变。副总统亚纳耶夫宣布戈尔巴乔夫因健康原因不能履行职务，由他代总统一职。随后宣布成立国家紧急状态委员会，并在某些地区实行紧急状态。激进派俄罗斯联邦总统叶利钦立即发表《告俄罗斯公民书》，谴责政变。结果在人民、军队和大多数苏共党员的联合反对下，这场政变仅仅维持3天便宣告失败。戈尔巴乔夫于8月22日返回莫斯科。

◆ 俄罗斯总统叶利钦（左二）、乌克兰总统克拉夫丘克（左三）和白俄罗斯最高苏维埃主席舒什克维奇（左四）等人商议分解苏联。这也是苏联解体的关键所在。

一个超级大国的消失

"八一九"事件后，苏联共产党的组织迅速瓦解，走向解体。戈尔巴乔夫实际上已被架空，在平定事件中起了关键作用的俄罗斯联邦总统叶利钦掌控着实权。8月23日，叶利钦签署命令，暂停共产党在俄罗斯联邦领土上的活动，并宣布没收苏共中央大楼。8月24日，戈尔巴乔夫无奈地宣布辞去苏共中央总书记职务，并建议苏共中央"自行解散"。随后，各加盟共和国的共产党组织纷纷瓦解，要么被禁止活动，要么自行解散，要么更改党名。同时，以叶利钦为代表的激

◆ 1991年12月，俄罗斯总统叶利钦（左五）、乌克兰总统克拉夫丘克（左二）和白俄罗斯最高苏维埃主席舒什克维奇（左三）等，在白俄罗斯会晤，签署了关于建立独立国家联合体的协定。照片为"独联体"签字仪式。

进民主派也乘机发难，迅速把苏共排挤出国家政权体系。苏共不仅在政治上失去权力，在组织上也彻底崩溃。有着88年历史、1500万党员的苏联共产党就这样顷刻之间烟消云散。

与此同时，联盟命运更加堪忧，各加盟共和国再次掀起独立浪潮。8月24日，苏联第二大加盟共和国乌克兰宣布独立。截至8月底，白俄罗斯、摩尔瓦多、阿塞拜疆、乌兹别克、吉尔吉斯先后宣布独立。9月和10月，亚美尼亚、土库曼斯坦也宣布独立。苏联作为一个整体已无法继续维持。12月8日，俄罗斯、乌克兰、白俄罗斯领导人在明斯克签署《关于建立独立国家联合体协议议定书》。12月21日，苏联加盟共和国中的11个国家的最高领导人在阿拉木图签署了《阿拉木图宣言》，宣告了"独立国家联合体"的诞生。

12月25日，戈尔巴乔夫宣布辞去苏联总统职务。次日，苏联最高苏维埃通过最后一项决议，宣布苏联正式解体，显赫一时的超级大国就此消失。

看得见的世界史·

公元1990年—公元1991年

人物：萨达姆 布什　**地点**：波斯湾　**关键词**：沙漠风暴

海湾战争

　　1990年8月2日，伊拉克入侵邻国科威特——在短短10个小时内伊军就占领科威特全境。针对伊拉克的侵略行为，以美国为首组成了多国部队，展开代号为"沙漠风暴"的作战计划——仅仅用一个月的时间就解放了科威特，并沉重地打击了伊军的嚣张气焰。

入侵科威特

　　伊拉克入侵科威特既有历史原因，也有现实原因。历史上伊拉克和科威特都曾是英国的殖民地，像在印巴那样，狡猾的英国人并没有明确划分两个地区的界限，这为后来的纷争埋下了种子。1961年科威特宣布独立时伊拉克就不予承认。虽然后来在外界压力下承认了科威特的独立，但两国的冲突从未消除。同时，由于伊拉克没有进入波斯湾的良港，严重制约了它石油的输出，所

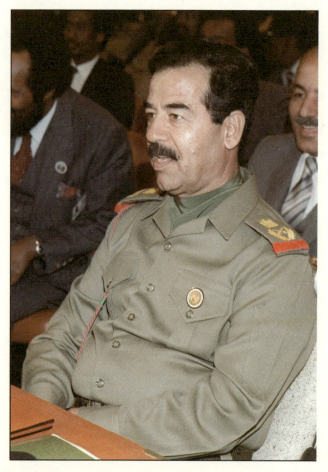

◆ **伊拉克总统萨达姆**
1979年至2003年任伊拉克总统。在位期间先后爆发了两伊战争、海湾战争、伊拉克战争。2003年被美军抓获，2006年被处以绞刑。

以一直想从科威特取得布比延岛和沃尔拜岛的领土权,为此两国在1973年曾发生过边界冲突。

伊拉克当时也面临着严重的危机。两伊战争不仅造成了几十万人伤亡,还给伊拉克留下了800多亿的外债,其中欠科威特的就达200亿。两伊战争中伊拉克一直以阿拉伯世界的保卫者自居,因此认为这是一笔"公债",阿拉伯国家尤其是科威特应当一笔勾销,可是科威特一直没有同意。伊拉克还一直指责科威特在边境地区偷采了本属于伊拉克的石油,而且还和阿联酋一起超产、滥售,压低了国际油价,使伊拉克蒙受了巨额损失,因此要求科威特给予赔偿。

面对咄咄逼人的伊拉克,科威特本希望靠妥协来换取和解。可是伊拉克得寸进尺地再次提出了布比延岛问题,并提出科威特埃米尔到巴格达向伊拉克谢罪等过分要求。科威特拒绝了伊拉克的无理要求,可是他们没想到的是,伊拉克一直垂涎科威特巨大的石油储量(世界总量的20%)和长年积累下的石油外汇,已经下决心要通过武力来解决问题。就在1990年8月1日两国的谈判宣告破裂后,伊拉克便悍然入侵科威特。

沙漠盾牌

伊拉克入侵科威特的行径受到国际社会的一致谴责。但是伊拉克对此置若罔闻,于8月4日宣布成立了"自由科威特临时政府",接着又宣布"科威特共和国成立"。8月7日,伊拉克还宣布伊科"永久合并","科威特国家永远消失"。就这样,伊拉克吞并了科威特。

伊拉克侵占科威特并试图在海湾地区建立霸权的举动,彻底激怒了在这个地区有着重要战略利益的美国。8月2日和3日,美国总统布什主持召开一系列高层会议,决定采取一切必要手段来应对海湾危机。8月7日,布什总统批准了向伊拉克示威的"沙漠盾牌"计划。根据计划,美军开始向海湾地区集结。但是伊拉克不为所动,萨达姆在8月12日开出了撤军条件:以色列退出占领的巴勒斯坦领土,叙利亚退出黎巴嫩,美军撤离沙特。联合国和美国拒绝了伊拉克的要求,作为报复,伊拉克扣留了滞留在伊拉克和科威特的西方公民,并把一些人质关押在重要目标附近,试图以"人体盾牌"来对抗美国的"沙漠盾牌"。

伊拉克的举动激怒了整个世界。在美国的协调下,苏联和大多数阿拉伯国家对出兵表示了支持,纷纷出人出钱参加美国领衔的多国部队。到11月份,美军在海湾部署的兵力已达到69万。大军装备了3500辆坦克、3000辆装甲车和作战飞机5000多架、军舰250余艘。当时最先进的F-117隐形战机、战斧巡航导弹、爱国者导弹等高精尖武器也出现在战场上。

沙漠风暴

1991年1月17日,巴格达时间凌晨2时40分,多国部队对伊拉克发动攻击,半小时后,布什总统宣布"沙漠风暴"行动开始。

在战争开始的38天里,多国部队出动飞机11万架次,投弹9万多吨。停泊在波斯湾的美军军舰发射了288枚战斧巡航导弹,对伊拉克军事目标和交通设施展开狂轰滥炸。面对联军先进的武器和压倒性的优势,伊拉克遭受到严重的惩罚,损失惨重——面对

> **延伸阅读**
>
> **海湾战争综合征**
>
> 海湾战争后,不少美英参战老兵出现了肌肉疼痛、长期疲乏、失眠、记忆丧失、头晕、情绪低落、身体消瘦以及性功能减退等症状,一些人甚至在病痛中离开了人世。这种病症被称作"海湾战争综合征"。据研究,可能和多国部队在战斗中大量使用贫铀弹以及非法给士兵注射一种含有角鲨烯的疫苗有关。

大炮和轰炸,伊军空有120万兵力和大量坦克、火炮,却派不上用场。最后伊拉克损失了大部分指挥中心、机场、导弹阵地和后勤供应基地,防空系统、通信网络和运输线也遭到了严重的破坏。

为了反击,伊拉克将希望寄托在自己拥有的800多枚地对地导弹上。伊军不断使用苏制"飞毛腿"导弹攻击沙特和以色列,以分裂阿拉伯国家和西方的联盟。美军一方面用"爱国者"导弹予以拦截,在海湾上空上演了一场"爱国者"大战"飞毛腿"的好戏;另一方面又极力压制以色列的怒火,迫使它不予还击,让伊拉克的离间计无法奏效。

在战争的同时,苏联等国家继续着和平的努力。虽然伊拉克也宣布愿意有条件撤军,但是提出的撤军方案却被美国拒绝。布什总统于2月22日向伊拉克发出最后通牒,要求伊军必须于23日17时之前撤出科威特,伊拉克对此嗤之以鼻。当地时间2月24日凌晨4时,多国部队开始实施代号为"沙漠军刀"的地面作战,兵分四路对驻科威特的伊军展开攻击。在强大的攻势面前,伊军节节

败退,甚至有被合围全军覆没的危险。有鉴于此,伊拉克不得不在27日知会安理会,单方面宣布无条件从科威特撤军。不过伊军撤出时将科威特油田全部点燃,空中弥漫着黑烟和刺鼻的气味。

当时,在从科威特通向伊拉克的高速公路上,挤满了急于撤退的伊军和伊拉克平民,这支队伍遭到了多国部队战机的猛烈轰炸,以至于它获得了"死亡公路"的称号。

27日凌晨，伊军全部撤离科威特，同日，科威特市被解放。伊拉克通知安理会，接受联合国关于伊拉克的所有决议。28日，布什总统宣布战斗停止。海湾战争基本结束。

海湾战争结束后，科威特恢复了主权，伊拉克则陷入了长期的被制裁中，从而一蹶不振。美国则名利双收，既扮演了正义维护者的角色，又一举占据了海湾地区的主导权，并从战后重建中获取了巨大的利益，成为这场战争最大的赢家。

◆海湾战争是第二次世界大战之后，中东地区爆发的规模最大、技术装备和作战手段最为先进的一次局部战争，给科威特和伊拉克带来了巨大的损失。照片为美国海军陆战队队员站在夺取的伊拉克贝尔214ST超级运输直升机面前——两个队员拿着科威特国旗，一个队员抱着一挺7.62毫米的AK-47突击步枪。

曼德拉的光辉岁月

⊙少年领袖　⊙为自由而战　⊙老骥伏枥

如今人们一提起南非，首先想到的可能是战火已熄的足球世界杯。但是如果问起谁最能代表南非，那么人们无疑会把曼德拉作为首选。因为在绝大多数人看来，这位被南非人尊为"国父"的南非总统，已然是新南非的象征。

惹是生非的人

1918年7月18日，在南非特兰斯凯地区科萨人聚居的姆维托村，出身滕布王朝王族的盖拉·曼德拉家里传出了婴儿的啼哭声。盖拉给孩子取了个科萨名字罗利赫拉哈拉，意思是"惹是生非的人"，这就是纳尔逊·曼德拉。

在父母的关爱下，曼德拉一天天长大并进了教会学校学习。但在他9岁时，他的父亲不幸去世。遵照父亲的遗愿，曼德拉被托付给滕布人的大酋长荣欣塔巴抚养。大酋长很喜欢他，尽了一切努力让他接受教育，而曼德拉也没有让他失望，考进了当时为数不多的接受黑人学生的全日制赫尔堡大学，攻读法律专业。

在学校里曼德拉一边学习，一边积极投身到社会活动中，并结识了不少志同道合的朋友。两年后，曼德拉被选入校学生代表会，但他认为选举并不公平而拒绝接受，也因此被停学。停学在家的日子里，荣欣塔巴为曼德拉定了一门亲事。一心想着先立业后成家的曼德拉决定逃婚，就和伙伴一起逃到了约翰内斯堡。

▶ 南非总统纳尔逊·曼德拉

在约翰内斯堡，曼德拉在金矿做过警卫、在朋友那里帮过忙。虽然生活困苦，他还是坚持通过函授学完了大学课程，取得了当律师必需的文学学士学位。有了文凭，曼

◆南非开普敦罗宾岛一角

南非总统纳尔逊·曼德拉就曾经被囚禁在该岛长达27年,当他在此获释后,他宣布了黑人自由的到来!1997年1月1日,罗宾岛正式成为向公众开放的博物馆。1999年被联合国教科文组织宣布为世界遗产。

德拉开始在律师事务所工作,并在威特沃特斯兰德大学继续学法律。

1944年,曼德拉来和伙伴们一起加入了非洲人国民大会(非国大),开始了自己的政治生涯。

漫漫自由路

投身政治运动的曼德拉很快就崭露头角,1948年当选为青年联盟全国书记。不过也就在这一年,坚持种族主义的南非国民党在大选中获胜,开始执行全面种族隔离政策,黑人的政治、经济权利和居住、行动的自由被剥夺,黑暗的种族隔离时代来临了。

广大黑人的不满情绪日益高涨,青年联盟适时提出了《行动纲领》,提出"民族自决""反对任何形式的白人统治"的口号,决定采取积极抵制、不合作、不服从的方式,发动罢工等群众运动,来应对愈演愈烈的高压政策。1950年,曼德拉当选为青年联盟主席,也成为非国大全新的"战斗"形象代言人。

1952年6月,在领导"蔑视不公正法运动"时,曼德拉第一次被捕入狱。虽然一周后就被释放,但曼德拉却无法出席12月召开的非国大全国大会(在这次会上曼德拉被选为非国大第一副主席)。因为政府发出禁令,禁止他在6个月内参加任何集会,活动范围也仅限于约翰内斯堡。此后,曼德拉经常受到禁令的困扰,这给他带来了不小的麻烦,许多事情只能转入地下。

随后,反种族隔离运动走向了低谷,非国大内部也出现了严重分裂,一部分人脱离

◆ 身带重病的曼德拉，以一个标准的礼姿向关心他的人民致以最真挚的谢意。

非国大成立了泛非主义者大会。南非政府在1960年3月21日制造了震惊世界的沙佩维尔大惨案，并随即宣布取缔非国大和泛非主义者大会，和平示威也就失去了合法地位。事实证明，单靠非暴力的合法斗争根本没法改变现状，南非必须进行武装斗争。

1961年，曼德拉成立了武装组织"民族之矛"。作为"民族之矛"的领导人，曼德拉曾前往埃塞俄比亚接受军事训练，并辗转非洲各国和英国，为斗争争取支持。不过由于叛徒告密，1962年8月5日，曼德拉被捕了。法庭刚开始只以政治煽动和非法越境罪判了曼德拉5年刑。但不幸的是，南非政府搜查了"民族之矛"总部，逮捕了大部分核心成员，还缴获了大批文件，而这些材料不少都与曼德拉直接相关。南非政府大喜过望，重开审判。1963年6月12日，曼德拉被以阴谋颠覆罪判处无期徒刑。宣判后，曼德拉立即被送往罗宾岛服刑。

罗宾岛是一个距开普敦十余千米的小岛，骇人的巨浪再加上严密的守卫，这里可说是固若金汤，曼德拉在这里度过了漫长的27年。在监狱里，曼德拉住在一间狭小的单人牢房里。牢房里没有床、没有桌椅，只有地上的一张草垫，御寒之物则仅有三条旧毯子和一块毡布，根本无法抵御冬季的寒冷。为了摧垮这些所谓的政治犯的意志，狱方刚开始时整天把他们关在牢房里，不见天日，后来经过抗争，他们才被允许参加打石头、挖石灰这样的高强度劳动，而终日繁重的劳动使曼德拉的身体变得很糟糕。

作为那个时代世界上"最著名的犯人"，国际上要求释放曼德拉的呼声一直就没有停止过，南非政府几乎每天都能收到抗议书。由于这种压力，狱方不得不稍稍改善了曼德拉的待遇，不过他还是受到了"特别照顾"：别人可以听收音机、看报，他不行；别人家属探监时可以有身体接触，他不行；别人干活时一个警卫管一队，他干活时3个警卫看他一个……虽然身心都受到了极大的摧残，但曼德拉却从来没有悲观失望过，也从未放弃过对正义的信仰。

1990年2月11日，南非政府在国内外压力下，被迫宣布无条件释放曼德拉，而入狱时正当壮年的曼德拉，此时已经是一位年过七旬的老人。

老骥伏枥

虽然已经老了，可是曼德拉反对种族隔离制度、建设新南非的雄心壮志却没泯灭。出狱后，他就立即投入工作。1990年3月，

他被任命为非国大副主席、代行主席职务。1991年7月当选为主席。在他领导下,非国大与南非当局展开谈判,商讨废除种族隔离制度。在多方面的努力下,在南非延续了一个多世纪的种族主义制度最终被全面废止,并制定了种族平等的新宪法。为了表彰曼德拉为废除南非种族隔离制度所做的贡献,1993年,他被授予诺贝尔和平奖。1994年,根据新宪法,在南非进行的历史上首次不分种族的总统选举中,曼德拉当选为南非第一位黑人总统。

在曼德拉的总统生涯中,他带领南非人民全力投入到南非的发展中,同时他自己也受到了前所未有的爱戴。虽然功勋卓著,但年迈的曼德拉还是选择了急流勇退。1997年12月,他辞去非国大主席一职,并宣布不

◆ 曼德拉原本确定出席南非世界杯开幕式,但因其曾孙女在开幕式前遇车祸身亡而未出席。闭幕式上,终因身体原因,曼德拉错过了这届本土世界杯。照片为"大力神杯"移交给主办方南非时,曼德拉双手捧杯的场景。

再竞选总统。1999年6月卸任后,曼德拉仍在为调停地区争端、防治艾滋病等事务忙碌着。但再伟大的人也有离开我们的一天——2013年12月6日(南非时间2013年12月5日),曼德拉在约翰内斯堡的住所内逝世,享年95岁。

2013年12月15日上午,南非为前总统纳尔逊·曼德拉在其儿时生活过的库努村,举行了隆重的国葬仪式。来自多个国家的领导人出席葬礼仪式并讲话,近5000名各界人士送了曼德拉最后一程。

看得见的世界史·

公元1951年至今

人物： 欧盟各国　　**地点：** 欧洲　　**关键词：** 欧洲一体化

欧盟联体新时光

　　欧洲联盟简称欧盟，总部设在比利时首都布鲁塞尔。欧盟是当今世界上一体化程度最高的国家集团，是当今世界经济和政治舞台上的一支重要力量。欧盟的发展主要经历了三个阶段：荷卢比三国经济联盟、欧洲共同体、欧盟。1991年12月，欧洲共同体马斯特里赫特首脑会议通过《欧洲联盟条约》，通称《马斯特里赫特条约》（简称《马约》）。1993年11月1日，《马约》正式生效，欧盟正式诞生。

◆现任欧盟委员会主席巴罗佐
巴罗佐是一位葡萄牙的政治家，在担任欧盟委员会主席之前，曾任葡萄牙总理。

欧洲联合的呼声

　　"欧洲联合"是一个古老的观念，一般认为自中世纪以来，这种观念就一直存在于欧洲各民族中。到了20世纪，欧洲联合开始有了实质性动作。1900年6月，法国政治科学自由学派在巴黎的会议上第一项议程就是研究"欧洲联邦"的可能性。1909年，第一次欧洲联邦大会在罗马举行。1914年，谋求以经济合作作为基础，建立欧洲联邦的民间促进组织"欧洲统一联盟"在伦敦成立，但一战的爆发破坏了欧盟的进一步建立，使欧盟这一设想成为泡影。不过血腥的战争也使人们对联邦的憧憬更为强烈了，在法国和意大利都出现了倡导欧洲联合的呼吁，欧洲人民争取联合的行动汇成了泛欧主义的浪潮，到1943年，泛欧大会已经举办了五次。

　　二战中，欧洲再次成为战争的策源地和主战场之一，战争结束时，整个欧洲陷入了破败和萧条之中，昔日的世界经济发动机变得千疮百孔，特别是美国和苏联两个超级大国的崛起更使欧洲相形见绌。在这样的情势下，欧洲联合的呼声再次高涨，更为重要的是，与以往主要是民间力

◆比利时布鲁塞尔欧盟总部

量推动不同，欧洲主要国家的领导人也产生了联合的想法。1946年，丘吉尔在瑞士苏黎世大学发表了题为《欧洲的悲剧》的演说，呼吁："我们必须建立某种欧洲合众国！"这篇演说也被认为是二战后"欧洲联合"文献中最重要的一篇。法国领导人戴高乐也一再提到欧洲联合，他在《战争回忆录》里写道："特别在经济上，我们希望成立一个西欧集团，它的动脉可能是英吉利海峡、地中海和莱茵河。"德国总理阿登纳的《回忆录》也写道："欧洲的联合是绝对迫切需要的。没有政治上的一致，欧洲各国人民将会沦为超级大国的附庸。"阿登纳的话明白地指出了这些政治家们寻求联合的一大原因：在英、法、德这些老牌强国地位今非昔比的情况下，抱团来与美苏抗衡以保障欧洲不被边缘化。

欧洲共同体

虽然丘吉尔在战后首先倡导了欧洲联合，可是率先迈出第一步的却是法国。法国显然也认识到了联合的必要性，可是与德国的世仇却成为最大障碍，虽然没有德国的欧洲联合是难以想象的，可是要法国主动与德国和解又不可能。还好，战败了的德国采取了对自己的过去深刻反省的态度。1949年11月3日，阿登纳发表了著名的"破冰解冻"演说，表示德国要与法国重建友好合作关系。为了回应德国主动伸出的橄榄枝，法国外长舒曼采纳了后来被称为"欧洲联合之父"莫内的建议，于1950年5月提出将法德等国的煤炭和钢铁生产置于一个超国家的机构控制下，史称"舒曼计划"。舒曼计划提出的当天，就得到了德国方面的积极回应，其他一些国家也表态愿意参加这一计划。1950年6月21日，法国、联邦德国、意大利、荷兰、比利时和卢森堡六国就在巴黎举

◆欧元货币

行会议磋商舒曼计划的实施细节,1951年4月18日,六国签署了《欧洲煤钢共同体条约》。欧洲煤钢共同体的成立标志着欧洲联合的开始。

1952年底和1953年初,荷兰外长科恩两次提出建立六国共同市场,得到一致响应。1953年6月,六国外长在意大利墨西拿通过了《墨西拿决议》,提出成立欧洲经济共同体。1957年3月,六国外长又聚首罗马,签署了《欧洲经济共同体条约》和《欧洲原子能共同体条约》,在得到各国议会批准后于1958年1月1日正式生效。另一方面,作为欧洲联合基础的法德关系虽然经历了一些波折,但是在1963年,两国终于签署了《法德友好合作条约》,法德全面和解和合作被以条约的形式固定下来,而合作的法德也成了欧洲联合发展的主要动力。1965年4月8日,六国在布鲁塞尔签订了《关于建立欧洲共同体单一理事会和单一委员会的条约》,决定将煤钢共同体、经济共同体和原子能共同体合并,总称欧洲共同体,简称"欧共体"。《布鲁塞尔条约》于1967年7月1日生效,三个共同体仍各自独立存在。但经济共同体一直居于核心地位。

反观英国,它对欧共体的态度则经历了从对立到主动靠拢的转变。最初,英国联合其他一些国家成立了自由贸易联盟,试图与欧共体分庭抗礼,但是很快就败下阵来。不得已,英国开始寻求加入欧共体,但是它在1961年和1967年的两次申请都遭到拒绝,直到1973年才和爱尔兰、丹麦一起被接纳。此后,希腊、西班牙和葡萄牙先后加入,使欧共体成员国达到12个。

欧共体内部建立起了关税同盟，统一了外贸政策和农业政策，创立了欧洲货币体系，并建立了统一预算和政治合作制度，逐步发展成为欧洲国家经济、政治利益的代言人。1990年，欧共体各国国内生产总值首次超过了美国和日本，出口贸易额占世界贸易总额的40%，成为当时世界上最大、一体化程度最高的区域经济组织。

欧洲联盟

慢慢地，欧共体国家间的关系越来越密切，偏重经济的欧共体越来越无法满足国家间这种关系的需要，超越经济的联合成为欧洲面临的新任务。1991年12月11日，欧共体马斯特里赫特首脑会议通过了以建立欧洲经济货币联盟和欧洲政治联盟为目标的《欧洲联盟条约》，亦称《马斯特里赫特条约》（简称《马约》）。1993年11月1日《马约》正式生效，欧共体更名为欧盟，这标志着欧共体从经济实体向经济政治实体的过渡。1995年，奥地利、瑞典和芬兰加入，使欧盟成员国达到15个。

1999年，欧盟迎来了历史上崭新的一页，从这一年1月1日起，欧盟的统一货币——欧元开始使用，除英国、希腊、瑞典和丹麦外的11个国家于1998年首批成为欧元国，后来希腊于2000年加入欧元区，这些国家的货币政策从此统一交由设在德国法兰克福的欧洲中央银行负责。2002年1月1日零时，欧元正式流通，如今欧元区已扩大到16个国家，它已成为世界上重要的国际结算货币。

2002年11月18日，欧盟15国外长会议决定邀请塞浦路斯、匈牙利、捷克、爱沙尼亚、拉脱维亚、立陶宛、马耳他、波兰、斯洛伐克和斯洛文尼亚10个国家入盟。2003年4月16日，在雅典举行的欧盟首脑会议上，上述10国正式签署入盟协议。2004年5月1日，这10个国家正式成为欧盟成员国，欧盟完成了第五次也是规模最大的一次扩容。2007年1月，欧盟又迎来了罗马尼亚和保加利亚两国的加盟。经历了六次扩大的欧盟如今已经成为一个包括27个国家、总人口超过4.9亿的庞然"大国"。

欧盟成立以来，各成员国经济发展迅速，1995年至2000年间经济增长速度达3%，人均国内生产总值由1997年的1.9万美元上升到1999年的2.06万美元。如今，欧盟国民生产总值高达13万亿多美元，已经超过了美国，成为世界第一大经济实体。

正如在开篇提到的那样，欧洲联合的进程远没有停歇。可以预见，前进的欧盟将来会给欧洲，甚至世界带来更多有益的变化。

> **延伸阅读**
>
> **欧盟主要机构**
>
> 欧洲理事会——即欧盟首脑会议，为最高决策机构。
>
> 欧盟理事会——即欧盟各国部长理事会，是欧盟的决策机构。
>
> 欧盟委员会——欧盟的常设执行机构。
>
> 欧洲议会——欧盟的立法、监督和咨询机构。
>
> 欧洲法院——欧盟的仲裁机构。
>
> 欧洲审计院——负责欧盟的财政和审计管理。

看得见的世界史·

公元2001年9月

人物：布什 本·拉登　**地点**：美国　**关键词**：恐怖袭击

惊世撞击"9·11"

美国东部时间2001年9月11日，被劫持的飞机震惊了全世界的人们——两架飞机先后撞上纽约世界贸易中心的双子塔楼，两座塔楼立即燃起熊熊大火，很快就轰然倒塌；一架飞机撞上美国国防部，五角大楼局部结构被撞得面目全非。第四架则坠毁在宾夕法尼亚州。美国民众和世界各地的人们通过电视镜头目睹了这一幕，有人失声痛哭，有人目瞪口呆，也有人拍手称快，可是谁能想到这一撞，世界就此改变。

惊天一撞

2001年9月11日，纽约的天气很不错，这个世界上最繁华都市的人们还是像往日那样充满了自信地忙碌着，谁也没想到这一天会是一个改变世界的日子。

也就在这天早上，四趟航班像往常那样开始了例行飞行——分别是美国航空公司从波士顿飞往洛杉矶的11次、175次航班，执行飞行任务的是两架波音757；美国航空公司从华盛顿飞往洛杉矶的77次航班和美国联合航空公司从新泽西飞往旧金山的93次航班，是两架波音767。不过让大家想不到的是，飞机上已经

◆ 美国纽约世贸大楼

混入了恐怖分子!

起飞20分钟后,恐怖分子就动手了。8时19分,11次航班的服务员向公司报告飞机可能已经被劫持。美国航空公司立即向空管部门报告了这一情况。空管部门立即启动应急机制,要求美国军方协助拦截,而此时11次航班已经掉转航向驶向纽约。美国空军的两架F-15战机紧急升空准备拦截11次航班,可就在他们刚刚起飞的8时46分10秒,11次航班以近800千米的时速撞上了位于纽约曼哈顿岛西南端的世界贸易中心双子塔楼的北塔楼。飞机扎进了这座110层摩天大楼的94层至98层之间,大楼立即起火。由于所有通道都被阻断,撞机位置以上的人们全部被困。就在人们还以为这是一起悲惨的航空事故时,9时02分54秒,175次航班以更高的速度撞向世贸中心双子塔楼南塔楼的78层至84层处,并立即发生爆炸,部分飞机残骸直冲出楼体,一直掉到6个街区之外。9时37分,77次航班又撞上了位于华盛顿市西南部的美国国防部五角大楼,虽然幸运的是这个地方刚刚翻修过还没完全投入使用,但是也造成了100多人死亡。10时03分11秒,一直没有消息的93次航班坠毁在宾夕法尼亚州尚克斯维尔附近,机上无一人生还,后来据袭击策划者透露,这架飞机的目标是美国国会大厦,行动代号是"法律工厂"。

8时49分,美国有线电视网开始对撞机事件进行直播报道。9时59分04秒,南塔楼轰然倒塌,10时28分31秒,北塔楼也自上而下坍塌。转眼间,高度名列世界第五、美国第二的世贸中心双子塔楼接连倒地,把2819人埋在了下面,全世界亿万观众见证了这可怕的一幕。

◆爆炸中的美国纽约世贸大楼

这四起劫机事件显然是经过精心策划,以恐怖袭击为目的。飞机虽然以位于美国东海岸的纽约和华盛顿为目标,但劫机者劫持的都是从东海岸飞往西海岸的长途航班。这样刚刚起飞的飞机上载有大量燃料,无异于四颗炸弹——据估计11次航班就把至少69吨燃料倾进世贸北塔楼,引起的熊熊大火直接导致大楼的结构被破坏而倒塌。另外757和767这两种型号的波音飞机恰恰采用了相同的驾驶舱模块,说明恐怖分子所受的飞行训练是有针对性的,后来的调查也证实了这一点。

袭击目标显然也是精心挑选的。华盛顿是美国的首都、政治中心,国会大厦是其枢纽,五角大楼是美军的指挥中心;纽约是美国的经济、文化中心,而世贸中心是世界上最大的商业建筑群,是美国的金融、贸易中心之一,高达415.14米的双子塔既是纽约的标志性建筑,也可以说是美国的象征,袭击

◆被撞击后的美国五角大楼

这些地方可以给美国造成最大的伤害。四次航班的起飞时间很相近,说明恐怖分子想在同一时间发动袭击,以制造最大影响。

美国的反击

袭击发生后,美国联邦航空管理局迅速宣布关闭领空,所有飞机必须立即降落,国际航班则须转飞加拿大或墨西哥。当时美国总统小布什正在佛罗里达州一所学校参观,出于安全考虑,立即登上"空军一号"总统专机升空。在飞机上,小布什授权美国空军,可以击落任何一架对美国造成危险的可疑飞机。地面上,白宫、财政部、国会大厦等美国主要国家机构开始撤离工作人员,位于纽约的联合国总部也实施了紧急疏散措施,纽约曼哈顿地区随后也全面疏散。为了防止不测,美军还封锁了美墨边境,航空母舰也开进了纽约港,大批军舰在东海岸巡弋,美国进入了高度戒备状态。

在美国上空忙碌了几乎一个白天后,小布什在下午6时54分重返白宫。晚上8时30分,小布什发表电视讲话,向恐怖主义宣战:"今天,我们的同胞、我们的生活及我们珍视的自由受到了恐怖主义分子的攻击……恐怖袭击可以震撼我们的建筑,但无法动摇我们国家牢固的基础。这些行径可以粉碎钢铁,但无法挫伤美国人民捍卫国家的决心……我已下令找出肇事元凶,并将其绳之以法。胆敢包庇肇事者的人也会被我们视为恐怖分子……美国过去能，今天也会战胜自己的敌人。"小布什强硬的表现鼓舞了所有美国人，也让他的支持率蹿升到惊人的89.58%。

人们都说"9·11"事件和60年前的珍珠港很像，都是美国受到了突然袭击。不过与珍珠港不同的是，"9·11"发生在从未受过直接攻击的美国本土而非外岛，而且小布什也不像罗斯福那样知道敌人是谁，是个人、团体还是某个国家。尽管如此，美国高层还是很快就锁定了目标。9月13日，美国国务卿鲍威尔宣布奥萨马·本·拉登是袭击的幕后主使。

美国决心把本·拉登绳之以法。9月16日，鲍威尔向塔利班政权发出最后通牒，要么交出本·拉登，要么开战。但是由于基地组织虽然为袭击事件额手称庆，但并未公开承认对此负责，所以塔利班拒绝交出本·拉登。第二天，一个巴基斯坦代表团到阿富汗游说塔利班交出本·拉登，但是无功而返，塔利班还封锁了阿富汗领空，宣称将击退任何入侵者。

面对恐怖袭击，几乎全世界都站到了美国一边，各国领导人纷纷发去慰问电，并声明支持美国的反恐行动。联合国也于9月28日通过1373号决议，为全球反恐合作指引了方向。9月19日，美军开始向阿富汗周边部署军队，反恐战争已是箭在弦上。

美国东部时间2001年10月7日中午12时30分（当地时间晚上9点），美英联军开始了对阿富汗的军事打击，向塔利班武装和基地组织的训练营投下了难以计数的炸弹和导弹。此后，美英军队一直在阿富汗搜寻本·拉登，不断地打击残余塔利班武装和基地组织。但让美国没有想到的是，他们为此整整花了10年时间——2011年5月1日，本·拉登被美军击毙。

时至今日，"9·11"事件已经过去十多年，恐怖头子本·拉登也已被击毙多年，但恐怖分子依然存在，恐怖活动依然不时出现。所以，人类反恐的道路依然很漫长。

◆ "9·11"恐怖袭击事件，给太多的家庭带来了伤痛——他们无法相信瞬间失去亲人的现实。然而这一切就这样无情地发生了。照片上家属将亲人的照片，放在被恐怖分子袭击过后的废墟上，以此表达无尽的痛苦和悲愤。

公元20世纪40年代至今

人物：阿姆斯特朗　　**地点**：全球　　**关键词**：第三次工业革命

新世纪新革命

继第一次以蒸汽技术和第二次以电力技术为主的科技革命之后，人类文明又进入了以原子能、电子计算机、空间技术和生物工程等为标志，涉及信息技术、新能源技术和新材料技术等领域的新革命。人们将此次给人类社会生活和现代化发展推向更高境界的重大飞跃，定义为"第三次工业革命"。

人造卫星飞上天

1957年10月4日，苏联拜科努尔航天发射场上，硕大的R—7型洲际弹道导弹喷射出炽热的火焰，这不仅仅是一次出于军事目的的发射，还把人类历史上第一颗人造卫星"斯普特尼克1号"（或称"伴侣1号"）送上了天，标志着"太空时代"的来临。

第二次世界大战之后，苏联得到了纳粹德国研制出的V—2型火箭技术和一批工程师，这形成了苏联军方研发洲际弹道导弹和运载火箭的全部家底。在国内经济因战争而遭受巨大创伤的情况下，苏联还是对军方的这一研究给予了充分的支持。很快，苏联就在大推力火箭方面取得了突破性的进展。

1957年8月21日，苏联第1枚R－7型多级远程弹道火箭向太平洋进行全程发射试验成功。随后，火箭专家科罗廖夫趁机向苏联政府建议用R－7型火箭发射一枚卫星。

在研造卫星的同时，科罗廖夫还主持对R－7型火箭进行了改造，研制成功了"卫星"号运载火箭。这种火箭由1枚核心火箭和4个助推火箭捆绑构成。发射后，核心火箭和助推火箭同时

◆第一颗人造卫星"斯普特尼克1号"模型

◆ 各国宇航员在科罗廖夫博物馆中，参加有关第一颗人造卫星"斯普特尼克1号"的纪念活动。

点火，在到达预定速度时，助推火箭先行熄火并分离，核心火箭则继续工作直到把卫星送入轨道。为了控制航向，火箭上还加装了12台可以摆动的小型游标发动机。

1957年10月4日，载着"斯普特尼克1号"的"卫星"号运载火箭，在位于哈萨克大草原腹地的拜科努尔航天发射场发射升空。第二天，塔斯社播发了新闻，宣布人造卫星发射成功。消息传出，全世界的目光都聚集到太空中这个耀眼的"小球"身上。这一爆炸性新闻在让大家为之兴奋和惊奇的同时，也让当日苏联的头号敌人美国如坐针毡。美国总统艾森豪威尔不安地认为，作为核超级大国的苏联，在航天技术方面也超越了美国，在人类头顶几百千米处首先拥有了"独家发言权"。于是艾森豪威尔总统私下里匆忙召集了会议，与科学界领袖商讨对策，最终促成了次年美国国家航空航天局的成立，拉开了美苏太空争霸的序幕。

"斯普特尼克1号"在天空中运行了92天，绕地球约1400圈，行程6000万千米，于1958年1月4日陨落。

"阿波罗"载人登月

说起登月，就不能不提当时美苏争霸的

◆宇航员阿姆斯特朗在月球上行走

大环境。作为二战后唯一的两个超级大国,美苏理所当然地站在了进军外太空的最前沿上,并把这一领域作为展现自己实力和牵制对手的重要渠道。在最初的较量中,苏联占得了先机。1957年10月4日,苏联发射了世界上第一颗人造地球卫星。1961年4月12日,苏联又率先用"东方1号"宇宙飞船把宇航员尤里·加加林送入太空并安全返回。面对窘境,美国只能是见招拆招,什么都比苏联慢了一拍。人类首次涉足外太空之后,作为距离地球最近的星体——月球理所当然地成为美苏下一局较量的赛场。在这场科技和金钱的大比拼中,最终美国笑到了最后。

1969年7月20日16时17分,"阿波罗11号"登月舱在月球的静海安全着陆。22点56分,美国宇航员阿姆斯特朗从登月舱的梯子上爬下，踩在了月球的土地上，留下了人类在月球的第一个脚印。

就这样，美国进行的世界上第一次登月飞行取得了成功。随后，美国又进行了6次登月飞行，除了"阿波罗13号"出现事故外，整个"阿波罗"登月计划共把12名宇航员送上月球。这些宇航员在月球上总共待了302小时20分钟，在月球上设立了核动力科学站，进行了一系列科学实验。

经过历次月球之旅，人类获取了很多关于月球的信息，带回的月球岩石和土壤样品就达到了381千克，其中还包括年龄达46亿年的结晶岩，为研究太阳系的形成提供了新材料。

一网联天下

1946年，世界上第一台电子计算机在美国诞生，刚开始只是用于军事目的，而且这种使用电子管的计算机是占地170多平方米，重达30吨，需要100千瓦电力支持的庞然大物。

1969年12月，美国国防部研究计划署（ARPA）建立了一个小型军用网，叫作阿帕网（ARPANET），把美国西南部四所大学的四台计算机连接起来供科学家们进行计算机联网实验。

在阿帕网技术的基础上，又形成了几十个新的区域网络，但是每个网络只能实现本网络内部计算机之间的通信，而无法实现跨网互通。为了解决这一问题，ARPA又资助学术界和工商界对此问题进行攻关，以期打造出真正的互联网。这种无边界（既可以内部互联，也可以无限接入新的计算机）的网络被定名为INTERNETWORK，简称INTERNET，也就是国际互联网。

2009年全球互联网用户已经超过10亿，也就是说全世界每六个人中就有一个人是互联网用户，单是中国大陆地区截至2009年10月1日就已经有互联网用户约3.6亿人。

互联网的出现改变了这个世界，使人们的生活发生了根本改变。这个依靠光纤、电话线和网线把遍布全球的计算机连接起来的庞大网络，以海量的信息为人们提供各种服务，成了很多人无法离开的生活必需品。

第三次技术革命就这样慢慢开始了。它的规模、深度和影响，远远超越了前两次技术革命。它成了加速现代生产力发展和推动人类进步的巨大动力之一。

> **延伸阅读**
>
> **"挑战者"号殉难**
>
> 1986年1月28日，美国"挑战者"号发射升空。但73秒之后，"挑战者"号突然爆炸。伴随着巨大的响声和耀眼的火球，价值12亿美元的航天飞机灰飞烟灭，机上7名航天员也全部遇难。
>
> 此次飞机上天，美国还做了一个大胆的决定——首次搭乘了来自民间的女教师麦考利夫。所以这次发射备受关注，几乎全美国的中小学生都在电视机前等着目睹这一伟大时刻。但结果看到了这一心碎的一幕。
>
> 人类登天路上的这次巨大挫折，给美国人乃至世界人留下了难以磨灭的痛苦记忆。

大事年表 Chronology of Events

300万年前—6世纪

约前3100年，埃及形成统一的奴隶制国家。

约前3000年，两河流域出现奴隶制城市国家。

约前2100年，埃及奴隶和贫民大起义。

前1894年，古巴比伦王国建立。

前539年，波斯占领巴比伦。

前525年，波斯占领埃及。

前509年，罗马成立贵族专政的奴隶制共和国。

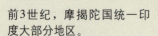

前330年，波斯被马其顿占领。

前3世纪，摩揭陀国统一印度大部分地区。

前73年，斯巴达克起义。

前27年，屋大维建立罗马元首制，共和国转为帝国。

3世纪，日本奴隶制国家兴起。

313年，基督教在罗马取得合法地位。

395年，罗马分裂为东西两部。

476年，西罗马帝国灭亡，西欧奴隶制度崩溃。

6世纪，法兰克王国建立。

6世纪—1487年

622年，穆罕默德从麦加出走麦地那，伊斯兰教纪元。

646年，日本大化改新。

676年，新罗统一朝鲜。

8世纪中期，阿拉伯帝国形成。

9世纪早期，英吉利王国形成。

9世纪，封建制度在西欧开始形成。

962年，神圣罗马帝国建立。

1054年，基督教会分裂。

1066年，法国诺曼底公爵征服英国。

1192年，日本幕府政治建立。

13世纪，埃塞俄比亚封建国家兴起。

14世纪，欧洲文艺复兴运动开始。

1337年，英法百年战争开始。

1358年，法国农民起义。

1453年，东罗马帝国灭亡，英法百年战争结束。

1480年，俄罗斯摆脱蒙古控制。

1487年，迪亚士到达好望角。

1492年—1775年

1492年，哥伦布初次到达美洲。

1497年，达·伽马开辟西欧到印度的新航路。

1517年，马丁·路德发动宗教改革。

1519年，麦哲伦船队环航地球。

1524年，德意志农民起义。

1588年，英国海军击败西班牙"无敌舰队"。

1592年，朝鲜军民抗击日本侵略的卫国战争。

1600年，英国东印度公司建立。

1640年，英国资产阶级革命开始。

1649年，英国国王查理一世被处死。

1660年，英国斯图亚特王朝复辟。

1688年，英国政变，资产阶级和新贵族的统治确立。

1689年，中俄签订《尼布楚条约》。

18世纪中期，英国打败法国，成为最强大的殖民国家。

18世纪60年代，英国工业革命开始。

1775年，北美独立战争开始。

1776年—1857年

1776年，《独立宣言》发表，美国成立。

1785年，瓦特改良蒸汽机。

1789年，巴黎人民攻占巴士底狱。

1792年，法兰西第一共和国成立。

1793年，法国雅各宾派专政。

1794年，法国资产阶级革命结束。

1804年，拿破仑称帝，法兰西第一帝国开始。

1810，拉丁美洲反对西班牙殖民统治的独立运动开始。

1831年和1834年，法国里昂工人起义。

1836年，英国宪章运动开始。

1844年，西里西亚工人起义。

1848年，欧洲革命开始。

1848年，法国二次革命。

1848年，法国巴黎工人六月起义。

1853年，俄、英、法克里木战争开始。

1857年，印度民族起义开始。

大事年表 Chronology of Events

1858年—1910年

1858年，《中俄瑷珲条约》签订。

1860年，《中俄北京条约》签订。

1861年，美国内战开始。

1864年，第一国际成立。

1868年，日本明治维新开始。

1870年，普法战争开始。

1871年，巴黎公社运动。

1876年，第一国际宣布解散。

1881，苏丹马赫迪反英大起义开始。

1882年，德、奥、意三国同盟形成。

1886年，美国工人举行争取8小时工作日的总罢工。

1889年，第二国际建立。

1892年，俄法签订军事协定。

1894年，朝鲜甲午农民战争。

1895年，埃塞俄比亚抗意卫国战争开始。

1903年，俄国布尔什维克党形成。

1905年，俄国爆发资产阶级民主革命。

1907年，英、法、俄协约最后形成。

1910年，墨西哥资产阶级革命开始。

1914年—1932年

1914年，第一次世界大战开始。

1917年，俄国十月革命胜利。

1918年，德国11月革命爆发。

1918年，印度民族解放运动高涨。

1919年1月，德国柏林起义。

1919年3月，埃及人民武装起义。

1919年3月，共产国际成立。

1919年1月，巴黎和会开始。

1922年10月，意大利墨索里尼上台。

1922年12月，苏维埃社会主义共和国联盟成立。

1923年，土耳其共和国成立。

1929年，资本主义世界经济危机开始。

1931年，日本开始侵略中国东北地区。

1932年，朝鲜抗日游击队诞生。

1933年—1945年

1933年1月,德国希特勒上台。

1933年3月,罗斯福就任总统,实行"新政"。

1935年,埃塞俄比亚反意大利侵略的民族解放战争开始。

1936年,西班牙反法西斯的民族革命战争开始。

1937年,中国全面抗日。

1938年,慕尼黑会议。

1939年,第二次世界大战全面爆发。

1940年,德、意、日三国同盟条约签订。

1941年,苏联卫国战争开始。

1942年,苏联斯大林格勒保卫战。

1943年,德黑兰会议。

1944年,诺曼底登陆,欧洲第二战场开辟。

1945年2月,雅尔塔会议。

1945年5月,德国无条件投降。

1945年—2001年

1945年7月,波茨坦会议。

1945年9月,日本无条件投降。

1945年10月,联合国建立。

1948年,美国开始实行"马歇尔计划"。

1949年4月,北大西洋公约组织成立。

1949年10月,中华人民共和国成立。

1950年,美国入侵朝鲜开始。

1959年,古巴革命胜利。

20世纪60年代初,美国入侵越南开始。

1967年,欧洲共同体成立。

1971年,中国在联合国的合法席位得到恢复。

1978年,中国共产党十一届三中全会召开。

1979年,中美建交。

1990年,海湾战争开始。

1991年,苏联解体。

1992年,北美自由贸易区形成。

1993年,欧洲联盟建立。

2001年,9·11恐怖袭击事件。

看得见的世界史(下卷)

Visible History of the World